アソシエの経済学
共生社会を目指す日本の強みと弱み

Economics for Associated Human Societies

The Strength and Weakness of Japan forming Symbiotic Societies

Yoshihiko Motoyama　本山美彦［著］

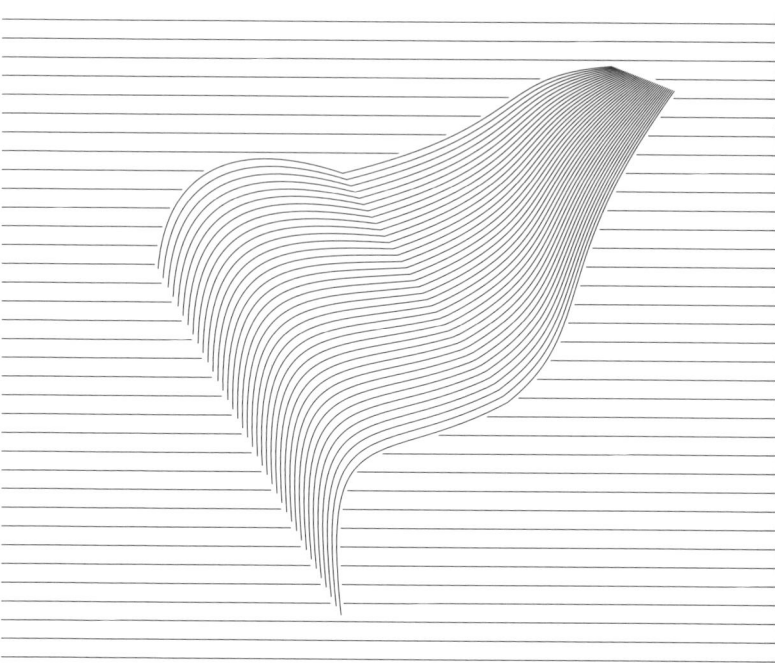

社会評論社

はしがき

　多くの人が感じるようになっている、米国中心の世界システムは、もう戻ることのない衰退過程に入ったのではないかと。当の米国の支配層を含め、今や、あらゆる国の支配層が新たな世界秩序形成を模索するようになった。米国の支配者たちは、「人間の自由の獲得」という大義名分を掲げて、世界のあらゆる地域で戦争を仕掛け、その地域の住民を地獄に突き落とすという戦禍を創り出してきた。その戦禍は止むことなく、今なお拡大し続けている。理念的には米国の単独支配システムは破綻しているのに、より多角的な世界秩序の形成に米国は強く抵抗している。
　米国を盟主とする世界秩序を崩壊させないためにも、米国の支配層は、戦争を仕掛けるという軍事力を誇示することによって、鉄梃外交を辛うじて維持している。
　戦費を賄うべく、米国の支配層は、とうの昔に欠陥が露呈したはずの金融システムを維持するのに汲々としている。世界経済危機の第1の要因は、経済全体が金融資本に屈したことである。資本の金融化の程度は強まるばかりである。それは、1980年代に始まり、90年代に深化し、2008年に自爆してしまったのに、米国の支配者は、金融化を阻止するどころか、さらに進めてしまった。
　金融力と国家規制との間には常に緊張があったが、サッチャー、レーガン路線の登場でこの緊張関係が崩れ、国民国家を金融資本が追い詰めるようになった。この力関係の変化が新しい金融技術と市場イデオロギーを氾濫させた。それは蓄積過程における低利潤率を克服する新しいパラダイムの登場として称賛された。
　当初、この新しいパラダイムは、フェルナン・ブローデルの『世界時間』の解釈に沿って、「資本主義の無限の柔軟性」の発露であり、変化に対する「資本主義の適応能力の高さである」と理解されていた。以前の資本主義は商品資本に軸足を置いていた。しかし、もの作りを基本とする商品資本は、融通性が効かず硬直的すぎる。そのこともあって、よ

り柔軟に他の分野に転移できる（流動性の確保）貨幣資本を中心とした新しい経済システムを生み出すことに支配層の意識が傾斜したと言うのがブローデルの理解である。

　モノ作り用の固定資本は蓄積され続けて過剰化し、経済の最重要部面であるとこれまで受け取られてきた製造業が、閉塞状態に陥ってしまった。この閉塞性を破ることができて、輝かしい時代を切り開くことができるのが金融である、との大喧伝が米国発の新しいイデオロギーとして世界を支配することになったのである。それを可能とさせたのが、突出した軍事力を背景として展開された米国の鉄梃外交である。資本主義の支配者は貨幣の持つ流動性を選好する。資本家のこの性癖が米国の支配層に利用されたのである。これが、ブローデルの言う成熟段階としての金融的拡大の局面である。

　しかし、それは外見上の華々しさにすぎず、実際には、金融が主役になったことで、資本主義をより劇的に行き詰まらせただけのことである。大量の貨幣資本が商品資本の形態から離れて金融取引を蓄積の主体とすることによって、生産現場から大量の失業者を輩出させてしまったからである。現代における資本家とは、特定の生産的事業を大々的に行う層ではなく、それとはほとんど無関係に、「自己増殖する力」を発揮する社会的エリートたちである。彼らは、他の行為主体の行動がもたらす果実を自らの利益に利用できる力を持つ層である。

　ブローデルが『交換のはたらき』で強調したように、資本家的社会は三層からなる。最上層が資本主義の管制高地である。そこは、貨幣を主たる媒介とし、変化・時間格差を利用して、資本が自己増殖する舞台である。

　その最上層に商品と労働力を提供するのが、中間層の市場経済という舞台である。この舞台は、固定資本という拘束服に支配されている。激しい競争に常時晒されて利潤率の不断の低下に苦しめられ、厳しいコスト削減に身をすり減らす世界が市場経済である。市場は、資本が強制する時間に従わなければならない。規則正しく機械は動き、労働者は、生産状況に応じてのみ就業機会を与えられている。市場経済という中間層

には、生産に相応しい原料、市場、労働力が用意されていなければならない。世界中の資源が探索され、確保されなければならない。そのためには、資源保有地域の事情と無関係に、世界の工業で必要とされる資源量が入手されなければならない。世界中の資源が一部の大生産地帯に流れ込む体制が、多くの場合、暴力によって創出されてきた。労働力は、資本にとって必要でなくなれば、市場から追い払われて非資本主義的世界に入り込み、必要になれば非資本主義的社会から引き抜かれる存在になり下がった。そうした、調整弁を宿命付けられているのが、最下層の世界、ブローデルの言う「物質世界の層」である。この最下層は、自らの必要性に応じる生産と社会大系を作らせてもらえない世界である。産油国が自己の必要に見合うだけの原油量しか採掘しなければ、高度に組織された先進的な市場経済は崩壊する。日・米・欧を除いて、自己の資源は容赦なく略奪される。略奪現場では、人々は、常に戦争状態に追いやられる。その地域で、平和が実現し、自国の利益を追求できる国民国家が形成されてしまえば、資源の提供はその国民経済の必要性に従ってしまうようになり、先進国には回してもらえなくなるからである。

　労働力も然りである。中間層を生息場所とする市場経済から追いやられた労働者は、市場経済からの生活資料を断たれても生き抜かねばならない。自給経済に戻れた者はまだ幸せである。圧倒的多数は、都市の雑業層に逃げ込むか、外国の原料採掘現場に職を求めて還流型季節労働者になって行かねばならない。それもできなくなれば、路上生活者になるしかない。忌まわしいことに、近代社会は、こうした流れを阻止するのではなく、促進するために労働者派遣法なるものを作成した、公然と労働者を差別化している。資本家の階層化と轡を並べて労働者の階層化が世界大的に進行している。

　フォーディズムとして喧伝されていた、中間の市場経済層で生きる大企業労働者すら、その比率を急速に低下させられ、圧倒的多数の労働者が最下層に追いやられている。悲しいことに、最下層ほど差別と分断化が深刻になっている。被差別者が他を差別する。差別を受けた男が、さらに弱い女を蹂躙している。その下に生活力を持たない子供と生活力を

失った老人が絶望の淵に沈んでいる。

　最上層にいる支配層は、経済変化に対してもっとも柔軟性を持っているがゆえに、もっとも多い利益を享受できると指摘したブローデルは、そうした構造を維持するために国家が利用されるとした。資本主義は国家になることによってのみ、他の生産様式に対して勝利する（ブローデル『物的文明と資本主義再考』）。

　資本主義世界の支配構造が金融の世界に集中するにつれ、労働の現場では、「労働の尊厳」が消滅過程に入ってしまった。「労働の尊厳」とは個人が労働者として人間らしく扱われるだけではない。「労働過程」そのものが社会的に尊敬され、その尊厳さが認知されることである。労働の場で、年配者は若者に技術を伝授すると同時に、職人としての自負心のありかを教育してきた。若者は先輩の背中を見て一人前の大人＝職人になってきた。そうした労働現場での教育の尊厳を社会は尊敬してきた。経営者といえども、労働の尊厳を踏みにじることはなかった。

　しかし、今やどうだろう？労働者はコストであり、資本とは見なされなくなってしまった。労働は安価な使い捨ての地位にまで引き下げられ、労働者としての連帯はおろか、人間としての威厳すら奪われている。

　かつては、本書で強調するように、日本の経営者は、資本家的アソシエーションとして労働者の自立性を手助けしていた。そのようなかつてはいた日本の経営陣は今ではほとんど存在しなくなった。有能な経営者とは、自社株の価格を引き上げることのできる人であり、リストラの名の下に労働者の首を切ることのできる人である。労組や労働者の福祉の向上を図るために労働者の首を切ることのできない経営者は、リーダーシップを持たない無能者だとしていわゆる株主から糾弾され、自社株が売りの対象にされる。

　このような理不尽な世界にあって、労働者の協同世界＝アソシエを、資本の支配する世界を超えて創り出しておかなければ、この世の中はもう維持されなくなるだろう。資本家のアソシエーションが機能しなくなったのなら、労働者のアソシエーションを創り出そうではないか。本書は、その意味を込めて、「アソシエの経済学」の構築を意識し、共生（個々

はしがき

人が連帯しながら共に生きる）社会を生み出すことのできる可能性を日本社会の伝統に求めた。

　私の心情を深く理解して下さり、本書の出版を引き受けて下さった、社会評論社の松田健二・社長に心から感謝している。

　妻・初穂にも感謝している。これまでの私の著作のほとんどは妻の厳しい眼による推敲・校正を経てきた。余りの厳しさに苛立つことがあっても、結局は、妻の意見に従ってきたのが私である。今回は従前以上の厳しさであった。有り難く思っている。

　2014年3月1日　神戸・御影にて

本山美彦

アソシエの経済学＊目次

はしがき ——————————————————————— i

序章　回復されるべき「労働の尊厳」——————————— 11

はじめに　12
1. 財務省を遠ざけた初期段階のアベノミクス　13
2. 安倍首相の友人関係で推進されるアベノミクス　16
3. アベノミクスで軽視されている領域　19

おわりに　22

「日本の強み・弱み研究会報告」(序)―設立趣旨　27

第1章　労働の尊厳 ——————————————————— 29

はじめに　30
1. 情報化社会到来論の錯誤　31
2. 労働者の集合的力を削いだリエンジニアリング　32
3. 「集合的力」、「統治」、「人民銀行」を重視したプルードン　41
4. 経営権を持つ労働者か？自主管理型労働者か？
　　　―ESOPとワーカーズ・コープ　48

おわりに　52

『日本の強み・弱み研究会報告』(1)―郵政事業に見る　59

第2章　生活の経済学 —————————————————— 61

はじめに　62
1. 労働の破壊　63
2. 正統派から拒否されたJ.A.ホブソン　65
3. J.A.ホブソンの生活の経済学　67
4. ラスキンによる富の定義　71
5. 「経済」とは「抑制」のことであり、「ポエム」である

──ラスキンの感覚　74
　おわりに　76
　「日本の強み・弱み研究会報告」(2)──フード産業に見る　83

第3章　組織の共有知 ──────────────── 85

　はじめに　86
　1. 集合的能力重視の企業論へ　88
　2. 暗黙知の共有とステーク・ホルダー　93
　3. 企業統治に関する1990年代の国際的合意　95
　おわりに　101
　「日本の強み・弱み研究会報告」(3)──パーツサプラーヤーに見る　108

第4章　イノベーションの壁 ──────────────── 109

　はじめに　110
　1. 理化学研究所の進化過程　111
　2. イノベーションの行く手に立ちはだかる壁　116
　3. MIT産業生産性調査委員会『Made in America』の視点は
　　　誤っていたのか？　120
　おわりに　125
　「日本の強み・弱み研究会報告」(4)──化学産業に見る　133

第5章　ESOP（エソップ） ──────────────── 135

　はじめに　136
　1. ESOPの生みの親＝L.ケルソ　137
　2. ERISAに至るまで　142
　3. ERISAの促進　148
　おわりに　150

　「日本の強み・弱み研究会報告」(5)──鉄鋼業に見る　156

第6章　利潤分配論 ——————————— 157

はじめに　158
1. J. S. ミルの分配制度の変革＝社会主義論　159
2. プルードンの労働者会社論　161
3. 日本の利潤分配論の提唱者たち　167

おわりに　173

「日本の強み・弱み研究会報告」(6)──情報サービス産業に見る　177

第7章　貧困と孤独 ——————————— 179

はじめに　180
1. 増える孤独死　180
2. 食の砂漠化　184
3. デトロイト市の破綻　187
4. 再生の芽が大きくなってきたデトロイト　189
5. 白川村民の高いコミュニティ意識　194
6. 賀川豊彦の労働の尊厳論　199

おわりに　205

「日本の強み・弱み研究会報告」(7)──統計に表されない局面　210

第8章　災害社会 ——————————— 211

はじめに　212
1. 「自治体財政健全化法」　212
2. 逃げ道としての道州制　214
3. 道州制論議の系譜　216
4. 形を変えた中央政府指示　221
5. 防災に無防備な日本の大都市　222
6. 再燃し出した道州制の大合唱　227

おわりに　232

「日本の強み・弱み研究会報告」(8)—地域活性化について　238

終　章　アソシエのモラル───────────239

はじめに　240
1. 思考回路の自由を大前提にするアソシエ　242
2. 金融のモラル　249
3. 倫理と現実　251
4. ジャン・ジャック・ルソーの道徳への尊敬　253
5. ルソーの自己愛論　256
6. ルソーの自由論　259
7. カントの「根源的な誤謬」　261
8. カントの「創世記」理解　264
9. 「哲学」と「形而上学」　269
10. 「形のあるもの」と「形のないもの」　273
おわりに　274

「日本の強み・弱み研究会報告」（まとめ）—討論から　292

あとがき────────────────────293

序　章　回復されるべき「労働の尊厳」

はじめに

　アベノミクスは、初期段階の宣伝効果において瞠目すべき成果を挙げた。しかし、社会の注目を集めたからといって、その政策が正しいものであると決め付けることはできない。経済政策の当否は簡単に判断できるものではないからである。複雑な動きをする実態経済を前にすれば、政策は単純なものでしかない。単純な政策を単純に施行してみても、複雑な経済を政策目的に沿って動かすことなど不可能である。政策目的が達成されるかどうかは、かなり偶然の重なりによって左右されるものである。しかも、政策評価は、人や企業が、経済システムのどの位置に自らを置いているかによって異なる。

　たとえば、ドルに対して円安に誘導しようとしても、そう簡単にはいかない。よしんば円安誘導に成功したとしても、政策の評価は輸出業者と輸入業者との間で異なる。「ドル建て」（価格が米ドルで表示される）輸出する業者にとって、円換算で受け取る輸出代金が増えるので、円安誘導は歓迎すべき良い政策である。しかし、同じく「ドル建て」で輸入する業者にとっては、円換算での輸入代金が高騰するので、円安を実現させる政策は悪いものでしかない。

　したがって、政策担当者が自己の政策を提示するに当たって、利益が相反する経済社会の各層に折り合いを付けるように説得しなければならないし、政策が受け入れられるためには、説得する過程で自らを多数派の位置に押し上げなければならない。その点では、アベノミクスは、日本経済の担い手たちの多数派の心を掴むことに、少なくとも緒戦において成功したものと言える。しかし、その成功が経済政策の正しさの証左であると理解してしまうことは間違っている。アベノミクスは多数の人々の説得に成功した。ただそれだけのことである。

　「説明責任を果たす」という、近年お題目のように唱えられているキーワードにしても、説得すべき相手側を納得させることに成功することが重要な課題なのである。「説明責任」を果たしたといっても、すべての

人がその説明に納得したわけではない。ことはただ、個々の問題が真に正しいか否かではない。もちろん、説明をする者は、正しい事実を説明する道義的義務はある。しかし、現実には、「説明責任」は、正しいと思わせ、「味方になると得をすると思わせる新しい利益配分」の仕方を社会に受け入れてもらえるか否かによって評価されるものである。(1)

1. 財務省を遠ざけた初期段階のアベノミクス

　核廃絶の必要性を演説で繰り返しただけで、バラク・オバマ米国大統領はノーベル平和賞を授与された。核廃絶を求める国際世論が高まっていた時に、オバマの演説は世界の多くの人々の心を掴んだ。世論は、核廃絶の実績をオバマに見たのではなく、オバマ演説の名調子にしびれた。ただそれだけのことであった。時代の雰囲気がオバマに受賞させたのである。

　安倍首相の場合もその点では同じパターンである。長引く不景気で、日本人の心が沈み込んでいる中で、安倍首相の名演説は、人々に経済回復の期待を強く抱かせた。前の民主党政権が多くの市民の期待を裏切った反動で、市民の多くは自民党の安倍政権にデフレ打開の夢を託した。

　経済政策に関する政府閣僚のスタンスは、経済成長に重きを置く「上げ潮派」と財政再建を最重要課題とする「増税派」に大きく二分される。閣僚だけでは政策の展開はできないので、閣僚たちは、官僚の後ろ楯を必要とする。「上げ潮派」は経産省、「増税派」は財務省の官僚の支持をどうしても求めてしまう。官僚を上手く使いこなせなかった前政権の民主党閣僚たちの轍を踏まないためにも官僚の支持は不可欠であった。そして、安倍首相のスタンスは、経産省寄りであった。

　元朝日新聞編集委員・山田厚史の感想によれば、財務大臣を経験していない安倍首相は財務省の言いなりになりたくなく、財政への危機感も希薄である（山田厚史「世界かわら版」、「消費増税の舞台裏、緒戦は官僚連合圧勝、そして始まった獲物の分捕り合戦」、2013年10月10日、DIAMOND on line, http://diamond.jp/articles/print/42832)。

　この安倍晋三の下に、成長路線重視の著名な経済学者たちが集まった。その中には元財務官僚もいたが、いずれも、財政再建を第一義とする財務省の路線には冷ややかな人たちであった。彼らが、市民に対して、これまでの日銀がデフレ退治に及び腰であったという強烈な日銀批判を発することによって、金融緩和と脱デフレ＝インフレ・ターゲットの路線を走りたい安倍晋三を支えたのである。

　しかし、財務省は、すでに、財政再建を国際的公約に仕立て上げていた。財務省は、安倍自民党政権の前の民主党政権時代からIMFやG7財務大臣会議といった国際舞台で、赤字財政の削減を民主党政権下の財務大臣に表明させていた。そして、2013年6月には、財政赤字を2015年までに半減、2020年までに黒字化という財政のプライマリー・バランス目標を掲げた。この大胆な目標は、消費税を10％にしても達成されないものである。安倍首相も、2013年9月にサンクトペテルブルグで開かれたG20首脳会議で、財政再建を公約せざるを得なかった。そして、財務省は、この国際公約を反故にすれば日本に対する信頼は地に落ち、国債価格の暴落、長期金利の上昇、財政破綻の道を辿ることになるだろうとの危機感をメディアに流し続けた。

　これに安倍首相は抵抗した。消費税増税に反対していたのは、安倍首相の側近だけでなく読売新聞も社説で反対していた。時期尚早であると言うのが読売新聞の姿勢であった。

　安倍首相は、「超大物」である麻生太郎・元首相に、副総理・財務大臣・金融大臣という3つの重要ポストを兼務させることで、内閣の要に起用した。この大物閣僚の起用は、党内の緊縮財政派を押さえ込み、財政拡大を断行することを狙ったものであるとの観測もある。[2]経済財政・再生大臣、官房長官人事と照らし合わせれば、その観測は正しいであろう。

　自民党内には「財政再建派」の大物たちもいる。しかし、そうした大物たちは、法務大臣、環境大臣、参院副会長、農水省、衆院議長といった重要ポストではあるが、財政拡大路線には直接に関わっていない位置に遠ざけられた。こうした布陣によって、公共事業拡大と「異次元」の

大規模な金融緩和を「ロケット・スタート」させたのである（注（2）で紹介した上久保誠人の表現）。

　公共事業の暴走をチェックする機能を持つのは自民党内の総務会である。総務会を仕切るのは政調会長や総務会長である。この重要なポストには、華やかな女性閣僚を登用した。しかし、彼らは、無駄な公共事業を阻止できる力に乏しい感がある。意図的にそうした人事を安倍首相は行ったのであろう。

　ただし、財務省と経産省は、対立と同時に連携プレーもしている。官僚としての共通の利害を持つ組織なので、彼らは、外部からの干渉にはできるだけ提携して抵抗する。少なくとも安倍首相が官僚を無視して突っ走る歯止めは用意しておかねばならない。彼らは、首相に、ブレーンである側近たちからは一定の距離を取らせるようなシフトを設定しようと試みていると、上述の山田厚史は理解している。

　安倍首相は、歴代首相に比して外国出張がやたらと多い。それは、安倍首相が日本にいて反官僚の側近たちと頻繁に接触しないようにさせる狙いであると、山田厚史は言う。側近たちの声は、財務省にとっても経産省にとっても「雑音」でしかない。そうした雑音に首相が耳を貸すようになる事態を官僚組織は阻止したい。そうした官僚組織の思惑が、首相の外国出張の多さの背景にある。その面では、経産省から送り込まれた主席秘書官が安倍首相のスケジュールを管理している意味は大きいと言うのが山田厚史の解説である。

　安倍首相の頻繁な外国訪問には、中国包囲網を形成したいとの重要な思惑があるので、そうした壮大な思惑を無視して、ブレーンたちとの接触を制限するための外国訪問であると切って棄てるのは正しくないだろうが、官僚たちが、安倍首相のブレーンたちを安倍首相から離したがっているのは、消費税増税を公然と批判するブレーンたちの最近の発言を見ても頷ける。

　財務省が消費税増税に安倍首相をねじ伏せた後、今度は経産省が懸案であった法人税の減税を政府に要求した。先頭に立ったのは経産大臣であった。安倍内閣の経産大臣こそは、原発再稼働、TPP交渉などで経

序章　回復されるべき「労働の尊厳」

15

産省が全面的にバックアップしている閣僚である。経産大臣は、「増税するなら経済を冷やさない大胆な景気対策が必要である」と、安倍首相を説得した人であると山田厚史は述べている。

　8％の消費税は3％分の増税である。額にして8兆円である。うち5兆円を景気対策に使用すれば、税の純増分は3兆円であり、この額は消費税1％に相当する。そもそも毎年1％ずつ増税すれば良いと言うのが、安倍首相の側近の本田悦朗の主張であった。5兆円の景気対策構想を打ち出せば、本田の意見にも沿うことになると経産大臣が安倍首相に耳打ちしたと山田厚史は言う。

　山田厚史はさらに重要な視点を提供している。自民党の税制調査会の無力化に安倍政権が成功したと言うのである。歴代自民党政権は、税に関することは税制調査会に主導権を握らせ、そのために税制調査会の会長は政財界に絶大な影響力を持つ大物が当てられていた。安倍政権の税制調査会の会長は財務省OBであるが、財務省の影響力を極力排したい安倍首相は、消費税増税の審議過程で税制調査会に口を挟ませなかった。

2.　安倍首相の友人関係で推進されるアベノミクス

　アベノミクスにおける「大胆な金融政策」、「機動的な財政政策」、「民間投資を喚起する成長戦略」という「三本の矢」を安倍首相に提言した安倍人脈を追跡したのが、榊原英資である（榊原英資［2013］）。榊原は、浜田宏一、本田悦朗、岩田規久男、高橋洋一を安倍首相の主要なブレーンとして挙げている（榊原英資［2013］、12-17ページ）。彼らは、レフレ派と目されている。レフレというのは、「レフレーション」の略で、デフレ（デフレーション）から脱却するために通貨増発を行うことである。

　レフレ派の総帥は、エール大学名誉教授の浜田宏一である。日本を苦しめてきたデフレは、構造的なものではなく、金融政策の失敗からもたらされたものである。したがって、「異次元の」大胆な金融政策によってデフレを克服することができると彼は断言している。安倍首相に日銀

の新総裁として黒田東彦(はるひこ)を推薦したのはこの浜田である。

　浜田は、小泉内閣の時に内閣府経済社会総合研究所所長であった。榊原によれば、この時期、内閣官房副長官であった安倍晋三は浜田からアドバイスを受けていた（榊原、同上書、12ページ）。この浜田が、内閣官房参与（非常勤公務員）としてアベノミクスの理論的支柱になっている。

　財務省大臣官房政策審議官を最後に財務省を退職して静岡県立大学教授になったもう一人の内閣官房参与・本田悦朗は、在ソビエト連邦日本大使館二等書記官であった時に、ソ連を訪問してきた安倍晋太郎外務大臣の秘書として随行する安倍晋三と会った。その後、別荘が隣同士であることもあって、二人は家族ぐるみの付き合いであると榊原は言う（同書、13-14ページ）。

　本田もレフレ派であり、金融政策によって、デフレと円高を是正できると主張する点では浜田と同じである。(3)大胆な金融緩和こそが、アベノミクスの大前提であると言うのが本田の基本的主張である（本田悦朗[2013]）。

　望ましい金融政策の推進者であると岩田規久男を日銀副総裁として安倍首相に推薦した一人は本田であり、日銀が2％の物価上昇目標を掲げた背景には岩田や本田などの強い主張があったと榊原は言う（榊原[2013]、15ページ）。

　その岩田規久男も典型的なレフレ論者である。「日本がデフレから脱却できないことの責任は日本銀行にある」と、彼は、これまで日銀批判の急先鋒に立ってきた（榊原、同書、17ページ）。過去の日銀のインフレターゲット政策は中途半端すぎる。世界はもっと大胆な金融緩和政策を遂行してデフレからの脱却に成功している。それが世界標準である。日銀も世界標準である大胆な金融政策を持続的に取ることによって、一刻も早くデフレから脱却しなければならないと岩田は強調し続けてきたのである（岩田規久男[2012]）。

　安倍首相のブレーンの一人で、財務省出身なのに強烈な反財務省の姿勢を持ち、予算編成権まで内閣が財務省から奪うべきであると主張するのが高橋洋一である。小泉内閣の下で竹中平蔵とともに、郵政民営化、

道路公団改革などに積極的に関わった人である。彼も金融政策でデフレから脱却できるとする論者である。結局、財務省を飛び出すことになるのだが（2008年3月に退職）、退職にあたって激越な財務省批判を出版して評判になった（高橋洋一［2008］）（榊原、同書、15-16ページ)[4]。

少なくとも安倍首相のスタンスは、財務省から距離を置き、経済成長重視に傾斜している経産省を自己の政権の支持基盤に位置付けようとしていることにあるというのが、ブレーンの選び方からも見て取れる。

経産省寄り・財務省軽視の安倍首相の姿勢を示すものとして、榊原は総理秘書官の出身省庁を重視する。

政策決定・実行面で首相官邸で大きな役割を担うのが「内閣総理大臣秘書官」（以下、秘書官と表記する）である。政務担当が1人、事務担当が5人と、現在、秘書官は6人いる。政務担当が「首席秘書官」と呼ばれ、首相の右腕としてあらゆる場面で活躍する。安倍総理の首席秘書官は経産省から派遣されている。5人の事務秘書官のうち、慣習的に財務省出身者が筆頭格とされていて、財務省派遣者が他の秘書官より年次が上である。5人の秘書官全員が官僚であるのではない（現在は3人）が、各省庁は自省のエース級を秘書官として派遣したがっている。秘書官の経験のある官僚が事務次官にまで上り詰めた事例は多い。しかし、安倍首相の現在の事務秘書官に財務官僚はいない（榊原、同書、20-22、24ページ）。

しかし、これが安倍首相の確固たる意思の結果であるとすれば、今後のアベノミクスは人事面の軋轢によって暗礁に乗り上げるものと予測できる。財務省を軽んじ、党との対立も辞さず、その実、自らの周りには「友人」を配置するという安倍首相のスタンスは、路線上からきているというよりは、私心から生まれたものと党の内外で受け取られるであろうからである。

3. アベノミクスで軽視されている領域

　本章の「はじめ」でも述べたが、経済政策が実効性を伴うことは稀である。そもそも複雑極まりない経済を一片の単純な政策で管理することは不可能に近い。その点を考えるなら、アベノミクスの成功度を論じることは理論的には卑怯なことである。しかし、アベノミクスは、政策目標を必ず達成して見せると豪語する姿勢において、これまでの経済政策立案者とは基本的に大きな差異がある。差異というよりは、自分たちの主張と異なる政策を論じる者を悪し様に攻撃するという品格のなさが目立つ（本山美彦［2013］）。

　そうした傲慢さをたしなめるためにも、アベノミクスが見落としている経済事象を簡単に列挙しておこう。

　まず、アベノミクスの成果を評価する論調から見よう。論者の多くは、株価の上昇をプラス評価の最重要要素に入れている。私は、世界経済の低迷の最大原因を金融の暴走に見出すのだが、アベノミクス賛美者たちは、金融の基礎に位置する株価を、企業業績、景気動向の指標として位置付けている。この議論の成否を云々する紙面の余裕はないが、株価が最重要の判定材料になっているということのみは指摘しておこう。

　実際、日経平均はある程度の上昇を見せている。当時の野田首相が衆議院の解散に打って出る前の2012年10月末の日経平均は約8,928円であった。円／ドルの為替レートは79円台であった。これが、2013年4月4日に黒田新総裁率いる日銀が発表した「異次元の緩和」のほぼ1か月後の4月末の株価は1万3,860円、為替レートも97円台になっていた。つまり、株価は約55％上昇し、為替レートは約23％円安といったアベノミクス肯定派を勢い付かせる威力を市場は発揮した（いつの間にか、市場という言葉は、経済市場一般を指すのではなく、株式・為替市場に限定されるものになってしまった。「経済のことは市場に委ねよ」とは、「株式市場に経済を委ねよ」と同義になっている。近年、このことへの違和感を抱いていないエコノミストが多すぎる。しかし、本章では「市場」を現在のジャー

ナリズムで使われている意味においてやむなく使用する)。その後、両市場の指数は一進一退を繰り返しているが、アベノミクスを打ち出した安倍首相への支持率は60％前後と依然として国際水準から見ても高い。「アベノミクスの金融緩和は、市場の『期待』に働きかける政策」であり、「インフレ目標と大規模な金融緩和の実施を組み合わせたことで、特に為替市場に対して実質的な効果があった」という評価が依然として強い（山崎元「デフレ脱却はいつになるのか？アベノミクスの『中間評価』」、「山崎元のマルチスコープ」、2013年10月23日、DIAMOND on line, http://diamond.jp/articles/print/43376)。

　じつは、2012年2月14日のバレンタインの日、当時の白川方明(まさあき)日銀総裁は、「1％」の物価上昇を目指すいわゆる「バレンタイン緩和」を発表した。しかし、市場関係者から日銀の本気度が疑われたために効果は長続きしなかった。白川時代と異なり、黒田の「2％」目標は市場から信じられている。「異次元の緩和」という強いメッセージが市場の期待を満足させたのであろう。

　勇ましい「異次元の緩和」という言葉は、市場が予想できる措置を並べただけのものであったが、バレンタイン緩和後と違って市場の期待を裏切らなかったことで、「市場の期待形成に影響を与えるメッセージ効果を持っていた」（山崎、同論文）。

　株価や為替レートにアベノミクスの初期段階の成功の証を見るのは、安倍首相の強力なブレーンの一人、伊藤元重も同じである。伊藤は、自著（伊藤元重［2013］）で安倍政権の応援団の一員であることを公にした。伊藤は言う。「アベノミクスはこれまでのところ、当初の想像以上にうまく機能している。株価や為替レートが金融政策に反応して大きく変化した。不動産価格にも影響が出始めている」（伊藤元重「今こそ日本企業は『肉食系』となれ！求められるのは、民需に火を付ける『第3の矢』」、「伊藤元重の新・日本経済『創造的破壊』論」、2013年10月10日、DIAMOND on line, http://diamond.jp/articles/print/42938)。

　伊藤は、株価、為替レート、不動産価格の指標だけではなく、雇用状態、賃金上昇などの他の指標をも参考にすべきであるし、アベノミクス

の成否は「第3の矢」の「民間投資を喚起する成長戦略」の裏付けがなければならないと認識してはいる。しかし、金融緩和で「お金がジャブジャブにある」が、今の日本に足りないのは、リスクを取って投資をしようとする気概を持つ企業だと指摘するだけで、真の問題点を軽視している。伊藤は、投資にお金が向かわないのは、構造的なものではなく「男の子」の気概の不足だと問題のありかを逸らしてしまっている。

伊藤をはじめとして「異次元の金融緩和」論者たちが共通に陥っている落とし穴は、お金の増加→株価の押し上げ→強気の期待形成→投資のための借り入れの増大→経済の好循環の回復、といった架空の世界のイメージにこだわりすぎることである。この理論こそ、大昔の貨幣数量説である。

重要な論点は、投資が喚起されないのは、リスクを取る「男の子」的企業の不足ではない。この政策が採用されてから後の企業の売上げ低下は顕著であった。2013年1‐3月期に比較して、「異次元の緩和」後の2013年4‐6月期の売上高は全産業で4％台後半の減少、製造業5％台後半、非製造業4％台前半の減少ぶりであった。売上高が減少したのに、利益率は20％台と大幅に増えた。これは円安効果のせいであった。もちろん、輸出に傾斜する大企業の利益は大幅に伸びた。しかも、内部留保が大幅に増加した。自己資本比率は40数％と、ここ数十年で最高値を示した。資金需要がないのは、「男の子」的企業の不足ではない。ただでさえ潤沢な自己資金が増加する一方では、そもそも資金を借り入れる衝動は起きず、潤沢な資金は不動産投資に向かってしまうのである（野口悠紀雄「日本経済を示すデータは成長ではなく停滞に向かっている」、「野口悠紀雄・日銀が引き金を引く日本崩壊」、2013年10月17日、DIAMOND on line, http://diamond.jp/articles/print/43130）。

上記の事情を背景として、2011年1‐3月期以降、順調に伸びてきた銀行貸出が2013年4‐6月期以降減少に転じた。国内銀行貸出はこの期に2％ほど減少した。これは、「異次元の緩和」で期待されていたこととは逆の現象であった。しかも、貸出総額に占める製造業の比率は低下し続け、2013年4‐6月期の製造業の設備投資向け貸出は非製造業の

８％台でしかなかった。顕著に伸びたのは、不動産投資であった。しかし、これは消費税増税への対応策でしかなく、瞬時に落ちる運命のものである。不動産投資に向けた総貸出のうち、個人の住宅投資がこの期で90％台も占めていた（野口悠紀雄「銀行の貸出増加は、住宅の駆け込み需要がもたらしたもの」、「野口悠紀雄・日銀が引き金を引く日本崩壊」、2013年９月26日、DIAMOND on line, http://diamond.jp/articles/print/42179）。

おわりに

　中央銀行が増発するハイパワード・マネーは、企業投資を必ずしも増やすものではない。そうした理論も常に正確なものではない。経済理論は、時と場合の差異によって、まったく違う影響を生きた経済に与えるものである。したがって、「異次元の金融緩和」が必ず空回りに終わるとは言えない。しかし、金融緩和の負の側面を論じる人に悪罵を浴びせることによって、安定した経済体制が実現される保証はない。アベノミクス賛美者に欠けているのは、経済理論と実体経済との関わり合いは微妙にして複雑なものであるといった経済学専攻者が備えていなければならない当然の心構えである。

　少なくともはっきりしているのは、アベノミクス論には産業構造の分析がないことである。これは、単に産業の各部門の成長・衰退を論じる視点がないというのではない。産業構造の変化によって引き起こされる労働移動の問題がなおざりにされているのがアベノミクスである。近年、労働者は、移動させられるたびに、本来与えられているべき「労働の尊厳」が剥奪させられてきた。

　山田久は言う（山田久[2013]、3ページ）。成長戦略を取る際に、「良い労働移動」と「悪い労働移動」がある。これまで、中堅・中小企業では安易に労働者が整理解雇されてきた。大企業でも「希望退職」という形で不況期にはかなり自由に人員のリストラが行われてきた。

　アベノミクスの成長戦略の目玉として打ち出されたのが「解雇ルー

ル」の明確化であった。「国家戦略特区」を制定し、特区内で企業が事業を再編する際に、雇用を流動化させることが容易になることを目指したのが「解雇ルール」の明確化であった。これはさすがに、基本的人権の侵害に繋がるとして厚生労働省が強く反対して流れたが、正規雇用を増やすために労働者の解雇を容易にするというのが政府の口実であった。雇い入れる際に解雇をし易くする契約を結んでおけば、正社員としての雇用が促進されると言うのである。衰退産業から成長産業に労働力を移すことができれば、政府が掲げる「産業の新陳代謝」が促進されるという考え方で打ち出されたものである。茂木敏充・経済産業大臣が2013年3月15日の第1回「産業競争力会議」(5)で方針を示し、2013年6月にまとめる成長戦略の柱にするはずであった。これが厚労省の反対で頓挫したのであるが、労働者の尊厳を大きく損なう法案であった。

　具体的には、勤務地域や職種などを限定して、そこに勤務することになる社員の退職条件をあらかじめ雇用契約で明記するという内容であった。日本では労働契約法(6)や各種判例において、正社員を解雇することが企業にとって難しいとされ、企業が衰退する事業から撤退しても社員の雇用は維持されなければならないといという社会的圧力があるために、解雇して訴訟に持ち込まれることを恐れて、企業が正社員の採用に踏み切れないでいる。そこで、省令や通達を出して、特区内では、事業環境に応じて正社員の採用も解雇も容易にしておこうというのが安倍内閣の意向であった（yomiuri online, http://www.yomiuri.c...30312-OYT1T01604.htm）。

　この労働者への苛烈な攻撃型の法案は一時的に見送られた。『朝日新聞』の2013年11月4日のオンラインが、次のように報じた。

　「『解雇特区』の非難、無視できず、見送り後も続く議論」と題しての記事であった。

　「労働規制を緩めて解雇しやすくし、業績が振るわない大企業から伸び盛りの企業への転職を促す『雇用の流動化』を進める――。そんなねらいで始まった政府の『解雇特区』の議論が、大詰めを迎えていた」。

　「(2013年)10月17日、内閣府で開かれた産業競争力会議の雇用・人

材分科会。オブザーバーで参加した八田達夫大阪大招聘教授は、自分が座長を務める『国家戦略特区ワーキンググループ』の提案をもとにした政府の規制改革案の発表を翌日に控え、出席者に語りかけた。『雇用条件の明確化に関しては、当初のねらいをほぼ達成できつつある』。言葉とは裏腹に、規制改革案では事実上、『雇用契約優先』で解雇しやすくする当初案の導入を見送る方向になっていた。八田氏の発言は、これまでの議論の成果を強調するための『強がり』とも受け取れた」(http://www.asahi.com/articles/TKY201311040028.html)。

「労働の尊厳」がますます露骨に傷つけられているのが実情である。

注

（１）　括弧内の言葉は八尋俊英のもの（「経済のブロック化が進むなか、日本はどういう選択をすべきか？敗戦前後との類似点を考える」、2013年10月2日、Wedge Infinity, http://wedge.ismedia.jp/articles/print/3114）。普天間基地問題、中国・韓国との領土問題で日本側の説明の仕方の拙さが海外では異様に映るとして、八尋は、「個々の問題が正しいかどうかではなく、それに伴う新しい秩序をどう説明しているかというシステム思考」に欠ける日本政府を批判している。「中国や韓国は已に米国政府や国連に対するロビーイングでは日本より数段上のようで」あると嘆いている。

（２）　上久保誠人「財政健全化の国際公約は実現できるか？内閣・党幹部の『安倍人事』から検証する」(「上久保誠人のクリティカル・アナリティクス」第68回、2013年10月2日、DIAMOND online, http://diamond.jp/articles/print/42362）。

（３）　2013年10月23日に東京都内で行った講演の中で、本田は、人々に染み付いたデフレ心理を払拭することに失敗しないように、日銀は2014年以降も金融の追加緩和を辞さない姿勢を明確にして欲しいと述べた。追加緩和手段としては、住宅ローン担保証券（MBS）などリスク性資産を買入れるのが望ましい。また日銀法を改正し、雇用の最大化を目標とすべきとの持論を繰り返した。黒田日銀総裁が交代しても、黒田個人ではなく、日銀が組織として期待インフレ率を高めることを義務化するためにも日銀法の改正が必要であると本田は説いている。「2年で2％の物価目標達成を、金融政策のみで達成できると明記しなければ市場を説得できない」、「2％達成まで、日銀は無制限に（国債）買い入れを進めるべし」と主張し、安倍首相も同意しているとの見方を本田はこの講演で披露した。アベノミ

クスのポイントは「強力な金融政策であり」、これによってまずデフレから脱却し、その後に成長戦略を採用すれば良い。デフレ脱却前に成長戦略を進めてしまうと「需給ギャップが拡大してしまい」、デフレから脱却できなくなることも本田は強調した（http://jp.reuters.com/article/topNews/idJPTYE99M04I20131023）。

（4）　この書は山本七平賞を授与されたが、これで財務省と高橋は決定的に対立することになる。その高橋洋一が、財務省によって推進された消費税増の舞台裏を説明している。高橋によると、ことの始まりは自民党・麻生太郎政権下の増税派の与謝野馨にあった。当時の与謝野は、財務大臣・金融担当大臣・経済財政担当大臣の3閣僚を兼務する重要閣僚だった。彼が、2009年3月に成立した「税制改正法」付則104条に「消費税を含めた法制上の措置を2011年度までに講じる」という時限爆弾を潜り込ませた。その後、「増税しない、シロアリ（天下り官僚）退治が先」というマニフェストを掲げた民主党への政権交代があった。ところが、その民主党の鳩山由起夫が政権を投げ出した2010年6月から政権を受け継いだ菅直人（なおと）が、唐突に消費税10％宣言を発し、2011年1月には何と自民党の件の与謝野が敵方の民主党政権に入閣することになった。その後の野田佳彦（よしひこ）政権下で、2012年8月、とうとう増税法案が成立した。ただし、その年の暮れの総選挙で民主党は大敗し、政権からすべり落ちてしまった。2009年の政権交代がなければ、消費税増税は起こらなかったかも知れないと高橋は言う。政権交代がなければ、与謝野が民主党政権に荷担して増税路線に持っていくこともなかっただろう。また、自民党政権であれば、与謝野の増税一本槍の経済政策とは対極に位置する中川秀直らの経済成長重視の「上げ潮派」がいて、両者の力が拮抗して増税はできなかったであろうとの判断を高橋は示す。高橋は次のように言う。今の自民党には、中川のような経済政策観を持つ政治家はいない。強いて言えば、安倍首相の経済成長重視の考え方は中川氏に似ている。アベノミクスのキモを金融政策に据えたことを見ても安倍首相は「上げ潮派」である。中川がいれば、安倍首相は、自民党内の与謝野のような増税派と中川のような経済重視派とを競わせて、経済重視の結論を出していただろう。つまり、高橋は自民党の増税派と対決する安倍首相の路線を支持していると自己の見解を明確に表現したのである。これは、安倍首相が自民党と対立するのもデフレ脱却のためにはやむを得ないと宣言したことを意味している（「高橋洋一の俗論を撃つ！」第77回、2013年10月3日、DIAMOND on line, http://diamond.jp/articles/print/42509）。

（5）　「産業競争力会議」とは、自民党・日本経済再生本部の下部組織。第

2次安倍晋三内閣の経済政策「アベノミクス」の第3の矢となる成長戦略の実現に向けた調査審議を目的に設置され、2013年1月に第1回目の会合が行われた。安倍首相が議長を務め、経済閣僚のほか、現役の企業経営者や学識経験者らが議論を行う。同年6月、政策の実施に向けた工程表や目標値などを盛り込んだ第1弾の成長戦略を決定した（http://kotobank.jp/word/）。

（6）「労働契約法」第16条では、「解雇は、客観的に合理的な理由を欠き、社会通念上相当であると認められない場合は、その権利を濫用したものとして、無効とする」とある。ただし、これ以上を明確化した法令はなく、「判例法理」と呼ばれる「裁判所が示した判断の蓄積によって形成される理屈」によって、いわゆる「整理解雇4要件」が成立している。「人員整理の必要性」、「解雇回避努力義務の履行」、「被解雇者選定の合理性」、「手続きの妥当性」の4つがそれである。ただし、日本の解雇条件の厳しさはアングロサクソン諸国よりは高いが、ヨーロッパ大陸諸国よりは低い（許斐健太（このみ）「『解雇ルール見直し』に強まる反発―労働市場改革に立ちはだかる高い壁」東洋経済ONLINE、http://toyokeizai.net/articles/-/13535）。

参考文献

伊藤元重［2013］、『日本経済を創造的に破壊せよ！衰退と再生を分かつこれから10年の経済戦略（アベノミクスへの提言）』紀伊国屋書店。

岩田規久男［2012］、『日本銀行、デフレの番人』（日経プレミアシリーズ）日経新書。

榊原英資［2013］、『経済政策のカラクリ―アベノミクスを仕切るのは誰か』朝日新聞社。

高橋洋一［2008］、『さらば財務省！―官僚すべてを敵にした男の告白』講談社。

本田悦朗［2013］、『アベノミクスの真実（安倍総理公認）』幻冬舎。

本山美彦［2013］、「日銀攻撃と品性」『世界経済評論』第57巻・第3号。

山田久［2013］、「経済活性化につながる雇用制度改革―『失業なき労働移動』をどう実現するか」『JRIレビュー』、Vol. 18、No. 9。

日本の強み・弱み研究会報告（序）―設立趣旨

　「日本の強み・弱み―その仕分け―研究会」の議事録から。「研究会の設立趣旨」、（社）国際経済労働研究所・理事・研究会主査・大阪産業大学経済学部教授（当時）・本山美彦、2011年1月14日、於：エル・おおさか（大阪市中央区）

　「日本型の統治と日本型企業経営についての私の発想の根源は、ものすごく単純なものである。家の中では靴を脱いで生活している我々日本人は、靴を履いたまま家に上がることのできる西欧人と同じことをするのは不可能である。これを問題の原点として、日本の強みについて考えていくというのが研究会を開く趣旨である」。「今は、逆三角形の人口構成になっている『人口のオーナス』（減少）期である。高度成長時代はきれいな正三角形の構成になっている『人口のボーナス』期であった。この形がもたらす難問を克服するという課題が最重要なことであるが、そうした難問を解決するには、個々の企業や個人では無理である。どうしても全国的規模で個人を動員できる全国的労組の人脈や人間関係を総動員するしかない」。「高齢者のものすごいパワーを利用できないかといった、マイナスといわれているものを逆手に取る発想をしなければならない時にきている」。「都市化が社会の絆を希薄化させた。都市の有権者はすぐに批判勢力になると喝破したのは、羽田孜・元総理であった。郵政民営化で市民はどっと自民党に流れ、その後は、またどっと民主党に殺到し、そして民主党のもたつきに熱が冷めるであろう市民は再度自民党を支持するようになるだろうと」。「人口問題に関して言えば、我々は老人の孤独死という事態の到来を目前にしている。何としてもこれを救済しなければならないが、それを成し遂げることができるのは企業でも自治体でもない。全国的規模の大労組が前面に出る時である」。「労働者は賃金で雇われるのではなく、自分たちが創り出したものに対して権利を持つという体制が構築されなければならない」。

第 1 章　労働の尊厳

はじめに

　現在のマスコミの話題に取り上げられなくなってしまったが、社会危機に苦しんでいた1970年代と80年代の米国では、労働者を経営に参加させて企業社会の安定を図ろうとするESOP（エソップ＝Employee's Stock Ownership Plan）の制度が論議され、実際に採用する企業も増えていた。それは、企業が労働組合に自社株を譲渡し、給与以外の収入を組合員に保証して、労働者の企業への帰属意識を高めようとしたものである。日本でも三洋電機のように、2000年代に入って採用しようとする企業も出ていた。しかし、株式が資産ではなく、金融ゲームの格好の材料として貨幣（ストック・マネー）に仕立て上げられるようになったことから、ESOP熱は急速に冷めてしまった。株式が従業員の福祉に使われるよりも、安直な金儲けの手段にされてしまったからである。事実、株価が高騰すれば、株式が他の企業を吸収できる手段として意識されるようになってしまった。長期資産を保有させることによって、労働者の生活を安定させようとするESOPの制度は相次いで破棄されてしまった。日本では三洋電機の松下電産（パナソニック）への吸収・合併によって、ESOP論議も沙汰止みになってしまった。しかし、ESOPは、現代社会における労働組合の1つのあり方を示したものである。必ずや、ESOPは再評価されることになるだろう。

　ESOPとは、従業員持株計画のことである。ESOPは、企業社会を構成する成員（従業員のみでなく企業内外の関係者＝ステーク・ホルダー）の企業や社会との関わり方を明示的に意識化させる機能を担う制度である。それは、労働者の多様な能力を大きく引き上げる効能を持つものである。[1]

　貨幣のような役割を果たすようになった株式は、ストック・カレンシーと呼ばれている。ストック・カレンシーの倫理なき暴虐によって、市民社会はズタズタに引き裂かれてきた。このような現在の惨状を見ると、19世紀フランスの思想家、プルードン（Pierre-Joseph Proudhon, 1809-1865）が構築した「人民銀行」が果たした歴史的意義はいささかも失わ

れていないことに気付かざるを得ない。プルードンの「人民銀行」は、株式保有を通じて人々の相互連帯と社会改革を実現し、多様な層の多様な相互主義を構築しようとしたものである。

　労働者が組織を持ち、協同作業をするようになれば、労働者は人間としての尊厳を獲得できる。プルードンは、労働者のアソシエ（連合体）の形成・強化を夢見ていた。プルードンのこの夢は、ESOPで実現できる[2]。

　ESOPを組織することは非常に重要である。新しいIT社会が労働形態を変えてしまうという未来論が人々の意識を支配していて、「労働の尊厳」が多くのコンサルタントや彼らに洗脳された経営者たちによって、いとも簡単に踏みにじられる世界に現在社会は落ち込んでいる。この誤った価値観から脱却するためにも、「アソシエの経済学」が展開されなければならないのである。

　上記の問題意識を持って、以下、情報化社会到来論の錯誤、企業の従業員に広がる閉塞感、プルードンの貨幣改革論、そして、ESOPやワーカーズ・コープ（Workers Corp.）の現代的意義を確認したい。

1.　情報化社会到来論の錯誤

　いわゆる「ムーアの法則」というものがある。これは、チップ・メーカーのインテル（Intel）の創始者の一人、ゴードン・ムーア（Gordon E. Moore）にちなんで命名されたものである。コンピュータの能力は1年半ごとにほぼ2倍になるというものである[3]。事実、事態の推移はその通りになった（以下の発想と叙述の多くは、Brown, J. & P. Duguid［2000］に大きく依拠した）。

　しかし、猛スピードで発達するコンピュータから発信される、恐ろしいほどの大量の情報の氾濫の中で、企業の従業員たちは、「その力を利用せよ」とけしかけられて、情報の洪水に溺れかけている（Kelly, Kevin,"New Rules for the New Economy," Wired, 5.09, September 1997, http://

www.wired.com/wired/archive/5.09/newrules.html）。誰が運転しているのかも知らないまま、真っ暗なトンネルの中を猛スピードで走る車内で、出口の明かりも見えず、何をして良いのかさえ分からずに怯えきっているのが、今の企業戦士たちである（Brown & Duguid［2000］）。こうした状況を「トンネル・デザイン」と名付けたのはエドワード・テナー（Edward Tenner）であった（Tenner［1996］）。

　トンネルの出口を見ることなく、いわんや、トンネルの向こう側の手がかりを得ることもなく、トンネルの中の窮屈な情報のみに判断を委ねてしまうために、閉塞感の中で作られた「トンネル・デザイン」は企業成員の全員を滅ぼしかねないお粗末なものである。この世界では、ひたすら特殊な情報だけで生きていくことが要請される。このことが、不安な気持ちを成員間に育む。そうした不安感を払拭するために、さらに新しい情報が追加される。情報の洪水によって、従業員を時間的に追いまくり、不信感を生み出す時間的余裕を奪ってしまう。しかし、情報が溢れている時代の人々の不安感は、情報が不足していた時代のそれと比べて、増幅されることはあっても、減殺されてはいない（Tenner［1996］）。実際、私たちは、グローバル・スタンダードに自らを合わせるべきだとの強迫観念の下、押し寄せる情報に溺れて死にかけているのに、溺れているという事実すら気付いていない。

　情報化社会が到来するというバラ色の予想がいかに裏切られたか。①小さくて身軽な企業の優位、②企業組織の水平化、③企業組織の簡素化、④在宅勤務、といった時代が必ずくると思い込まされたのはほんの十数年前のことであった。理論には「はやり」、「すたり」が付きものだとはいうものの、余りにもあっけないバラ色の夢の沈没であった。この4つの夢（神話）の崩壊を1つ1つ点検しておこう。

　まず、①巨大化して硬直化した企業よりも身軽で機敏な企業の時代がくるという神話について。

　この情報に踊らされて、立ち上がったばかりの新参のハイテク企業は「歴史上最速の成長企業」（Downes & Mui［1998］）という栄誉を得ようと、しゃにむに企業買収に走った。そして、莫大な数の企業があえなく破綻

した。これが、2000年に入ってから頻繁に見られた光景である。当時、これからは、巨大なゴリアテを、小さいが賢くて機敏なダビデが打ち負かす時代がくるという観念がまず流布された。無数のベンチャービジネスが生まれ、ベンチャー育成のための金融を与えるべく、ナスダック (NASDAQ)[4] が米国に、それを真似して日本でもジャスダック (JASDAQ)[5] が誕生した。

しかし、すでに勝負はついた後だった。マイクロソフト (Microsoft) やシスコ・システムズ (Cisco Systems) が出現したのは、1980年代後半から1990年代前半のわずか十数年という限られた期間内だけであった。それ以後、「ドアはピシャリと閉められた」(Raik-Allen, George, "Garage Door Slams Shut," Red Herring Online, November 3, http://www.redherring.com/insider/1998/1103/garagedoor.html) のである。「1人残った勝者がすべてを取る」(A Winner Gets All) という世界そのもので、後からきたハイテク企業は市場から閉め出された。遅れてきた新興企業のできることといえば、自らが開発した技術を大企業に、できるだけ高い値段で売ることだけであった。

世の中は、小回りの効く機敏な企業ではなく、少しばかり大きいだけの大企業でもなく、とてつもなく大きい「超大企業」の時代に入ったのである (*The Economist*, 13 December, 1997)。巨大企業はますます巨大化し、「その力は個々の政府よりも勝っている」(Sassen, S. [1996]) という状況は解消するどころか、さらに進展している。このことは、昨今のアップルやグーグルがスマホやタブレット市場を寡占的に取り込んでしまったことを見ても分かるであろう。アップルやグーグルの成功で米国経済全体が大きな浮揚を示したというIT評論家の判断は基本的に間違っている。大事なことは、労働機会がどれだけ増えたかという点にあって、1つ2つの超巨大企業が世界市場でいかに大きなシェアを取って勝者になったかの成功物語ではない。

②企業組織は水平化するという神話について。

企業の意志決定に関わる重要な情報は、IT化の進展に伴って全従業員に共有されるようになる。したがって、情報伝達の担い手であった管

理職、とくに中間管理職は消滅し、企業組織はCOEなどの少数の中枢部を除いて、限りなくフラット（水平的）なものになるだろうと十数年前には喧伝されていた。しかし、実際には、そうはならなかった。

そもそも、組織が非集中化するという文脈で「情報化社会」（Information Society）という用語を駆使したのは、ショショナ・ズボフ（Shoshona Zuboff）であった（Zuboff [1989]）が、その予言の誤りを本人は潔く認めている。本人の弁明によると、情報化が進展しても、企業内部が水平的にならなかったのは、経営者が情報を自己の権力保持の鍵として意識し、情報を独占的に握ろうとしたからであると言う（Lohr, S. [1996]）。

しかし、組織が垂直構造を廃して水平構造に移行できなかったのは、経営トップや中間管理職が情報を独占しようとしたからではない。管理職の真の存在意義を軽視して、管理職とは情報を握り、情報を知らない部下に情報を伝えることによって権力を保持する存在だと、管理職を限りなく卑小なものとして描いたことが誤りだったのである。

中間管理職は、ただ情報を握っているだけで権力を持っていたわけではない。もし、情報のみが権力保持の手段であるということが正しければ、情報が共有化されることによって企業内部の権力機構が大きく変わり、中間管理職が消滅して、組織は水平的なものに変わるという説も誤りではないだろう。しかし、管理職は情報の管理者だけではない。管理職とは職場の人間関係を良好に保ち、従業員の学習機能を高めるという非常に重要な機能を担うものである。この点については、フランシス・フクヤマ（Francis Fukuyama）とエイブラム・シュルスキー（Abram Shulsky）のフィールド調査によって確かめられている（Fukuyama & Shulsky [1997]）。情報機器が職場に導入されて以降、米国では、中間管理職は削減されるどころか多様な場所で増加し続けているという研究もある（Attewell, P. [1994]）。

情報化社会が到来しても、企業組織はフラットなものにはならなかった。そもそも、「情報に配慮しさえすればすべて上手くいくという前提で、情報を徹底して重視するのは、結局は、社会やモラルを無視した見方」（Brown & Duguid [2002]）でしかない。情報機器の導入によって、組織

は、現場の反発にあうことが多くなった。現場は慣れない情報機器に振り回されて極度の緊張にさらされるようにもなった。そのような状況下では、成員間のトラブルを調整する機能を担う中間管理職の存在意義は、情報化以前よりも高まってきたのである。

「Xが起きればYをしろ」とインプットされた情報機器は、Xが生じさえすれば、「Yをしろ」と命令する中間管理職は必要でなくなる。情報機器がそれを自動的に処理してくれるからである。しかし、実際には、Xが起きない場合の方が結構多い。そのような状況下では、情報機器は何もしてくれない。機器は、Xが起こるまでじっと待っているだけである。そうなれば、組織の動きはストップしてしまう。事態を進行させようとすれば、中間管理職が状況に臨機応変に対応して、決断を下さなければならなくなる。情報化という強迫観念に生産現場が支配される前は、現場は、「Xが起きないことはザラにある」という共通認識を持ち、「Xが起きればYをしろ」というトップからの命令など適当にあしらっていた。現場を知らないトップが何を言おうとも、その命令に無批判的に従順であるようなことはなかった。

「労働者の組織は、昔から、労働契約の精神ではなく契約の文言だけに従って＜規則通りに働く＞と、仕事にならないと考えてきた」(*ibid.*)のである。状況変化に応じて、命令を受け身で実践するのではなく、命令があろうがなかろうが正しい措置をテキパキとするというのが情報化に毒される前の現場の誇りであった。情報化社会論は、この昔ながらの習慣、つまり、現場の集団的労働力能の存在を忘れていたのである。

かつて、韓国の大邱で地下鉄火災という大惨事があった。2003年2月18日のことであった。火災現場と司令塔との状況把握・認識の大きなギャップが迅速な措置を不能にしたことで大惨事になってしまったのである。情報の乏しい司令塔の命令に、情報が豊富な現場が従わねばならないという無理さがことを必要以上に大きくしてしまった。この情報ギャップの存在が各国の交通当局によって真剣に受け止められた。日本の東京営団地下鉄が、現場は状況に臨機応変に対処して、マニュアル通りに司令塔の命令に従わなくても良い、つまりインプットされたコン

ピュータのプログラムを無視しても良い、という決定を2003年2月26日に出した。情報システム偏重から現場重視へと望ましい傾斜を営団地下鉄は示したのである。

　③企業組織が単純化するという神話について。

　情報機器が導入され、重要な情報がスムーズに流れることによって、組織間が情報化以前よりも緊密になり、その結果、組織は簡素化され、間接部門などの人員も削減されるという十数年前の神話も現実の推移によって裏切られた。次々と機能をアップグレードさせた新しい機器が開発され、企業も個人も、新機種を導入しなければならないという強迫観念に駆られてきた。新機種はクリスマス商戦に合わせて発売されることが恒例になったために、オフィスの住人は、毎冬、インフルエンザの流行とともに、アップグレードしたソフトのインストールで頭を痛ませてきた。アップグレードした1つのソフトをインストールすればことが終わるというものではない。周辺機器を含めて設定をやり直さなければならなくなる。そうすることは、往々にして、これまで安定していた情報機器環境を破壊してしまう。「テクノロジー特有の急激な進化が、豊富な資源を抱えている巨大企業に対しても、不安定な状況をもたらす可能性がある」(*ibid.*) というのが情報化社会の大きなマイナス面である。

　すでに多くの人たちが経験しているように、いくつかのプログラムやソフトを並列させる時、相互の相性が悪くてシステムが作動しなくなるという事態がかなり頻繁に発生する。ソフトのプロバイダーに相談しても、ソフト間の相性については何も答えてくれない。トラブルを起こすソフト間の組み合わせが無数にあるからである (Jennings, N. R. et al., "Agent Based Business Process Management," 1996, http://gryphone.elec.qmw.ac.uk/dai/projects/adept/jcis96/introduction.htm)。

　起こり得るトラブルに対して、誰も責任を取ってくれない。これが情報化社会の経験的事実である。金融デリバティブでこうしたことが頻発した。高度な数学とコンピュータのソフトウェアで武装した金融商品の設計者たちは、自信たっぷりに金融商品を開発し続け、ファンドマネージャーたちがそうした新金融商品を顧客に勧めた。しかし、ベアリング

ズ、ロング・ターム・キャピタル・マネージメント（LTCM）、カリフォルニア州のオレンジ郡、等々が破綻して投資家に巨額の損失を与えた。被害者の多くは、情報に通暁しているはずのプロの巨大金融機関であった。こうした金融商品は、「ヘッジ」という皮肉な名前を使っていたが、危機から資産をヘッジするなんてことは、宣伝文句だけで、実際にはほとんどできなかったのである（Brown & Duguid［2002］）。

情報機器の導入後、どの職場にも多数の情報機器のメンテナンスに従事する要員が増えた。「みずほホールディングズ」のオンラインのトラブルの例を見ても、異なるソフト間で生じるトラブルは、しばしば企業に対して破壊的なマイナスの影響を与えることが明白だからである。

④在宅勤務という神話について。

PC（パソコン）がありさえすれば、オフィスにいなくても在宅勤務ができると、これもかなり派手派手しく喧伝された時代があった。十数年前は少なくともそうであった。しかし、社員の席が固定せず空いている席を自由に使うとか、社員は出社しなくても、自宅から情報をメールで流せば良いといった在宅勤務体制を一時は採用したが、それを取り止める企業も増加しているという（Dix, D., "Virtual Chiat," Wired, 2.07（July, 1994）, http://www.wired.com/wired/archive/2.07/chiat.html）。

1980年、アルヴィン・トフラー（Alvin Toffler）は、オフィスが集積している都市の中心部は「空洞化して人気のない倉庫街になるか、住宅街になるだろう」、「（ある企業では）労働者のおそらく半分以上が、今では、モノではなく情報を扱っていて、その仕事の大部分は在宅で可能である」、「個人の家庭にコンピュータを入れれば、人は群れて集まる必要がなくなる」、「（また別の企業では）必要な通信のテクノロジーさえ手に入れば、75％以上の仕事は在宅で可能である」と、在宅勤務が必然的なものになると宣言していたのである（Toffler［1980］）。

③の状況と同じことだが、ソフトやプログラムのアップグレードのたびに、システムが不安定になり、それを再度安定化させることのできる専門家が必要になる。しかし、在宅勤務で専門家を得ることは絶望である。結局は変化に対応してくれる専門家を擁する職場に復帰することとし

か、絶え間なく続き、かつ増えるメンテナンスコストの負担から逃れる術はないのである（Fried［1995］）。

こうしたトラブルに対応すべく、コンピュータ環境を整備している事業所は、ワークステーション１台当たり約5,000ドルを「見えない出費」として失っている。そのうち、22％が従業員の仕事をサポートするために出費され、30％がトラブルに対処するための費用であるとの調査結果もある（Strassmann, P.［1997］）。

このように、未来学的予想の多くが外れた。無邪気な予想ならば、単なる笑い話ですむだろう。しかし、巨額の投資を行い、企業体質そのものを変えてまで、企業は情報化社会に対応しようとしてきた。そういった強迫観念に駆られたからこそ、多くの企業が、情報化社会を語る専門家たちの意見に従ってきた。結果は、裏切られ、従業員の愛社精神が失われただけに終わったのである。

2. 労働者の集合的力を削いだリエンジニアリング

『リエンジニアリングを超えて』を出したマイケル・ハマー（Michael Hammer）も、夢を売り、人々を失望させた一人であった。彼によれば、組織はともすれば官僚制的な硬直化をきたし、顧客のニーズを無視してしまう。組織は、他では通じない自分だけの論理に埋没してしまう危険性に常にさらされている。したがって組織は、何が本当の価値を生み出すことができるのかを、虚心に、白紙の状態に戻って考えなければならないというのが、ハマーの主張であった（Hammer, M.［1996］）。ハマーとその協同者、ジェームズ・チャンピー（James Champy）は、経営者たちに、「知っていることはすべて忘れろ」、「惰性でことを運ぶな」、「古いやり方は排除せよ」と大袈裟な文言を連発し、自分たちを、経済学の祖であるアダム・スミス（Adam Smith）を超える大思想家であると豪語した（Hammer & Champy［1993］）。

ジャーナリズムがハマーをスターに仕立て上げたこともあって、「リ

エンジニアリング」は企業経営者にとって避けることができない強迫観念となった。大企業は競ってリエンジニアリング担当重役を配した。しかし、結果は無惨であった。固定費は削減されず、コスト増に見合うアウトプットは微々たるものであった。世間的には、リエンジニアリングとは雇用削減（ダウンサイジング）の柔らかな表現でしかないとも受け取られるようになった。要するに、掛け声ばかり大きくて、実際には、何も変わらなかった。残ったのは従業員から出される怨嗟の声だけであった。新しい単語が流行語になるや否や、その言葉を売り歩くコンサルタントなるものが輩出した。そして、彼らは、その言葉の魔力がなくなると次のキャッチフレーズを探し回る。そうした、いかがわしいコンサルタントのマニュアル通りの言葉に、どうして多くの経営者たちが振り回されるのであろう。自分の頭で考える経営者が少ないなどとは思われないのだが、ファッション商品のごとく、次々と新スローガンがコンサルタントから発せられ、それを聴きに講習会に参加する経営者が多いというのは、奇妙な現象である。

　リエンジニアリングが失敗したのは、本来は一体化されているはずの企業活動を切り離して、バラバラのいくつかの段階（プロセス）に分け、各プロセスごとにインプットとアウトプットとを数値化して、その大きさで組織の努力を評価するという手法を、流行語に踊らされた経営者たちが、金科玉条にしたからにほかならない。彼らは、各プロセスに流れる意味内容や従業員の動機付けを無視してしまったのである。経営者は従業員に命令するばかりで、なぜその命令が必要なのかを適切に説明しなかった。従業員の動機付けを軽視し、トップダウン型命令のみに傾斜する経営形態は、当然ながら従業員からそっぽを向かれるだけのことに終わった（Wenger, E. [1987]）。リエンジニアリングの唱道者たちは、企業組織を軍隊になぞらえた（Brown & Duguid [2000]）。しかし、それは、組織を担う成員の意欲を削ぐだけのことになってしまった（Davenport, H. [1993]）。

　リエンジニアリングの提唱を商売として、その概念を売り歩いたコンサルタントたちは、この提唱が失敗に帰するや否や、今度はナレッジマ

ネージメントに宗旨替えした(Brown & Duguid[2000])。ナレッジマネージメントとは、従業員が事業資産を有効活用できるように、情報蒐集・選択・整理統合を行って、情報を関連付け、いつでも引き出せる体制を作ることであるとされている。しかし、それだけのことならば、大袈裟にとくとくと語られるべきものではない。これは、何か新しい重要な内容を具体化せずに、単にきれいごとを並べただけのものにすぎない。たったそれだけのものを獲得するために、扱いの難しい重火器を使おうとしているのではないのか、それを口実にいらざる資金を大量に投入するだけのことではないのかと、ブラウン＆ドゥギッド（Brown & Duguid）はナレッジマネージメントの意義を一蹴した（*ibid.*）。かつて、あれほど喧伝されていた情報処理専門家は「インフォーメーション・ワーカー」（情報労働者）という言葉で表現されるような地位に引き下げられ、「ナレッジ・ワーカー」（知識労働者）がはるかに重要な地位にあるものとして説明されるようになった。この変化には、論理的な流れはまったくない。何の論拠もなく、「情報経済」と「情報時代」は古くさく、「知識経済」と「知識時代」が次の時代を象徴する新しいものであると、また、手を変え品を変えて、とくとくと、かつては情報化時代を大いに喧伝した同じ経営コンサルトタントたちが語るのである。人は真剣に知識を求めるのではなく、流行する知識をありがたがるというようになってしまった（*ibid.*）。

そもそも、次々と新語を流行らせて、経営者を取り込んで、自説を売り込むことに成功したコンサルタントたちは、企業組織に何を残したのだろうか。彼らの罪業は以下の４点に集約できる。

（１）「リエンジニアリングによるやみくもなダウンサイジングの類は、組織から＜集団の記憶＞をなくしてしまった」（*ibid.*）。企業の実力は優秀な従業員の存在にある。ダウンサイジングによって、優秀な従業員から企業を辞めていった。知識の源泉であったチーム力が、ダウンサイジングによって枯渇させられたのである。

（２）情報だけに集中した結果、知識を生かせる労働者の育成が困難になった。熟練者が手取り足取りして未熟練者を育てるという企業組織

の気風がリエンジニアリングによって消滅させられた (*ibid.*)。

（3）各職場ごとに培われてきた文化が、「企業のリエンジニアリング」(Reengineering of Corporation) が唱道する「職場の均一化」という理想によって無視された結果、反発と不信感のみを増幅させてしまった (O'Connor, E. [1999])。

（4）リエンジニアリングは、従業員のやる気、積極的に学習する気概、つまりモティベーションを窒息させた。人にモノを教えようとしても、肝心の教えられる側に積極的な学習意欲が湧かない限り、教えられるものではない。タゴール (Rabindranath Tagore, 1861-1941) は、ピアノ教師が押し付ける練習から初めはできる限り逃避していたが、ピアノ教師自身の練習ぶりに感激して自分もピアノの練習をしようと思ったと語っている (Bandyopadhay, P. [1989])。強制されないで、やる気を起こさせることが重要なのである。ブラウンとドゥギッドは言う。「組織はクライアント側の要求の変化を刺激し、そしてそれに対処するのがますます巧みになっている。組織はどうすればこれと同じことをその従業員に対してもできるのかを考える必要があるだろう」(Brown & Duguid [2000])。リエンジニアリング、ダウンサイジング、ナレッジマネージメント、等々、次々と現れては消え、消えては現れる経営コンサルタントたちが打ち上げてきた流行語に幻惑されることによって、企業のトップたちは従業員という真の宝物の能力を窒息させてきたのである。

3. 「集合的力」、「統治」、「人民銀行」を重視したプルードン

労働者が組織化された時に発揮する力と、労働者の組織のあり方を強い思いを込めて語り、株式を通じる社会改革を真正面から論じたのが19世紀の思想家プルードンであった。

プルードンは1809年1月15日フランス東部の田園都市ブザンソン (Besançon) に生まれた。家は貧しかったが学校 (*Collège*、コレージュ、

帝立リセ＝Lycéeが、王政復古とともに王立コレージュに変わっていた）に17歳まで通学した。コレージュ中退後は市内の印刷所に就職し、仕事を通じて当時の学者・知識人と知り合った。とくに、同郷の社会主義者、シャルル・フーリエ（Charles Fourier, 1772-1837）ともそこで出会い、一時期「この奇妙な天才の虜」となった。印刷職人として順調に階段を上り、植字工から校正工、そして、フランスの職人の伝統に則ってフランス国内を巡礼をした後、友人との共同出資でブザンソンで印刷所を開き27歳にして親方となった。多能工化を労働者の人間的成長の鍵であると理解し、労働者に自立的な創意工夫の努力と自己責任の倫理を求めるプルードンの観点は、彼の職人的出自に由来する（斉藤悦則［2000］）。

しかし、印刷所は経営難で2年後に破産、友人は自殺し、プルードンは多額の借金を負った。印刷職人時代の28歳の時に、彼は、最初の著作『一般文法論』（*Essai de grammaire générale*, 1837）を自費出版した。印刷所の経営破綻をきっかけに学問研究志向をますます強め、地元知識人たちの後押しで応募した奨学金（年額1,500フラン）に当選し、1838年11月から3年間パリで勉学に専念できた（斉藤、前掲）。

1840年の著作『所有とは何か？』（*Qu'est-ce que la Propriété ?*）は、初版500部であったが、「所有とは盗みである」という衝撃的な文言によって評判となり、版を重ねた。衝撃的な文言にも拘わらず、本書は人間の持つ集合的能力への注目といった、後の『連合の原理』（*Du principe fédératif*, 1863）に結び付く地道な考え方に立つものであった。

彼によれば、人間の本能であるソシアビリテ（Sociabilité＝社会を創ろうとする性向。感性的存在同士の内的引力）がまず共同体（共有）を生み出した。しかし、人間の自由な能動性が共同体の束縛や抑圧からの脱却を求め、自分が自分であることの証を得ようとして所有を生んだ（斉藤、前掲）。共有と所有の相対立する2項の矛盾の間で社会は揺れ動くという発想を彼はしていたのである。

『所有とは何か？』の何よりの積極的な貢献は、人間の集合力の理論である。労働者が集合的に協業すれば、その成果は個人労働の単純な総和を上回る。集合存在としての人間（＝社会）は個人としての人間とは

まったく別個の性格を持つと言うのである。彼は、社会や組織が自律的な運動を展開するものだと知ることが重要であると論じた（斉藤［2000］、「所有とは何か」；佐藤茂行［1975］）。この点は、前節で批判した、リエンジニアリングによる「集団の記憶」の喪失と対極にある理論として、現代に復権させなければならないものである。

プルードンは、所有に関する著作を1841年、42年と連続出版し、経済哲学者として著名になった。1943年，同郷の知人がリヨンで経営する水運会社に会計係として雇われ、月給200フラン（当時としては高給）を貰い、ほぼ自由に研究できた。数度に亘る長期のパリ滞在も許されていた。先の故郷の人々による奨学金、そして数度のパリ遊学を見ても、プルードンがいかに人々に愛され、畏敬されていたのかが分かる。

1843年に『人類における秩序の創造』（*De la création de l'ordre dans l'humanité*）を出版した。そこでは、矛盾が生じ、その矛盾を一旦は解決しても、その方策がさらに次の矛盾へと繋がり、矛盾は系列的に連鎖するという系列の弁証法が展開された。このように、社会を静止状態においてでなく、動態として捉えようという姿勢がプルードンにはあったのである（斉藤［2000］、「人類における秩序の創造」）。そこでは、社会に内在する法則を発見し、積極的にその法則を利用することが人類の課題であると主張された。

1846年10月の『経済的諸矛盾の体系―貧困の哲学』（*Système des contradictions économiques : ou Philosophie de la misère*）は、周知のように、マルクスから強烈に批判されたことで有名になった。この書は、主タイトルの「経済的諸矛盾の体系」で記されている通り、経済事象を矛盾の系列的連鎖として捉えようとしたものである。1840年の『所有とは何か？』で触れられた「全体は個の総和以上のものである」と見る集合力理論と、1843年の『人類における秩序の創造』で主張された系列弁証法との合体・応用が試みられた。経済の営みは、人間にとって「良い」ことを目指しているのに、必ず弊害をもたらした。たとえば、分業・機械・競争・独占・租税・貿易・信用・所有・共有・人口というカテゴリーのどれ１つを取っても、プラス面とマイナス面とが同時に存在する。１

つのカテゴリーの否定面を否定する形で次のカテゴリーを作り出しても、これもまた新たな否定面を生み出してしまう。したがって、善（肯定面）のみを保持し、悪（否定面）のみを除去しようとしても無理である。プルードンはこうした関係をカント風にアンチノミー（二律背反）と名付け、現実の経済社会をアンチノミーの連鎖として描き出そうとした。アンチノミーがあるからこそ社会は前進する。矛盾がない状態とは停滞であり、生気の欠如であり、死のごとき無であると言う（斉藤、前掲）。何とこの発想は、一時は一世を風靡した「複雑系」の思考方法に近いことか。

プルードンはさらに言う。私的所有の弊害を見て共同所有を求めることも、私的所有の弊害を無視することも、ともに有害である。人々は、どこまでも矛盾とともに生きることを覚悟しなければならない。完全で永続的なバランスはあり得ないが、絶えずバランスを求める努力をするところに社会の進展はある。これがプルードンの姿勢であった。マルクスからの批判書『哲学の貧困』（*Misère de la philosophie*, 1847）をマルクス本人から寄贈されたプルードンは、寄贈された本の欄外に、「マルクスの著作の真意は、彼の考えそうなことはどれも私がとっくに考え、彼より先に発表しているので悔しいという気持にある。マルクスは私の本を読んで、これは自分の考えだと歯噛みしている」と一蹴したという（斉藤［2000］、「貧困の哲学」；森川喜美雄［1979］）。

1848年の二月革命直後から、プルードンは、『貧困の哲学』で展開した「相互主義」（mutualisme）のアイディアに沿って、経済問題解決の糸口を金融の場面に求め、「人民銀行」（la Banque du Peuple）という名の相互信用金庫の創設を企てた。

プルードンはこの二月革命を一貫して冷ややかな目で見ていた。二月革命が政治革命の方向へ流されていると見たからである。政治革命は権力の担い手の交代にすぎず、権力そのものの変革ではないとプルードンは言う。政治革命は、1つの抑圧機関に代わる別の抑圧機関を、しかもそれ以前よりもいっそう抑圧的な機関を、作り上げるだけであるというのがプルードンの基本的理解であった。人間は相互に様々な活動を通して関係を結んでいる。その際、同じ価値を相互に交換する「等価交換」

が基本形である。そうした人間相互の同等性を社会組織の中に実現していくことをプルードンは、『貧困の哲学』で「相互主義」という言葉で示した。その点、政治権力の下での支配―服従関係は、この相互主義とは反対のことになる。そうした文脈から、彼は権力そのものに対して批判し続けた（藤田勝次郎「プルードンの貨幣改革について」、http://www.alles.or.jp/~morino/prou.htm）。

　貨幣が市場で商品よりも強いのは、商品に対して常に「交換可能性」を持っているからである。「交換可能性」とは今日の言葉でいう「流動性」のことである。権力論の延長線上で彼は、商品と貨幣は「同等性」を持っていないと論じた。彼は、貨幣の商品に対する優位性を貨幣の「王権」と呼び、政治権力の下での支配―服従関係が経済の世界にもあると見なした。この貨幣の王権を奪おうというのが、「人民銀行」構想であった。この問題提起をしたのが、二月革命の時だということは大きな意味を持っている。彼は、政治的権威だけではなく、経済的権威も（さらに宗教的権威も）等しく廃棄されなければならないと考えたからである。彼によれば、それが「社会革命」である。

　プルードンは二月革命の少し前から新聞の刊行を始め、政府の圧力によって休刊を余儀なくされても、新しい新聞を直ちに発刊し、合計4種の機関紙を相次いで刊行した。その1つに『人民の代表』（Le Représentant du Peuple）という名の新聞がある。そこで、プルードンは、1848年4月に「信用・流通の組織化と社会問題の解決」（Organisation du Crédit et de la circulation et Solution du Problème social）という論文を6回に亘って発表し、そこで初めて「交換銀行」（Banque d'échange）の構想を明らかにした。この論文のほか、同じ新聞に、1948年、「社会問題綱要・交換銀行」（Résumé de la question sociale. Banque d'échange）を発表した。

　交換銀行は、今の言葉でいう「地域通貨」を発行する銀行である。交換銀行は、加入者の意志によって運営され、国家から完全に独立した自立的組織であり、資本金を持たない。営利を目的にしない。この銀行は、加入者の「受領ないし販売した生産物、また引き渡された、あるいは近

第1章　労働の尊厳

日引き渡され得る生産物の価値を表すあらゆる商業手形と交換に」、「交換券」(bon d'echange) と名付けられた一種の銀行券を発行し、それを受け取った人は、それと引き替えに、この銀行に参加する別の人の持つ商品サービスを手に入れることができる。その逆も可能である。

交換券には、法貨との交換性を付与しない。交換銀行は、常に商品サービス手形の時価に見合う交換券を発行するので、過剰発行は原則としてない。交換銀行は価格決定にはいっさい関わらない。価格は、市場で決定されなければならないからである。交換銀行が価格決定の権限を持つことは、市場価格に介入してしまうことになるので、そのようなことをしてはならない。プルードンには、市場廃止という主張はない。市場が、個人の自立と自由の一面を保証していると見なしたからである。

ただし、新古典派のように、市場を神と見なすことはない。交換券を発行する場合、原則として市場によって決められた価格に従うが、その場合でも、参加者はそれらの商品の原価（材料費、賃金、一般的費用、保険費などの総額）についての正確な情報を提示することが義務付けられている。交換銀行の運営の責任は「管理委員会」と名付けられた組織が引き受け、さらに「管理委員会」は常に「監視委員会」によって点検を受ける義務を持つとされた。

プルードンは、市場を神の座には上げなかった。彼は正しく作成された経済データによって、「市場の誤り」が修正されるべきであると考えた。彼は、交換銀行が市場に依拠しながらも、同時に人為的操作を加味した運営に委ねられるものと考えていたのである（藤田、前掲）。

交換銀行は、市場で買い手が見つからない余剰となった生産物を購入することで、農工業者を救済することを大きな目的にしている。銀行が余剰生産物を買い取る価格は、原価の80%であると定款で定められていた。商工業経営者や農民に長期の資本貸付や不動産を抵当とした貸付も行う。貸付はいずれも交換券で行われ、その利子もきわめて低く設定されるとされていた。

プルードンは、ナポレオン3世（Napoléon Ⅲ, 1808-1873）らと共に二月革命後の1848年6月には、国民議会補欠選挙で当選し、1848年の7

月と 8 月の 2 回に亘って、国民議会にこの「交換銀行」計画の実現を訴えたが、否決されてしまった。そこで、この計画を練り直し、翌年に「人民銀行」と名を改めて再出発を図ったのである。

人民銀行では、交換銀行と異なって、加入者については会員だけであるという制限が設けられた。人民銀行は、協同組合的なものになった。それと「株」を発行し、それを所有した人が人民銀行のオーナーとなった。交換銀行という名称を人民銀行に変えた理由は、この銀行が「上から」国家によって作り出されるものではなく、社会によって「自生的に」作られるものであるということを、名称の上でもいっそうはっきりさせたいと考えたからである（藤田、前掲）。

プルードンは、人民銀行の設立場所を、労働者が主として住むフォーブール・サン・ドニ街（Faubourg St-Denis）に定め、その定款を公証人に提出し、「株主」と「加入者」を募集した。2万7,000人もの多数の加入者を集めたという。加入者の家のドアの横に「加入者」であるという標識を出し、加入者は自分が手に入れた「流通券」（交換券の呼び名も変えた）を使って取引することができると考えた。彼の新聞『人民の代表』も人気が高く、発行部数は平均4万部、1日平均250フランの利益を上げたという（斉藤、前掲）。

しかし、プルードンがこの新聞に書いた論文が、大統領に就任したナポレオン3世を誹謗しているということで裁判に掛けられ、1849年3月、禁固3年と罰金3,000フランを課せられた。1849年12月、彼は、この新聞紙上で人民銀行の清算を発表した。

『19世紀における革命の一般理念』（Proudhon [1851]）は、獄中で執筆されたものである。プルードンは、労働者が中産階級になることを肯定的に捉えていた。それは人民の自己統治（gouverne moi-méme）能力への信頼と一体のものであった。

1855年よりプルードンは『経済学』と題する大著の執筆に取り組み、社会は集合的な固まりであるという新しい社会科学の構築を企てたが、これは未刊のままに終わった。1858年の大著『正義』もよく売れたが、逆にそれが公序良俗紊乱に当たると攻撃され、プルードンはベルギーに

逃れた。亡命中も、また1862年に帰国した後も、数々の著作を出し、思想界に大きな影響を与え続けた。最後の著作、『所有の理論』（*Théorie de la propriété*, 1865）は、所有を、個人の自由・自立・自己責任の根拠と見なす理解を展開したが、1865年1月19日に病没した（斉藤、前掲）。

見られるように、プルードンは、人々の協業、自己統治、社会統治（gouvernement de la société）、人民銀行、といった、現在に再現すべき課題を見事に掴み出していたのである[7]。

4. 経営権を持つ労働者か？自主管理型労働者か？
―ESOPとワーカーズ・コープ

ストック・カレンシーの余りにも非倫理的な暴力は、いずれ社会を破滅の淵に立たせるであろう。そうした危険性はつとに指摘されてきたが、具体的にどのような枠組みでストック・カレンシーの暴力を阻止できるかはいまだ不明である。しかし、プルードンが、貨幣を逆手にとって社会革命を起こそうとした理念は、現在とくに継承されなければならないものである。株価資本主義で社会が悲鳴を挙げているのなら、他ならぬ株式を逆手に取って悲劇を防げないものか？こうした課題に光明を与えるものこそ、従業員持株制度が進化した米国のESOPである。

経営への労働者参加という側面から見れば、米系企業における労使関係は長期的には変化してきているが、一般的にはなお労使協調的とは言えない。ましてや、ヨーロッパ大陸諸国で見られる労使共同決定の具体例はほとんどない。米国で、共同決定を行った少数例が、ゼネラルモーターズ（General Motors）の子会社サターン（Saturn Corporation）で一時は試みられたこともある労使パートナーシップである（津田直則「世界のコーポレートガバナンス」、http://rio.andrew.ac.jp/~n-tsuda/011.html）。

1982年、GMは念願の小型車開発を遂行するために、GM経営陣とUAW（全米自動車労働組合＝United Auto Workers）とが新たな労使関係のシステムを作った。GMとUAWとが、共同の委員会を設置して、その結果生まれたのがサターンであった。GMとUAWの協力関係はサ

ターン設立後もしばらく続き、労使関係はパートナーシップと呼ばれた欧州型共同決定システムを踏襲していた。歳月の経過とともに、形骸化した労使共同決定方式ではあるが、「解雇ルールの明確化」という形で、「労働の尊厳」が踏みにじられるようになった日本の現状から見ても、現代に復活させるべきシステムであった。

　労働組合が参加する委員会は5段階に分かれていた。第1段階の法人レベルでは、サターンの社長、サターン内部の労働組合の委員長、UAW全国組合の代表などが参加した戦略活動委員会。第2段階は製造活動委員会であった。これも労使代表が参加し、戦略活動委員会の政策を実現に移す役割を果たした。第3段階は「ビジネスユニット」と呼ばれた工場の3つの部門ごとに作られた労使委員会であり、第4段階は「モジュール」と呼ばれる組織ごとに行われる労使委員会であった。モジュールとは最底辺にあるワークユニットと呼ばれる自主管理チームが集まった組織で、塗装、エンジン組立といった単位ごとに作られていた。そして、すべてが労使対等の共同決定システムになっていた。以上のラインの外部に位置する労使委員会とともに、労働者が決定に参加するライン内部の自主管理チームがあった。パートナーシップの第5段階である。それは、日本の同類のチームよりも自律性が高く、リーダーも内部から選ばれた。

　さらにサターンのパートナーシップの大きな特徴が、ライン内部における労使のパートナー制にあった。ライン内部における経営側の中間管理職の1人1人に、組合側のリーダーがパートナーとして張り付いた。上述の各モジュールやビジネスユニットには2人のリーダーがいた。経営側と組合側それぞれの代表者であった。2人は様々な問題解決に共同して当たっていた。このようなパートナー制は、生産現場だけでなく経営の全分野に適用されていた。共同決定であると同時に共同経営でもあった。サターンは効率上のシステムでは日本的リーン生産システム（トヨタ生産方式を手本とした無駄排除の生産方式）を取り入れ、労働者の教育・訓練をも重視していた。米国において、労使共同決定システムの下で効率的な生産を目指したという点で、サターンの実験は多くの注目を集め

た（津田、前掲）。

こうした実験の成功の上に、米国のESOPが脚光を浴びるようになったのである。1970年代からあったエソップと呼ばれる米国の従業員持株計画が、GMの試みの成功を契機に、企業のコーポレート・ガバナンスに労働組合を最重要のステークホルダーとして広く認知されるようになった

次に自主管理型労働組合の紹介に移ろう。

米国では、経営参加型のESOPと並んで、労働者自主管理型のワーカーズ・コープ（Workers Corp.）も旧くからあった。ワーカーズ・コープとは、市民や労働者が自分たち自身で出資し、地域や社会に役立つ仕事をする事業体のことを指し、米国では、非公式労働運動（Unofficial Labor Movement）の1つと見なされている。ワーカーズ・コープは、「労働組合運動ではないが、しかしなお労働運動の一環とみなし得る運動」である（秋元樹［1992］）。ボストンにある産業協同組合協会（ICA）やフィラデルフィア協同組合企業協会（PAACE）など、「労働者による企業所有を進める団体」が米国にはある。いずれも、ワーカーズ・コープとESOPの設立・運営を援助している。これら機関は、労働組合の依頼を受けて、従業員所有への可能性調査、経営者へ対抗するための企業戦略や財務の調査などを引き受けたりもしているという（石塚秀雄、http://www.jicr.roukyou.gr.jp/kaigai/ishizuka/16americawc.htm）。

フランスの政治学者、A. トクヴィル（Alexis de Tocqueville, 1805-1859）の『アメリカの民主政治』（*Democracy in America,* 1835）で描かれたように、独立戦争後の米国は、ロバート・オウエン（Robert Owen, 1771-1858）などの欧州型協同組合運動の盛んな国であった。1794年、労働者グループによる靴製造協同組合的工場の設立、1829年、フィラデルフィアとニューヨークにおける協同組合店舗の設立、1831年、ニューイングランド農民職工協会の設立、等々、労働者共済のための協同組合が多数作られた。1800年代後半に設立された全米労働組合も、最終的には労使対決型に移行してしまうものの、当初は、賃労働制度を労働者協同組合型に変えるという協同組合共和国を理想に描くものであった。

大恐慌時代には自助型協同組合が、第2次世界大戦後には、ワーカーズ・コープが、オレゴン州やワシントン州に設立された。しかし、これらはいわゆる労働者株式保有協同組合という形で、組合員間での利益分割を定めるのみで、共同資産を作らず、労働者による経営参加の側面は弱かった。この労働者株式保有協同組合では、組合員になるためには、組合員株を買わなければならなかった。しかし、株価がつり上がっていく一方であったので、新規労働者は高くて株を購入することができず、その協同組合における非組合員の賃労働者になり、賃労働関係が組合員と非組合員の間で再生産されることにもなった（石塚、前掲）。

米国のワーカーズ・コープが明確に労働者の共同所有の方向を目指すようになったのは、1983年になってからである。この年、産業協同組合協会（ICA）が、理想型としてのワーカーズ・コープのモデル定款を作ったのである。その定款は、組合員の所有権と内部資本勘定とを分離した点に特徴があった。見習い期間が過ぎて、組合員に登録されると、組合員はその年度に決められた金額の1株だけの購入が認められ、それを証明する株式証書を受け取る。したがって金額に関係なく、この1株が1人1票の投票権の根拠となる。この株は退職時になっても他人に譲渡することはできない。出資金の払い戻しは退職時にではなく、5年を最大のタイムリミットとして退職後何年か経って後に行われる。

分離された組合員の個人勘定と共同勘定のうち、個人資本勘定は最終的に組合員個人に返済されるが、共同勘定は組合員間で配分できない基金である。ICAモデルでは、損益の50％ずつ個人勘定配当と共同勘定配当に配分する。個人勘定配当は、各組合員の年間労働時間に応じた配当を行う。個人勘定は、決算が赤字の時や、組合員が辞めたり、個人勘定の一部を現金化した時は減る。

労働時間による配当と不分割方式で積み立てられる基金については、協同組合的事業をしている企業と見なされ、米国内国税法（IRC）に基づく税控除制が適用される。協同組合が解散した時、その共同勘定は、負債を整理した後に、慈善的組織に配分され、元組合員に還元されることはない（石塚、前掲）。

一方、組合員の意思決定参加制度については、年次総会、定期会議、特別会議など、いずれも、組合員の10%以上の同意があれば開催される。1人1票ではあるが、会議出席者のみに投票が認められ、代理人による投票は認められない。したがって会議定足数は、常にその出席者数である。

　普通の企業と異なってコミュニティ的であるという特性に則り、収益配当システムは、資本配当ではなくて労働配当である。保有株は、協同体における個人の占有的権利であって、私有的権利ではないので、投票権も勘定も他人に譲渡することはできない。こうした考えに基づいて、ワーカーズ・コープでは株の売買が否定されている（石塚、前掲）。

　この種の定款による組合設立は、各州の会社登記法（The Articles of Organization）によって、まずマサチューセッツ州で、それ以後、同じような形の定款形式が、メーン、コネチカット、バーモント、ニューヨーク、オレゴン、ワシントン、等々の各州で承認された（石塚、前掲）。

　米国では「経営権を持つ従業員」を重視するESOP方式の方が、「自主的な労働者」を重視するワーカーズ・コープよりも数も圧倒的に多いが、現在では、この両者の性格は接近しつつある（石塚、前掲）。こうしたものを大きく括る枠組、すなわち、「社会的経済」といったものが米国でも論議されるようになるのは必至である[8]。

　労働者を搾取する点において剥き出しの力を振るおうとしていた企業に対して、徹底的に抵抗し、後の修正資本主義を生み出す原動力になった労働組合の輝かしい成果が、過去には確かにあった。今、ふたたび、資本の暴虐が荒れ狂っている。必ずや、世界の労働組合は、過去の崇高な姿を取り戻すであろう。

おわりに

　日本の株式市場は長期間低迷していた。アベノミクスの成否が株価で判断されるようになってしまったのも、株価の長期低迷があったからである。私はアベノミクスは早晩馬脚を現すようになるであろうと予測し

ている。そして、財界は、必ずや株価対策の検討を求める声を高めることになるであろう。この流れの中で、株式市場への資金の流入を促すために、日本版401kプランの早期実現を求める声が再度沸き起こってくるであろう。再度というのは、経済同友会が、米国のESOPに倣った制度を日本にも導入すべきであるとの意見を発表したことがあるからである。2001年のことであった。

　当時、ESOPが株価対策として期待されたのは、ESOPを信託として設立すれば、ESOPが資金を借り入れて一気に自社株を大量購入することが可能となるからであるという理由が挙げられた。つまり、自社株の配当や株価上昇が借入金利を上回れば、レバレッジ効果で巨額の利得を得ることができる。これは巨大な株の買い手が出現することであり、株価を上げる方向に働き、企業にとって、安定株主の確保という意味でもメリットがあるとの期待があったのである。

　しかし、このような発想でESOPが推奨されてしまえば、ESOPは労働組合の強化とは無縁のところで機能させられることになる。2001年1月25日付の「労務屋のホームページ」（http://www.roumuya.html）には以下のような日本へのESOP導入の危惧が表明されていた。

　まず第1に、株価が上がることが大前提の議論なので、株価が下がったらどうなるのか、という問題が常に付きまとう。退職金という中長期のレンジで見れば、値下がりリスクは確かに低いと言えるが、会社が倒産の憂き目に会えば、ESOPも紙屑に帰すことになり、従業員は非常に大きなダメージを被る。そこまでいかなくても、転職しようとした時にたまたま株価が下がっていると、かなりの不利益になる。

　第2に、株価が下がるリスクは、これまでは、企業が負担していたのに、ESOPは、それを従業員に転嫁しようという制度である。そうしたリスクを抱えたまま、既存の退職金制度をこれに置き換えようということでは、従業員の理解を得ることは相当困難である。

　第3に、株式はかなり流動性の高い資産ではあるが、現物支給であることには変わりはなく、従業員としては現金での支払に比べて魅力が劣る。そもそも、米国でESOPが導入された経緯が、ユナイテッド航空と

かクライスラーとかいった会社が経営危機に陥った時に、従業員に対して企業存続に向かうモティベーションを高めようということであり、確かにそのような事態においては有効な施策であったが、普通であれば自社株の一極集中などというリスクの大きいことはしないであろう。以上である。

　この批判は正しい。しかし、ESOPの制度を、株式保有の金融的利得面からのみ見るだけで、ESOPが社会編成の問題に大きく関係しているという視点をはなから持とうとしていないのがこの種の批判の共通項である。金銭的利益。それだけが判断の基準になり、そうしたことが社会全体をいかに脆いものにしてしまったかの反省的考察がない。現在ほど、労働が与える人間社会の意義が問われている時期はないのに、そうした問題領域そのものの存在を意識しない。ESOPは、指摘されたような問題点があるとしても、株式を逆手に取ることによって、労働の閉塞状況を打開できる可能性を濃厚に持っているのである。

　注
（１）　ESOP（Employee's Stock Ownership Plan）とは、企業が従業員の報酬制度として導入する企業の拠出（損金扱い）による従業員への税制優遇自社株配分制度のことである。原則全員対象で、退職まで引出不可の確定拠出型退職給付制度である。これは米国で創設された制度であるが、日本ではまだ定着していない。三洋電機が導入しようとしたが、企業の消滅によって解消させられてしまった。ちなみに、日本では、従業員持株会が存在している。これは企業が、従業員の福利厚生の一環として支援する「従業員の給与天引き（税引後）による自社株購入制度」で、任意加入、株式の引出し売却可能、といった自助努力型資産形成制度である（http://www.jetsnet.co.jp/nyumon/kabuyogo/rome/e２/esop.html）。
（２）　プルードンが1851年に公刊した『19世紀における革命の一般理念』（Proudhon [1851]）から若干の抜粋を行っておきたい。ただし、この原文の邦訳の訳語には従っていない。
　　「必然的に部分化されざるを得ない労働者が・・・単なる賃金取得者（salarié）に留まるのか、そうでなくて、この労働者が企業の運命を左右する機会に参加し、管理機関において発言権を持つような、つまり、組織化された個人（associé）になるのかのいずれかである。第１の場合には、

労働者は、従属させられ、搾取される。・・・第2の場合のみ、労働者は、人間・市民としての威厳（dignité d'homme et de citoyen）を取り戻し、安心して息を付くことができる」、「様々な技能を持つ多数の労働者の集合的雇用（l'emploi combiné）を必要とする・・・企業は、労働者による組織ないしは会社（d'une société ou compagnie de travailleurs）を育てる温床となるべき必然性を持っている」、「労働者たちは、企業繁栄の利害関係に参画すること（participation des bénéfices d'un établissement qui prospère）を認めて貰いたいと思っている」、「資本家は独りだけで鉱山の開発や鉄道の運営ができるだろうか？・・・このような仕事は、必要な資本さえあれば誰にでもできることであろうか？・・・このような場合においてこそ、組織的連帯（l'association）は必然的であり、権利として要求し得るものであると私は考える」。

（3）「ムーアの法則」（Moore's Low）について敷衍すれば、これは、「一定のシリコン上にエッチングできるトランジスタの数は18か月ごとに倍になる」という、1965年にプロセッサの発達スピードを予測した法則の名称である。マイクロ・プロセッサのコンピューティング・パワーも当然、18か月ごとに倍になり、同じコンピューティング・パワーを買うために要する費用は18か月で半分になる。したがって、パソコン価格は下がり続ける。その後、さらに発達のスピードが増し、「2週間前は一昔、2か月前は原始時代」という言葉さえ生まれたほどである。

　1997年9月30日にゴードン・ムーア・インテル名誉会長は、インテル開発者会議の基調講演で、「ムーアの法則の最新版」（An Update on Moore's Law）と題する講演を行った（http://www.intel.com/pressroom/archive/speeches/gem93097.htm）。さらに、インテルは2001年11月25日に、2005年の「ムーアの法則」を立証するテラヘルツ（TeraHertz＝1兆ヘルツのこと。通常の携帯電話で使用されている電磁波の1万倍の周波数）構造の開発を発表した。詳細情報は（http://www.intel.com/research/silicon/）で知ることができる（http://www.kaigisho.ne.jp/literacy/midic/data/k33/k331.htm）。

（4）ナスダックは、全米証券業協会（NASDAQ＝National Association of Securities Dealers' Automated Quotation）が管理・運営する店頭市場の相場報道システムを指す。このシステムを利用して取引される株式店頭市場もナスダックと呼ばれている。小型株対象の「スモールキャップ」と優良全銘柄対象の「ナショナルマーケット」の2部門から構成されている。株式公開の基準が緩いため、創業直後の企業やベンチャー企業が多数登録されており、資金調達のための重要な市場となっていた（http://www.

第1章　労働の尊厳

nikkei4946.com/today/basic/85.html）。店頭銘柄の売り呼値と買い呼値の情報を、コンピュータを介して証券会社や投資家が保有する端末にリアルタイムで表示する（http://www.nri.co.jp/m_word/nasdaq.php）。

（5）ジャスダック（JASDAQ = Japan Association of Securities Dealers' Automated Quotation）は、大証がナスダックの仕組みを模倣し、1991年10月に導入したものだが、期待されたような効果が十分に発揮できず、停滞傾向を示していることなどを背景に、2000年6月にナスダックとソフトバンク社が「ナスダック・ジャパン」を大阪証券取引所内に開設した（http://www.nri.co.jp/m_word/nasdaq.php）。将来的に、米国ナスダックのほかにナスダック・ヨーロッパとも接続し、世界の有力な新興企業の株式を24時間取引可能なグローバルで「眠らない市場」にすることが計画されたが、2002年8月16日、同日開催した臨時取締役会において、現在の経済環境では事業継続は困難と判断し、営業活動を停止するという決議を行ったと発表した。"ナスダック・ジャパン市場"を運営する（株）大阪証券取引所との業務契約は2002年10月15日に解消され、2013年に東京証券取引所との合併が決まる前には、ナスダック・ジャパン市場での取引業務は大阪証券取引所が引き継いでいた（http://www.ascii24.com/news/i/mrkt/article/ 2002/08/16/）。

（6）「みずほ銀行」は、2002年4月より第一勧銀・富士銀・日本興銀が合併してできた銀行だが、初発からその統合システムが不調でトラブルが多発した。2002年4月5日、口座振替の未処理分だけで250万件、同じ口座に対する二重振り込みなどの誤送金が、5,000件、クレジットカードなどの購入代金を二重に引き落とすミスが3万件あった。その前の2002年4月1日に発生したATM（現金自動預払機）でも、現金が払い戻されていないのに、通帳上では引き落としたと記載されたトラブルが147件あった。口座振替でトラブルが起きた原因については、予想を超える大量の処理が1日に集中したため、振替請求のデータ処理を行う新システムの一部が障害を起こし、一部が決済処理できなかったためであり、誤送金では、手作業で同じ口座に重複して振り込むミスと、ミスをチェックするシステムの不調が重なったと説明された。しかし、3行が統合する前にシステムをどう統合するかでもめたことがトラブル発生の根本的な理由である。当初は、第一勧銀のシステムに統合するワンバンク方式を取る予定であったが、他行から第一勧銀のシステムは使いづらいとの声があり、その結果、情報処理方式の異なる旧3行のシステムをつなぐ複雑なシステムとなってしまって、トラブルが発生したのである。また、システム管理会社が、IBM、日立、富士通と3社であったこともトラブルに拍車をかけた（http://www.

ikari.ikari24.com/net/netjiken1.html)。
（7） 河野健二は次のように言う。「プルードンの述べた『20世紀は連合の時代を開くであろう』という予言は嘘ではなかった。ECその他の地域連合もまた、プルードン的着想の実現であった。今後に予想されるのは、国際的規模での連合の強化と、各国の内部における連合主義の一層の前進であろう。ここ2、3世紀のあいだ力を振ってきた国家中心主義や、集権制からの脱却の試みが現れるたびに、このブザンソン生まれの独学の思想家の名前が想起されないことはないであろう。私たちはそういう時代に向かっているのではなかろうか」（河野健二［1987］）。
（8） 「社会的経済」に関する正確な定義はない。川口清史によるベルギー・ワロン地域協議会の定義の紹介を記しておく。「社会的経済とは、主として協同組合である企業や、共済組合、アソシエーションによってなされる経済活動からなり、以下のような原則を承認するものである。①利益よりもむしろ構成員あるいはその集団に奉仕することを目的とする、②管理の独立、③民主的な意思決定過程、④収益の分配においては、資本より人間と労働を優先する」(http://www.econ.kyoto-u.ac.jp/~org/proc/kawaguchi.pdf)。なお、ジャック・モロー（Jacque Moreau）著、石塚秀雄・中久保邦夫・北島健一訳『社会的経済とは何か』日本経済評論社、1996年がある。

参考文献

Attewell, P. [1994], "Information Technology and the Productivity Paradox," in Harris, D. (ed.) [1994].

Bandyopadhay, P. [1989], *Rabrindrath Tagore,* Anglia.

Brown, J. S. & P. Duguid [2000], *The Social Life of Information,* Harvard Business School Press. 邦訳、ブラウン、ドゥギッド、宮本喜一訳『なぜITは社会を変えないのか』日本経済新聞社、2002年。

Davenport, T. H. [1993], *Process Innovation,* Harvard Business School Press.

Downws, L. & C. Mui [1998], *Unleashing the Killer App: Digital Strategies for Market Dominance,* Harvard Business School Press.

Fried, J. [1995],"The Techno-Productivity Slump," *Journal of Commerce,* 17 February.

Fukuyama, F. & A. Shulsky [1997], *The Virtual Corporation and Army Organization,* Rand.

Hammer, M. [1996], *Beyond Reengineering: How the Process-Centered Or-*

ganization Is Changing Our Work and Lives, Harper-Business.

Hammer, M. & J. Champy [1993], *Reengineering the Corporation: A Manifesto for Business Revolution,* Harper Business.

Harris, D. (ed.) [1994], *Organizational Linkages: Understanding the Productivity Paradox,* National Academy Press.

Lohr, S. [1996], "The Network Computer as the PC's Evil Twin," *New York Times,* 4 November.

O'Connor, E. [1999], "The Politics of Management Thought: A Case Study of the Harvard Business School and the Human Relations School," *Academy of Management Review* 24 (I).

Proudhon, P [1851], *Idée générale de la révolution au XIXème siècle,* Rivière, 1923. 邦訳、プルードン、渡辺一訳『19世紀における革命の一般理念』、『世界の名著42』中央公論社、1981年。

Sassen, S. [1996], *Losing Control: Sovereignty in an Age of Globalization,* Columbia University Press.

Strassmann, P. A. [1997], *The Squandered Computer: Evaluating the Business Alignment of Information Technologies,* Information Economics Press.

Tenner, E. [1996], *Why Things Bite Back: Technology and the Revenge of Unintended* Consequences, Vintage Books.

Toffler, A. [1980], *The Third Wave,* William Morrow. 邦訳、トフラー、徳山二郎他訳『第三の波』日本放送出版協会、1980年。

Wenger, E. [1987], *Artificial Intelligence and Tutoring Systems: Computational and Cognitive Approaches to the Communication of Knowledge,* Morgan Kaufman.

Zuboff, Shoshana [1989], *In the Age of the Smart Machine: the future of work and power,* Basic Books.

秋元樹 [1992]、『アメリカ労働運動の新潮流』日本経済評論社。

河野健二 [1987]、『もう1つの社会主義』世界書院。

斉藤悦則 [2000]、「プルードン」、「所有とは何か」、「人類における秩序の創造」、「貧困の哲学」、「哲学の貧困」、的場昭弘他 [2000] 所収。・内田弘・石塚正英・柴田隆行編『新マルクス学事典』弘文堂。

佐藤茂行 [1975]、『プルードン研究』木鐸社。

森川喜美雄 [1979]『プルードンとマルクス』未来社。

日本の強み・弱み（1）―郵政事業に見る

「日本の強み・弱み―その仕分け―研究会」における議事録から。日本郵政グループ労働組合・中央執行委員・企画局長（当時）・増田喜三郎による報告「郵政事業の実態と課題」、2013年4月30日、於：大阪東郵便局労組（大阪市中央区）

　「郵便局員は、もともと『職人』の集団だった。機械化する前、配達員は、郵便物を自分たちで仕分けしていた。郵便物を見れば、配達先の家の風景、玄関の様子や近くの通りなどの風景を覚えていて、動画で目に浮かぶほど地域のことをよく分かっていた。配達先の1つ1つを体が覚えていた。

　郵便物の仕分け中、手作業であれば、何か間違っているなと、『違和感』を感じる時がある。うまく言えないが、『何かおかしいのではないか』という感覚だ。実際、きちんと確認すると、やはり間違っている（たとえば、いつも、ここに配達しに行くはずなのだが、その郵便がない。おかしいな、と思って調べ直すと他の郵便物とくっ付いている。あるいは、家がないはずの場所の住所が記入されていることもある、など）。機械が自動的に排除してしまうことと、熟練者の目によって誤った記入を正してきちんと仕分けすることとの間には大きな違いがある。経験や勘で培われて、仕事上の知識は蓄積されていくものである。

　今までは、郵便局員の仕事は、『誰にでもできる』ような単純なものではなく、まさに職人の技術であった。今の機械化は、作業スピードを高めてはいる。しかし、その反面において、職人の経験知を奪ってしまった。『誰にでもできる仕事』にしようとしてきた結果、技術の蓄積がなくなってきた。現場には非正規社員が多くなり、仕事上のノウハウを蓄積し、技能を伝承させるシステムが弱くなってしまった」。今や、「労働の尊厳」を確立することこそが肝要である。

第 2 章　生活の経済学

はじめに

　現在、過労死が報道されることは少なくなった。それとともに、過労死の問題を市民は話題にしなくなってしまった。過労死がなくなったわけではない。非正規労働の激増とともに、過労死はますます増え続けている。

　21世紀の初めには過労死問題に市民は大きな怒りを持っていた。たとえば、『週刊ポスト』2007年3月9日号の「労働者斬り捨て『戦犯』たち─part 1」という、過労死の悲惨な現状を報じた記事があった。その記事中にコンピュータ会社に勤務していたあるシステム・エンジニアの過労死のことが紹介されていた。44歳の若さで憤死した彼は、入社以来、多い月で135時間もの残業をこなし、総労働時間は毎年平均3,000時間を超えていた。

　過労死で労災認定を受けることができる基準は、2013年時点で、月80時間以上の時間外労働である（2011年12月12日付け基発1063号厚生労働省厚生労働局長通達─本山注、局長通達のことを基発という）。年間3,000時間以上の労働時間が通常、「過労死ライン」と呼ばれている。日本の男性正社員の4人に1人がこの基準を超えているとの指摘もある。誰もが過労死の危機に瀕している。

　件の彼は、銀行のシステム開発のプロジェクト・リーダーに選ばれて以来、勤務内容は深刻な様相を呈していた。納期が迫る中でプログラムの修正と検査に追われ、連日の残業で、疲労はピークに達し、帰宅して5時間の睡眠を取るのが精一杯であったという。そして、彼は、帰宅した直後、脳出血で倒れ、帰らぬ人となった（同書、27ページ）。

　同記事には、デパートへの納品代行業に従事していて、29歳で過労死した人のことも掲載されている。実質労働時間は、朝7時から深夜0時までの17時間もあった。同居している家族が休むように諫めても、同僚に迷惑が掛かるからといって、休まなかった。彼も、ついに、就寝中に心筋梗塞で亡くなった。

1. 労働の破壊

　厚生労働大臣の諮問機関に「労働政策審議会」という組織がある。使用者代表、労働者代表、それに学識経験者や弁護士などの公益代表、の3グループでメンバーが構成され、労働法制を改正する時に審議する。この会議の下に、労働条件を審議する分科会があり、さらにその下に、部会や委員会がある。分科会や部会での審議結果は、労働政策審議会の決議と同等の効力を持っているという。

　労働政策審議会の下の「労働条件分科会委員」を務めていたある人材派遣会社の社長が、その分科会で、「労働者を甘やかしすぎだと思います」と公然と発言したことがある（2006年10月24日の委員会、上記週刊誌、26ページより）。同氏は、そのことについて、後日、『週刊・東洋経済』2007年1月13日号に次のように語った。

　「過労死を含めて、これは自己管理だと私は思います」、「祝日もいっさいなくすべきです。24時間365日を自主的に判断して、まとめて働いたらまとめて休むというように、個別に決めていく社会に変わっていくべきだと思いますよ」、「『残業が多すぎる。不当だ』と思えば、労働者が訴えれば民法ですむこと」。

　同氏はそのずっと以前にも『PHPほんとうの時代』（2001年3月号）で語っていた。中高年の賃金を引き下げて若者の新規採用を促すべきだと言うのである。「中高年の雇用維持と引き換えに、若者の新規採用を抑える構図となっているというわけである。これは、横から眺めれば、親子で職の奪い合いをしている姿で、決して見栄えの良いものではない。親は子を思う生き物であれば、賃下げも解雇も涙をのんで認めてはどうか」。

　『産経新聞』（2002年1月31日付）でも、同氏は、失業率の増加に関して次のように発言していた。「あれこれとえり好みするところに発生する一種のぜいたく失業だと思う」。

　『週刊ポスト』は、この社長の発言に対して過労死訴訟を数多く手が

ける玉木一成・弁護士の批判を紹介した。

「労働者が自分で健康管理しようにも、会社側から時間と仕事量で縛られているためできないのが実態です。あり余る人員で余裕を持って仕事をさせているような職場はないでしょう。(この方は)残業が多すぎたら会社を訴えろと言うが、サラリーマンが自分の会社を訴えるなど、現実には退職する覚悟がないと無理な話です。また、労災申請のハードルも非常に高い。自己申告である残業時間を労働者本人が立証するのは非常に難しい。遺族による申請ならばなおさらです」(同、28ページ)。

民主党衆議院議員、城島正光代議士(じょうじままさみつ)(当時)は、2003年の国会で、「労働者派遣法改正」を審議している「規制改革会議」のメンバー選定が不自然であると発言して(1)、物議を醸したことがある。

労働者を威嚇する発言をした社長を戴く、件の人材派遣会社は、「日本郵政公社」の職員研修事業を受注していた。郵政公社職員約26万人の研修を引き受けていたのである。

日本郵政公社は、2003年に旧郵政事業庁が公社化されたものである。そして、2006年1月23日、日本郵政公社を民営化するための準備企画会社、「日本郵政株式会社」が発足した。2007年10月に、日本郵政公社の機能と業務は、持株会社となる「日本郵政株式会社」と4つの事業会社に引き継がれた。

竹中平蔵・総務大臣(当時)は、日本郵政株式会社の社外取締役5人の1人に、件の社長を選んだ。

経済評論家の森永卓郎は、上記『週刊ポスト』で語った。

「これは、『強者の論理』です。・・・経済界の本音は、構造改革で正社員をパートに置き換えた後、さらに人件費を削るにはホワイトカラーの給料を削るしかない。だから過労死するまで安い賃金で働かせることができる制度を作ろうとして、・・・(この社長を)スポークスマン役にしているようにも見えます」(同、29ページ)。

頓挫したが、第1次安倍政権は、年収400万円以上のサラリーマンに「ホワイトカラー・エグゼンプション(White Collar Exemption=WE)」という、残業代ゼロ制度を導入しようとしたことがある。

すでにこの頃から、労働界はまさに孤立無援であり続けている。支配者からの居丈高で勝ち誇った怒鳴り声だけが日本国中に響いた。労働組合という防波堤を失った労働者は、冷たい荒海に放り出された。

精緻化されたがゆえに、経済学だけが文系学問の中で科学だと豪語するようになって久しい。経済学が他の分野から科学として評価されているのか否かは、今は問わない。しかし、少なくとも、経済学が血の通わない干からびた屁理屈を述べるだけの記号屋に堕落してしまったことだけは確かである。干からびた御用学問は、悲惨な労働破壊には何らの痛痒も感じてはいない。昔の経済学は、こうした悲惨な状況からの脱却方法を、懸命に模索していたのに・・・。労働の尊厳を高らかに唱えていた昔の経済学への想いを本章では語りたい。

2. 正統派から拒否されたJ. A. ホブソン

経済学は、金儲けではなく、人間生活における、生き甲斐を追求する「思想の一般体系」(general system of thought) の一部でなければならないと訴えていた人に、J. A. ホブソン (John Atkinson Hobson, 1850-1940) がいる。経済学は、社会生活の量的側面のみでなく、質的側面をも扱うべきであり、倫理を中心とする社会一般の指導原理を打ち立てるべきであると強調したのがホブソンであった。彼の『異端の経済学の告白』という著書の序文には、次のような主張が展開されている (Hobson, J. A. [1976])。

「私は、現代の正統派経済学の『価値』、『費用』、『効用』といった用語を使いたくない。それゆえに、私は本書の題名に異端という言葉を使うことにした。異端という表題は、私には突飛なものとは思われない。異端という言葉が、私の思考にピッタリと当てはまるからである。私は経済学の用語に、人間論的解釈を与えておきたい。私は、産業技術、および、その成果を使う行為と、個人の社会的行動とを、調和させるにはどうすれば良いのかを考えてきた。そのためには、政治的なもの、倫理

的なもの、芸術的なもの、娯楽的なもの、等々を理論化しなければならないと思う」(Hobson [1976], pp. 7-8. 邦訳、2ページ。ただし、私の訳文は、邦訳書に従っていない。邦訳書の文は、解釈をするのに、かなりの困難さを覚えるからである)。ここで、ホブソンを紹介しておきたい (http://www.liberal-international.org/editorial.asp?ia_id=682)。

ホブソンは、英国の経済学者で、帝国主義を批判した著述家である。英国ダービー (Derby) 市に生まれ、1880年から1887年までオックスフォード大学リンカーン・カレッジ (Lincoln College, Oxford) で学んだ。大学を卒業した後に経済学の研究を始めた。ラスキン (John Ruskin, 1819-1900)[2] と米国のヴェブレン (Thorstein Veblen, 1857-1929)[3] からもっとも強い影響を受けた。とくに、ヴェブレンについては、当時の世論は馬鹿にしていたが、ホブソンがもっとも早く高い評価を与えたと言われている。ハーバート・スペンサー (Herbert Spencer, 1820-1903)[4] の社会学の影響をも受けている。

ボーア戦争 (Boer War, 1880-1881, 1899-1902) が始まる前に、『マンチェスター・ガーディアン』誌 (*Manchester Guardian*) の通信員として南アフリカに渡り、セシル・ローズ (Cecil John Rhodes, 1853-1902)[5] による財界支配や原住民の悲惨さをつぶさに観察し、その時の見聞録が有名な『帝国主義論』(*Imperialism,* 1902) である。

ボーア戦争に反対し、第1次世界大戦時には英国の中立を主張した。それまでは長年自由党 (British Liberal Party) の党員であったが、第1次世界大戦後に離党した。その後、独立労働党 (Independent Labour Party) と行動を共にした。

1889年にロンドン大学LSE (London School of Economics) 講師の口があったが、当時、著名であった実業家、マメリー (A. F. Mummery, 1855-95)[6] との共著『産業の生理学』(Mummery & Hobson [1889]) の内容が正統派経済学からの大きな逸脱であるとして、人事委員会から忌避された。確証はないが、エッジワース (Francis Ysidro Edgeworth, 1845-1926)[7] がもっとも強力な反対者であったとされている。LSEでの職を得ることができなかったホブソンは、以降、アカデミズムの世界で職を得ることは

できなかった。

　それでも、進歩的な週刊誌『ネーション』(*Nation*)への寄稿家として1907年から1923年まで活動し、米国のブルッキングズ研究所(The Brookings Institution)で大学院生に講義したり、ニューヨークの『ニュー・リパブリック』誌(*New Republic*)等々の雑誌にも寄稿した。米国におけるホブソンの活躍がフランクリン・ローズベルト(Franklin Roosevelt, 1882-1945)[8]のニュー・ディール政策に影響を与えたと、ホブソン伝の著者、ブレールスフォード(H. N. Brailsford)は主張した(Brailsford, H. N. [1948])。

3．J. A. ホブソンの生活の経済学

　一連のホブソン研究を発表している大水善寛は、「『産業生理学』におけるJ. A. ホブソンの経済思想」(『第一経済大学論集』第18巻第4号。http://www.aomoricgu.ac.jp/staff/oomizu/thesis/daiichi27.html)において、経済学を他の学問分野から独立させて「全く分離した1つの実証科学」であると見なす当時の正統派経済学の思想に反発して、「人間の社会的行動」全体の分析を行う「思想の一般体系」を提唱したのが、ホブソンであると指摘した。その際、「生活が富である」と言うラスキンの「人道主義」の考え方にホブソンは共鳴したのであり、それまでの経済学が、人間の経済活動のほんの一部しか扱っていないことを告発したという意味で、経済学界からホブソンが「異端視」されてしまったと大水は言う。

　大水は、ホブソンの姿勢を次のように理解した。

　「社会一般の福祉の指導原理をうちたてるにあたっては、経済・政治・倫理等の諸々の分野から発生する諸力を十分に考慮しなければならないし、また、経済社会で不利な立場におかれたり、自由を奪われている市民等の『弱者』層の運命或いは生活を改善するための政治体制の企画は、経済学において十分に考慮されなければならないと言う（のがホブソンの一本山注）考え方である」。

そうした整理の上で、「生物学的有機体」としての人間、「全体性」を認識する社会科学の必要性、「集団生活」としての社会、といった３つのキー概念にホブソンがこだわっていたと大水は述べる。
　こうした、非常に現代人の問題意識に引き寄せた大水のホブソン解釈が正しいのかどうかを判定する能力は私にはない。しかし、セシル・ローズという俗物へのホブソンの激しい嫌悪感、分配面で日常的に存在している不正義へのホブソンの憤りなどを見るにつけ、大水のホブソン理解に、私は、共感を覚える。ホブソンの著述の中で、容易に確認できる明確な言葉で表現されているわけではないが、ホブソンの思想を大水のように理解することは無理なことではない。
　私には、人間を扱う経済学で、学問的進歩があったとは思われない。人間を扱う限り、古代人よりも現代人の方が人間的な成熟度が高いなどとは、とてもではないが、言い切れないからである。それに、当たり前のことだと思うが、学問を積んだ専門家の方が、学問の訓練を受けていない素人よりも、生き方において高尚であるなどとは言えない。事態は、往々にして逆である。人間を扱う学問とはそうしたものである。経済学は人間の営為に光を当てるものでなくてはならない。経済学は、単細胞的科学であってはならないのである。
　ホブソンは、不平等な社会への怒りをぶつけ、それを理由として大学には受け容れてもらえなかった。それだけで、ホブソンを研究する現代的意味は十分にある。ホブソンの過少消費説が、ケインズ（John Maynard Keynes, 1883-1946）の有効需要不足論の先駆者となったなどと、学説的な解釈をしてしまえば、そのこと自体が、ホブソンから輝きを奪うことになる。
　ホブソンは、ケインズの先行者としての栄誉よりも、全身で不平等社会を告発したという怒りへの共感を、後世の人間から得たかったであろうと、私は信じる。
　ホブソンは言う。
　「生産の目的は、消費者に『有用な物や便利な物』を提供することにある。最初は原料を処理し、そこから有用な物、便利な物が作られ、最

終的に消費される。生産とはそうした連続性である。有用な物や便利な物の生産を助けることが資本の唯一の用途であるべきである。・・・ところが、過度の貯蓄が、必要とされる以上の資本蓄積を引き起こし、この過剰が一般的過剰生産の形を取る」（Mummery & Hobson［1889］, p. iv）。

　ホブソンのこの文章が、貯蓄しすぎるから過剰生産は発生する、したがって、人々は、もっと消費すべきであるとの考え方、つまり、不況は過少消費からくるものであると学説史的に理解されてしまえば、ホブソンにとっては屈辱であろう。

　ホブソンの信念は、生産とは生活に不可欠の物資を提供するものでなければならない、社会は、単なる金儲けのために、不必要な物を生産してはならないものである。にも拘わらず、そうした無駄な物資が生産されるのは、利潤の分配が不平等だからである。利潤をわずかしか分配されなかった人々は、生活に必要な物資を購入できないでいる。そして、多くの利潤の分配を受けた資本家は、より多くの利潤を得るべく金の儲かる物資を生産する。しかし、それらは、多くの場合、生活に必要なものではない奢侈品である。金持ちたちの、より多くの享楽に奉仕する品物の生産が組織されているのに、貧乏人たち向けの生活必需品は生産されていない。貧乏人たちは購買力を持たないからである。つまり、ホブソンのいう過少消費とは、人々一般が消費しないということではなく、貧乏人が必要な物資を購入できないのに、金持ち用の、生活に不可欠でない物資が過剰に生産されている、という現象を指す。

　すべての害悪は、資本家の過剰貯蓄にある。資本家は、なるべく、労働者を雇用しないようにしている。その結果、労働者の消費能力は減退する。その反面、資本家の貯蓄は増加する。そこから不必要な生産が促進させられる。

　不必要な物の生産が「無限に増加される」、必要な物の消費は「最低限に維持されている」、「貯蓄には制限がない」。ホブソンは、事態をこのように表現する。

　生活に不可欠な物を生産する資本を、ホブソンは、「真実の資本」（Real

Capital) と名付けた。そうした有用な資本は、「真実の貯蓄」(Real Saving) によって生み出される。生活に不必要な物を過剰に生産する資本を、彼は、「偽の資本」(Nominal Saving) と命名した。そうした資本を生み出すのが、「偽の貯蓄」(Nominal Saving) である (Mummery & Hobson [1889], p. 36)。生活に根ざしたものが、「真実」であり、生活から離れて金儲けに走るものが、「偽」なのである。

　見られるように、ホブソンは、過少消費＝過剰貯蓄、したがって、消費者はもっと消費しろと言ったのではない。生産と投資の中身を問うたのである。

　「富裕階級の剰余所得が、社会に、鬱血と梗塞という疾患をもたらしている。このような経済的疾患を解消するには、労働者の分け前を今よりも増やすか、進歩的な国家による適切な介入によって、富裕層の所得を使うか、あるいはその両者を併用することによって、富裕階層の所得が他の層に吸収されるようにすることが必要となる。こうした健全な配分が実現すれば、経済組織は、もっと完全な、もっと規則的な、もっと生産的な活動に着手できることになるだろう。健全な経済組織は、他の組織ではできないような、良好な秩序と進歩を生み出すのである」(Hobson, J. A.［1922］, 邦訳、86ページ)。

　私が学生時代に大きな影響を受けた岸本誠二郎は、ホブソンの過少消費説の正確な側面を指摘してくれている。

　「販路説では、生産されるものは当然消費され、供給は需要となると考えられていたが、ホブソンは、生産の動機として消費欲望のほかにそれとは異なる貯蓄欲望があることを指摘した。人間が銘々の消費欲望だけによって生産しているならば、販路説の仮説のようになろうが、生産が貯蓄欲望によって推進される場合には異なる。貯蓄欲望による生産は、社会においては消費欲望を超えて無限に増進しうるので、これが過剰生産を作り出すと考えた」(岸本誠二郎［1975］, 64ページ)。

　人間の真に必要な資料を生産する経済組織を作ろうと試みた経済学者が、大学から拒絶されたことのおぞましさを、私たちは今一度思い起こしておこう。若い芽を摘んではいけない。これは私自身の自戒でもある。

4. ラスキンによる富の定義

知られているように、ホブソンは、ラスキンから多くの影響を受けている。この節では、ホブソンによって、発展させられたラスキンの「富」(wealth) についての理解を見ておきたい。ラスキンは、経済学が目指すべき目標を人間の向上に置いた。彼は、J. S. ミル (John Stuart Mill, 1806-73) の「豊かであるということは、必要な品物を豊富に持っていることである」という理解を踏襲した。

「『持つ』ということは、絶対的な力ではなく、相対的な力を表している。所有物の量や質が大事であることはもちろんであるが、それよりも大事なことは、財を持ち、財を使う人にとって、その財がふさわしいということである」(Ruskin, J. [1903-10], vol. 17, p. 87)。

彼は、そうした財のことを「役に立つ品物」(useful articles) と名付け、それを「効用」(utility) と同義のものとした。つまり、ラスキンは富を2つの側面から定義した。1つは、「役立つ」(useful) もの、2つは、所有者がその品物を容易に入手でき、それによって、自らの能力を高めることができるものでなけれならないこと、というのである。後者のことを彼は「受諾能力」(acceptant capacity) という用語で表現した。

「従って、富は、たくましく生きる人 (the valiant) が持つ、役に立つもの (the valuable) である。そうした富は、国力の源泉でもある。評価がなされるのは、物の価値と、その物を持つ人の活力とを併せたものでなければならない」(ibid., pp. 88-89)。

「価値は、物自体の内在的なものだけではなく、所有者の活力にも依存している。そのことによって、富は有効に使用されるのである」(ibid., p. 166)。

役立つもの、所有者の能力という2つの側面に加えて、ラスキンは、第3の側面として、正しく組織される生産を重視する。

富とは、信頼され、活力溢れる産業によって生産される財のことであり、無慈悲な専制や詐欺まがいの生産者の下で作られた、すぐに廃れる

奢侈品などは富ではない（*ibid.*, p. 52）。ラスキンは、こうした論点を打ち出すことによって、当時の正統派経済学に挑戦したのである。

富をこのように定義したラスキンは、価値（value）にも独特の定義を与える。

「価値（value）は、活力（valere）という面からすれば、・・・・（それが人間のことを指す場合）人生における（in）・・・健康（well）、つまり、健全さ（strong）を表す。それはたくましさ（valiant）のことでもある。（それが事物のことを指す場合）それは、人間の生活にとって（for）の健全さ（strong）をもたらすもの、つまり、役に立つ（valuable）ものである。ここで、『役に立つ』（valuable）ということは、『人生に資する』（avail towards life）ことである。真に役に立つもの、資するものとは、持てるすべての力能を動員して（with its whole strength）人生を高める（leads to life）ものである。人生を高めることなく、そうした力能が損傷される度合いに応じて、それは役立たない度合いを大きくする。人生を損なうものは役に立たないし、害あるものである」（*ibid.*, p. 84）。

「『価値』（value）は力能を表す。生活を支えることに『資する』（avail）ものである。それはつねに二面性を持つ。価値とは、第1次的には内在的（intrinsic）、第2次的には実効的（effectual）な側面を持つ」（*ibid.*, p. 153）。

そもそも、可能性として品物に内在しているが、それを顕在化すべく、たくましい人間によって、人生に活かされ、実効あるものに仕立て上げられたものが、価値なのである。

「効用」（utility）の定義も、既述のようにユニークである。「効用」とは「役に立つもの」（usefulness）と同義である。それは、人がそれを使う際に、生活にとって役立つという側面を意味する。

「物が役立つということは、物自体の本性ではなく、物を使う人が、そのように仕立て上げた（in availing hands）結果である」（*ibid.*, p. 88）。

役立つもの、それが富である、という抽象的な表現だけでは、ラスキンは、実態経済に即していない歯の浮くような美辞麗句を駆使しただけの人のように受け取られる可能性がある。事実、ラスキンを心から尊敬

するホブソンですら、ラスキンに欠けているのは社会学的考察（social theory）であるとした（Hobson, J. A. [1898], pp. 104f）。ただし、ジョン・タイル・フェイン（John Tyree Fain）は、ホブソンの言い過ぎだとラスキンを擁護している（Fain, J. A. [1952], p. 302）。

ラスキンは、生産者と消費者を別人格のものであるとする正統派経済学への果敢な挑戦を行おうとした。生産過程が消費過程を決定するとの立場から、彼は、労働者が生産現場への指揮権を持つことを提言した。労働者が使い捨てられるような生産現場では、労働者自身が自ら生産する財への接近ができないばかりか、生存そのもを脅かされる。そういう悲惨な環境の下で産出された財は、けっして富（wealth）ではない。

「どの国民にとってもそうであるが、富について、まず第1に研究されるべきことは、国民がどれだけ多くの財を持っているかではなく、財が有益に使用されているか、財が使用できる人の手元にあるかということである」（*ibid.*, p. 161）。

「政治経済学の究極の目的（the final object of political economy）は、それゆえに、良い消費方法を手に入れ、豊富な物資を得ることである。言い換えれば、あらゆる物を使い、それも優雅に（nobly）使用できるようにされるものが富である」（*ibid.*, p. 102）。

「経済学者たちは、よく、完璧な消費などはないという。そんなことはない。完璧な消費こそが、生産の目的であり、王冠であり、完成なのである。賢く（wise）消費することは、賢く生産することよりもはるかに難しいことなのである」（*ibid.*, p. 98）。

再々こだわるが、「効用」（utility）をラスキンはかなり広い意味で理解している。良い消費を生み出す生産が、効用を持つという言葉の使い方を彼はしている。

「良い仕事は役に立つ（useful）。・・・これまで、私たちは、自分の仕事が、自分自身に対して、あるいは国家に対して、どのようなものになっているのかを自問してこなかった。仕事が優雅に遂行されたかということにも気にかけてこなかった。他の人たちの仕事が優雅であるかということをも心に留めなかった。少なくとも、忌まわしい（deadly）もので

はない、役立てるような仕事にすることに、私たちは、留意してこなかった」(ibid., p. 426)。

効用は、生産にも、消費にも、労働自体にも存在する。「人生の中身を豊かにすること、それが効用である。人生とは、仕事に生き甲斐を見出すべきものである。仕事が地獄になれば、休日に浴びるほどワインを飲んで酩酊してしまうことになる。そうした狂気の世界は、効用の正反対の極に立つものである」(ibid., pp. 505, 542f)。

ラスキンは、この効用の反対のものを「コスト」と理解する。人生の内容を貧しくさせてしまう負の労働 (labour) がコストである (ibid., p. 97)。苦痛と感じる労働がコストである。つまり、物を生産するのに、多くの仕事 (work) を必要としても、その仕事自体が楽しければ、費やした時間はコストではない。楽しくなく、苦痛に感じる労働がコストなのである (ibid., p. 183f)[10]。

5. 「経済」とは「抑制」のことであり、「ポエム」である ―ラスキンの感覚

余りにも常識的なことであるが、それでも、重要なことなので、あえて常識を強調しておきたい。ジョン・ラスキンは、政治学・経済学と芸術とを融合する理論の構築を目指した人であった。それは、彼が、初期の著作から一貫して希求してきたテーマであった。

彼が、このテーマを最初に意識したのは、彼の述懐によれば、じつに満9歳の少年時代であった。彼は、後の『空中の女王』(The Queen of the Air) (Ruskin's Works, vol. 19, pp. 396-97) にこの9歳の時に書いた詩を紹介している。

木々が揺れている (slide) 波のように 岩肌に取り付いて 人々が滑り降りる (glide) 陽炎のように 木々の間を 滝の音がする 遠くから (far) 見た 近付く (near) 水車が回っている (round) ゆっくりと 麦が挽かれている それを生んだ大地よ (ground) ― (未来の政

治経済学!」)[11]

　9歳の少年の若い感性が描いた自然の恵みの中での人間の生活の営み。これが彼の終生のテーマとなった。

　彼の処女作は、『建築という詩』（*The Poetry of Architecture*, 1837-38）である。ここで彼は、建築で施される装飾に関して、面白いことを言っている。

　経済上のコストだけを考えれば、建築物に装飾などはない方が良いに違いない。しかし、装飾を施すことによって、人間の満足度は増す。装飾のために費やされた金銭の額以上に、装飾が人に満足を与えるからである。装飾を施すのなら、立派なものにしなければならない。

　「ファージング（4分の1ペニー貨）を節約して、（駄目な装飾にしてしまえば）1シリングに匹敵する打撃を受ける。これは悪しき行為である」（*Works*, vol. 1, pp. 184-85）。

　これが、彼のいう「芸術経済論」である。

　人は、なぜ、建築物に、わざわざ費用をかけて装飾を施すのであろうか。人は、みずからの制作物に自然を取り入れたいという性質を持っているからである。ラスキンはそのように装飾の価値を理解する。

　この処女作にラスキンは、本名ではなく、ペンネームを使った。*Kata Phusin*という名前である。それは「自然に従う人」という意味である。

　ここでいう「経済」（economy）とは、自然が見せる「抑制」のことである。自然は、必要最小限の費用で最大の効果を挙げている。つまり、自然は華美さを避ける抑制を本性にしている。装飾は、自然のそうした抑制を模倣しなければならない。その意味において、「経済」とは「抑制」のことである。

　過度に金をかけて作られたゴテゴテとした装飾は野卑である。自然が醸し出す調和こそが必要である。「自然は、色彩をみごとに節約している」と言うのが、『絵画の基礎』（*The Elements of Drawing*, 1857）の主張点であった（*Works*, vol. 15, p. 153）。これは、『自然の色彩節約』（*Nature's Economy of Colour*）でも再論されている（*Works*, vol. 15, p. 217）。

1857年の『芸術経済論』に付け加えた論文に、「文学の経済」("Economy of Literature") とういうのがある。それは、「言葉の抑制」という意味である。文学では多様なレトリックを駆使するなと言うのが、その論文の内容である。ラスキンは、スペンサーの『型の哲学』（The Philosophy of Style, 1858）を援用して、「最少の使用言語で最大の表現を実現させることが著者のもっとも崇高な目標であると認識すべきである」と言った（Works, vol. 16, Appendix 6）。

『建築の七灯』（The Seven Lamps of Architecture, 1849. 邦訳、岩波文庫、1997年）、『ヴェネツィアの石』（The Stones of Venice, 1853) の１つの章「ゴチックの本質」（The Nature of the Gothic）、『芸術経済論』（The Political Economy of Art, 1857. 邦訳、巌松堂、1998年）、『機能の散らばり』（Munera Pulveris, 1862-63）、『胡麻と百合』（Sesame and Lilies, 1865）、等々の著作でも、「抑制」と品格の問題が、様々な旋律の下に奏でられ続けた。

　ラスキンは、仕事を遂行する環境の良否が、作品の質を決定するという意味で、経済と芸術は同じ論理を持つと考えていた。

　なぜ、ある時代には、とてつもなく素晴らしい作品が輩出したのに、他の時代には凡庸な作品しか出てこなかったのか？その理由を、ラスキンは、『ヴェネツィアの石』で論じた。芸術家や職人たちが、最高の仕事場と環境に恵まれた時代に最高の作品が出てくるのであり、他の時代は、仕事をする場所や環境の悪さが作品を駄目にしていると言うのである[12]。

　しかし、ラスキンのこのテーマは、マルク・シェル（Marc Shell）によれば、彼を崇拝する人たちによってですら、十全に理解されてきたわけではない（Shell, Marc [1977], p. 65）。たとえば、マルセル・プルースト。彼も、ラスキンを高く評価する人であったが、ラスキンの、芸術と経済との同一視の姿勢には否定的であった（Proust, M. [1971], p. 106）。

おわりに

　おそらく、現代になればなるほど、ラスキンのこのような倫理的な矜

恃は、はなから笑われるだけであろう。非凡な才能であらゆるジャンルの書物を解説している松岡正剛ですら、そのブログで、次のように嘆息している。

「トルストイやプルーストやガンジーが学んだラスキンを、いったいどのように今日の社会にふり向ければいいのだろうか。・・・ラスキンが同時代に背を向けてしまったように、ラスキンを現在の社会に向けるというそのことが、非ラスキン的なことだと、・・・そういうことだったのだろうか」(「松岡正剛の千夜千冊『近代画家論』ジョン・ラスキン」、http://www.isis.ne.jp/mnn/senya/senya1045.html)。

いや、待って欲しい。昔、死の前夜にあった特攻隊員の多くが、娯楽小説よりも、宗教的な『歎異抄』を読んだという事実は、限りなく重い。明日死にに行くことを覚悟した特攻隊員の多くは、最後の瞬間に、酒で怖さから免れようとはしなかった。泰然として死を見つめた。それが、人間の「自然」(nature)であると私は信じたい。

投下すべき原子爆弾を積んだ戦闘機のパイロットを迎撃することは間違っている。彼の良心に訴えるべく、白いハンカチを振って、攻撃を止めろというのが正しい選択であると、彼を敬う外国人記者に語ったガンジーの心のすごさに私はやはり魂の震えを感じる。主よ、私を殺そうとする彼らをお許し下さい、彼らは、何をなすべきかを知らないだけなのだからと、主に祈ったイエスの言葉は、宗教を超えた永遠の真理である。そうした真理の前に、私たちは素直にひざまずこうではないか。

ラスキンの矜持を踏襲したのは、紛れもなくホブソンであった。ホブソンは、ラスキンの倫理に社会哲学を適用した。そこでは、コミュニティとヒューマニズムが強調されていたのである。現実社会の不平等、不公正な配分の原因、そして、それらを克服する社会正義、等々のホブソンの議論は、今なお輝きを失ってはいない。大水善寛は言う。

「経済政策の効果という点からすれば、ケインズのそれとホブソンのそれは同様と考えられるが、社会哲学における両者の相違を考慮するならば、経済政策の出発点および結果は自ずから異なったものとなる。換言すれば、ホブソンは経済政策を、・・・平等、公正な配分を保証する

社会へと変貌するための手段としている」(大水善寛、前掲論文)。

　至言である。繰り返し強調するが、人間を扱う学問は理論的に直線的に進歩するものではない。それは、広がりである。それは、多様な深みを理解するようにすることである。ラスキンの問いがホブソンに受け継がれ、そして、多くの人の心に灯を点す。人間的社会科学とはそういうものである。

　注
（1）「論議に入る段階で、総合規制改革会議のメンバーについて、特に大臣の御見解を承っておきたいなというふうに思います。今回のこの派遣法も含めてでありますけれども、雇用労働分野のいわゆる規制緩和というものの1つの大きなベースとなっている政策の中で、この総合規制改革会議の検討がなされて、これは率直にいってほとんどそのまま閣議決定をされた。政策的にはそれがレールを敷かれた中で、今さまざまな分野の政策が法律化され、あるいは具体化していっているというふうに思うんですけれども、なかんずく、この総合規制改革会議のメンバーを見ますと、特に今の人材派遣業あるいはこれに関連したメンバーが、全体の産業の中から見ると、異常というわけではありませんが、しかし、なぜかダブっているわけでありまして、どうしてこんなことになっているのかな、率直にそういうふうに思うわけであります。全体のバランスを見れば、もっと広範囲にメンバーを選ぶのが自然体ではないかなというふうに思うんですけれども、まず、全体的な中でなぜ規制改革会議の中にこうした分野の方が複数参加されることになっているんでしょうか、大臣の御見解というか、承りたいと思います」(衆議院・「厚生労働委員会」・14号、平成15年05月14日)。
（2）　ジョン・ラスキンは、英国の評論家・美術評論家である。富裕なブドー酒商人の子としてロンドンに生まれ育った。オックスフォード大学クライスト・チャーチ・カレッジ (Christ Church, Oxford) 卒。画家、ターナー (Joseph Mallord William Turner, 1775 - 1851) と密接な交流をした。1869-79年、オックスフォードで教授、『不思議の国のアリス』で有名な数学者、ルイス・キャロル (Lewis Carrol, これはペンネーム, 本名は Charles Lutwidge Dodgson, 1832-98) と交友。現在のオックスフォード大学のラスキン・カレッジ (Ruskin College) は彼の名にちなむ。社会主義者として私財を投げ打ち、慈善事業に邁進した。晩年は湖水地方に居を構え、ナショナル・トラストを創設した。芸術を含むあらゆる崇高なはずのものが、市場の欲望によって産出されているという時代への辛辣な批判

を提起し続けた。自然をありのままに再現することを美術の理想とした。トルストイ (Николаевич Толстой, 1828- 1910)、夏目漱石、御木本幸吉の一人息子の御木本隆三、プルースト (Marcel Proust, 1871-1922)、ガンジー (Mohandas Karamchand Gandhi, 1869-1948) 等々がラスキンからの影響を強く受けた (http://www.ruskinmuseum.com/ruskin.htm)。

(3) コーネル大学 (Cornell University、1891年)、シカゴ大学 (The University of Chicago、1892年)、スタンフォード大学 (Stanford University、1906年)、ミズーリ大学 (University of Missouri、1909年) で教鞭を執るが、1927年以降、カリフォルニア州パロアルト (Palo Alto, California、今のシリコンバレー) の山荘に引き籠もって貧困と孤独の生活を送った。富豪たちの生活は、未開人たちのポトラッチ (potlatch ＝ 示威行為) と同じ次元のものであると軽蔑 (『有閑階級の理論』(*The Theory of the Leisure Class,* 1899)。「衒示消費」(Conspicuous Consumption)、「衒示余暇」(Conspicuous Leisure) などの造語で大きな反響を呼ぶ。『営利企業の理論』(*The Theory of Business Enterprise,* 1904) で、物を作る産業 (Industry) と金儲けの手段としての営利事業 (Business) を区分し、「ビジネス」(Business) は産業を推進せず、逆に産業を侵食していると批判した。社会資本は、けっして、利潤追求の対象としてはならず、技術者の集団によって、統制されるべきだとした (『技術者と価格体制』(*The Engineers and the Price System,* 1921)。後の、バーリやミーンズ (Adolphe A. Barle, Jr. & Gardiner C. Means, *The Modern Corporation and Private Property,* 1932) の「所有と経営の分離」(separation of ownership from management) 論が、すでにこの著書で示されていた。ヴェブレンは米国制度派経済学の創始者とされている。営利企業は、消費者に公正な分配をする任務には適しないと考え、公認の経済学からは異端とされ、正統派経済学からは軽蔑されていた (http://global.britannica.com/EBchecked/topic/624279/Thorstein-Veblen)。

(4) 英国ダービー (Derby) 市に生まれ。ほとんど学校教育を受けず、家庭で独学した。16歳で鉄道技師になる。1843年、*Economist* の副編集長になった。「進化」(evolution) という概念を基本とした社会学を展開した。よく誤って語られるが、「適者生存」(Survival of the Fittest) という言葉は、ダーウィン (Charles Robert Darwin, 1809-1926) のものではなく、スペンサーの造語である (http://paulparis.exblog.jp/7174191)。

(5) 地主出身の牧師の子として生まれ、病弱のために、兄を頼って、気候の良い南アフリカで育った。キンバリー (Kimberly) でダイアモンドを掘り当てて作った資金で、1880年、デ・ビアス鉱業会社 (De Beers Con-

solidated Mines）を設立した。この会社は、全世界のダイアモンドの9割を支配することができていた。さらに、トランスヴァール（Transvaal）の産金業にも進出し、世界最大の産金王にのし上がった。南アフリカの鉄道・電信・新聞業をも支配した。この財力を基に、1880年ケープ植民地議会（Cape Colonial Parliament）議員、1884年ケープ植民地大蔵大臣、1890年ケープ植民地首相になった。1899年、征服地の警察権・統治権を持つ南アフリカ会社設立の認可を本国政府から得て、英国本土の4倍半に相当する広大な土地を南アフリカ会社の統治下に置いた。ローデシア（Rhodesia）は、セシル・ローズの地という意味である。ボーア人（Boer）の国、トランスヴァールを征服しようとして失敗。1896年失脚。しかし、英国本国政府は、1899-1902年にボーア戦争を仕掛けた。彼は、戦争終結の2か月前に死去したが、600万ポンドと言われた資産の大半は、オックスフォード大学に寄付され、今なお、ローズ奨励基金として機能している。ローデシアについては、1964年、北ローデシアが黒人国家の「ザンビア」（Republic of Zambia）として独立したが、南ローデシアは、610万人の人口中、わずか27万人の白人が支配権を維持し続けた。しかし、1980年、かつて、この地で繁栄していた黒人国家ジンバブエ（Zimbabwe）の名を冠した「ジンバブエ共和国」という黒人支配の国家が成立した（http://www.sahistory.org.za/people/cecil-john-rhodes）。

（6）　ビクトリア時代の著名な登山家。とくに、コーカサス（Kavkaz）の山岳登山家として有名。1895年の『アルプス・コーカサス登山』は有名（http://websites.uk-plc.net/Ripping_Yarns/products/My_Climbs_in_the_Alps_and_Caucasus）。

（7）　アイルランド人学者。オックスフォード・バリオル・カレッジ（Balliol College, Oxford）教授を務めた。新古典派の大御所、個人の意思決定を数式で表した。効用理論の無差別曲線を内容とするエッジワース・ボックスで有名。1891年創刊の*Economic Journal*の編集者で、ケインズに引き継がれる1926年まで続いた。1912-14年、「王立統計学会」(the Royal Statistical Society) 会長（Wikipedia, Francis Ysidro Edgeworth）。

（8）　民主党、第32代米国大統領（1933-1945）。富豪の家に生まれ、この時代の富豪の子弟の例に漏れず、学校に通わずに大学まで家庭教師の手で教育を受けた。1904年ハーバード大学（Harvard University）、1908年コロンビア大学ロースクール（Law School, Columbia University）を卒業した。共和党の第26代大統領のセオドア・ローズベルト（Theodore Roosevelt, Jr., 1858-1919）は従兄弟である（http://www.biography.com/people/franklin-d-roosevelt-9463381）。

（9） Fain, John Tyree ［1943］は、ラスキンが同時代の経済学者に吹きかけた論争を紹介したものである。
（10） ホブソンは、ラスキンを全面的に受け容れ、ラスキンを忠実に祖述した人であると一般には理解されている。フランク・ダニエル・カーティン（Frank Daniel Curtin）の論文はそうした一般的理解を代表するものである（Curtin ［1940］）。そうした理解に対して、少し違うと異議を申し立てたのが、ジョン・タイル・フェイン（John Tyree Fain）であった（Fain ［1952］）。確かに、ホブソンの価値理解は、ラスキンとの食い違いを見せている。「物の価値（the value of a thing）は、・・・考え方に影響されるものではない。・・・人がその物に対して何を感じようとも、・・・それによって物自体の価値が増減することはない。・・・酔っぱらいがジンという酒にどれほどの高い価値を与えても、ジンが本来持つ内在的価値は変わらない」（Hobson ［1898］, p. 115）。ただし、私は、フェインのように、ホブソンのラスキン理解の誤りだとは見ない。ラスキンには社会学的力学の考察が、ホブソンが言うように、いささか弱かったと私も受け取らざるを得ない。
（11） きちんと韻を踏む英語の詩を日本語に訳すことは至難の業である。韻を踏むのが困難な日本の詩は、文字と字間、さらには、母音の繋がり方に、美しさを表現するものだからである。拙い訳詞だが、たったこれだけの長さの翻訳に、とてつもなく膨大な時間を費やしたということで、諸氏の寛恕を乞いたい。
（12） ただし、言葉尻を捕らえるようであるが、ラスキンにして、不用意な発言をしている個所がある。「画家であれ、詩人であれ、あらゆる創造的な仕事をする人は、あらゆるものを人生を向上させるために紡ぐ。その点では、時計職人は鋼を使い、靴職人は皮革を加工するだけである」（『近代画家』（*Modern Painter*）, *Works,* vol. 7, p. 215）。ラスキン自身の基本姿勢から逸脱するこのような職人蔑視の言葉が、なぜ出されたのかは不明である。まるで、ルソーの『エミール』を読んだ時のイマニュエル・カントの告白を彷彿とさせる。後には、ラスキンはそうした言辞を吐かなくなったのであるが。

参考文献

Brailsford, H. N. ［1948］, *The Life-work of J. A. Hobson,* Oxford University Press.

Curtin, Frank Daniel [1940], "Ruskin's Aesthetics in Subsequent Social Reform," in Davis, et. al. [1940].

Davis, H., DeVane, W. & R. Bald [1940], *Nineteenth-century Studies,* Greenwood Press,

Fain, John Tyree [1943], "Ruskin and the Orthodox Political Economists," *Southern Economic Journal,* X, July.

Fain, John Tyree [1952], "Ruskin and Hobson, "*PMLA* (Publications of the Modern Language Association of America, Vol. LXVII, No. 4, June.

Hobson, J. A. [1898], *John Ruskin, Social Reformer,* Nisbet.

Hobson, J. A. [1922], *The Economics of Unemployment,* George Allen & Unwin. 邦訳、ホブソン、内垣謙三訳『失業経済学』同人社、1930年。

Hobson, J. A. [1976], *Confessions of an Economic Heretic: The Autobiography of J. A. Hobson,* Shoe String Pr. Inc. 邦訳、J. A. ホブスン、高橋哲雄訳『異端の経済学者の告白―ホブスン自伝』新評論、1983年。初版は、1938年、版元 Allen & Unwin。

Mummery, A. F. & J. A. Hobson [1889], *The Physiology of Industry: Being an Exposure of Certain Fallcies in Existing Theories of Economics,* Kelly and Millman, 1956 edn.

Proust, Marcel [1971], *Contre Sainte-Beuve, précédé de Pastiches et mélanges et suivi de Essais et article,* ed. Clarac, P.

Ruskin, John [1903-10], *The Works of John Ruskin,* 39 vols, ed., by Cook, E. T. & A. Wedderburn, George Allen & Unwin.
The Poetry of Architecture, 1837-38, in vol. 1.
The Elements of Drawing, 1857, in vol. 10.
"Economy of Literature," in vol. 16 (1856-1860).
Unto This Last, 1862, in vol. 17.
The Queen of the Air, in vol. 19 (1860-1870).

岸本誠二郎 [1975],『現代経済学の史的展開』ミネルヴァ書房。

日本の強み・弱み（2）―フード産業に見る

「日本の強み・弱み―その仕分け―研究会」における議事録から。
日本食品関連産業労働組合総連合会・事務局長（当時）・山本健二による報告「フード産業の課題」、2013年2月28日、於：フード連合（東京都港区）

　日本の食は、素材の持ち味を生かす技術が発達している。安全で高品質、しかも、健康に良いので、世界的なブームになっている。食材を使って四季を表現し、目で楽しみ、器に凝り、地域文化を表現することに優れている。2013年末にユネスコの無形文化遺産に和食が登録されたのも地域文化の表現力に負うところが大きい。日本の食品市場規模は2009年に58兆円であった。2020年に67兆円にまで成長すると見込まれている。ただし、食品に関しては、日本国内の市場規模はすでに大きい。日本の人口は世界の2％しかないのに、食品市場は15％もある。

　食品産業は最終需要の14.6％も占めている。そして、急速な老齢化社会の到来とともに日本のフード産業も大きな変化を迎えることになる。高齢化に伴い、日本人の1人当たり平均摂取カロリーは減少している。2010年には1,800カロリーにまで減少した。2050年には人口が1億人を切り、75歳以上の老人が人口の4分の1を占めることになる。高齢者は低カロリー指向であるが、低カロリー食品は高価格である。2005年には食料支出に占める高齢者の支出は50％を超えていた。食品産業としてはこの層がターゲットになって行かざるを得ない。ただし、日本の食品市場には大きな負の側面がある。日本の市場では食品の廃棄量が余りにも多い。食品の廃棄量はコメの生産量に匹敵する。日本は食料の最大の輸入国でありながら最大の食料廃棄国でもある。ちなみに、世界全体の食品の市場規模は340兆円あるのに、日本の輸出額は10兆円程度でしかない。和食ブームが世界で起こっている今、日本の食品産業は今後、輸出先をもっと真剣に開拓していく必要がある。

第 3 章 組織の共有知

はじめに

 ジェフリー・フェファー（Jeffrey Pfeffer）というスタンフォード大学経営大学院教授で組織行動論の専門家が、『ハーバード・ビジネス・レビュー』誌に「報酬をめぐる6つの危険な神話」という論文を寄稿している（Pfeffer [1998b]）。従業員は、コストとして見なされるのではなく、資本として見なされるべきであるというのが、その内容である。
 6つの神話の第1のものは、「賃金が高いとコスト高になる」というものである。フェファーに言わせれば、これは企業全体の労働コストと個々の従業員の賃金とを混同した錯覚である。従業員の個々の賃金が高くても、労働生産性が十分高ければ企業全体の労働コストは低くなることをこの神話は分かっていない、と言うのである。(1)
 第2の神話は、「賃金をカットすれば企業全体の労働コストを引き下げることができる」というものである。経営者は、往々にして高賃金を取る従業員を低賃金の従業員に置き換える誘惑に駆られる。しかし、新しく雇った低賃金の従業員が、首にした以前の従業員の仕事遂行能力よりも劣っていれば、企業の労働コストは高くなってしまう。
 第3の神話は、「労働コストが総コストの大半を占めている」というものである。しかし、その比率は産業ごとに異なっていて、一般化することは間違っている。(2) にも拘わらず、経営者は、従業員数を減少させることが企業の高コスト体質を改善できるとの錯覚にしばしば陥る。効果を上げたい経営者にとって、賃金水準は改革の目標として分かり易い。そして、賃金は、もっとも動かし易い費用である。経営者にとって、生産工程を変更したり、企業文化を変えたり、製品のデザインを変更したりしてコスト抑制に努力するよりも、賃金を引き下げる方が手っ取り早く、簡単なものとして意識される。
 第4の神話は、上記の3つの神話を一括にしたもので、「競争に勝つ鍵は低い労働コストにある」というものである。しかし、企業低賃金構造が企業の競争力を大きく損なうという事例は数多くある。

第5の神話は、「従業員をやる気にさせるには、金銭的インセンティブを与えることがもっとも効果的な手段である」というものである。しかし、金銭的インセンティブよりも、知的な仕事に従事する魅力、家庭生活を大事にできる環境、仕事を楽しむ機会、優秀な仲間と励まし合いながら能力を高めることができる環境、最先端の設備を利用できる環境、失業しないことの精神的安定感、等々の多数の要因が従業員の就業意欲を高めるものである[3]。

　第6の神話は、「人が働くのはカネのためである」というものである。これは、人を仕事に引き寄せるには、アメとムチを使い分けなければならないという思い込みである。フェファーは、スタンフォード・ビジネス・スクール教授のジェームズ・バロン（James N. Baron）を引用して、この考え方は、ニュートンの第1法則に似ている。強い力で働きかけない限り、従業員は動こうとしないと見なすのである。金銭的インセンティブによって従業員をやる気にさせ、それでもサボろうとする従業員を監視するシステムを同時に用意しておかねばならないということになる[4]。

　多くの会社がコンサルタント会社に依存していることもこうした報酬に関する神話を助長していると、フェファーは言う。

　「報酬制度を変更させることが、コンサルタント会社の飯の種である。報酬制度以外の改革手段があり得ることを、よしんばこれらコンサルタント会社が分かっていたとしても、報酬制度以外の改革手段を企業に提案するはずはない。報酬制度をいじることを提案する方が、組織文化、仕事の手順、従業員への信頼を得る提案をするよりもずっと簡単なことだからである」（Pfeffer [1998b]）。

　フェファーには、『人間の方程式：人的資本・人を最上位に置くことで利益を生み出す』（Pfeffer [1998a]）という著書がある。従業員こそが資本である。フェファーに見られるこうした経営思想は、近年ますます希薄になってしまっている。本章では、フェファーに触発されて、従業員こそもっとも重要な資本であるという考え方を復権させたい。

1. 集合的能力重視の企業論へ

　近代株式会社を「所有と経営の分離」として定義付けたバーリとミーンズ（Berle, A. & G. Means［1932］）の理論は、企業の支配者が所有者ではなく、株主利益を最大にするように行動する経営者であるとして、企業経営における利害対立発生の必然性を示した画期的な古典ではあるが、しかし、企業組織を経営者のみに代表させてしまうという点で行きすぎている。経営者の意思が企業の意思であると決め付けすぎたのである。

　株主の利益に沿わない経営者の意思とは何なのかという問題関心から、バーリ＆ミーンズ理論を修正する試みが重ねられた。ボーモル（Baumol, W.［1959］）は、経営者を、名声を得るために売上高最大化を目指すものとして描いた。マリス（Marris, R.［1963］）は、物的・人的・知的資源の蓄積を経営者が重視し、成長率を最大にすることに全力を注ぐという視点を打ち出した。ウィリアムソン（Williamson, O.［1963］）は、経営者は組織成員の上に君臨しようとするとの経営者効用最大化理論を展開した。しかし、これらのバーリ＆ミーンズ修正論のいずれも、経営者が企業の意思を決定するという経営者＝企業というバーリ＆ミーンズの構図を踏襲していることに変わりはなかった。株式会社である大企業と個人企業とを比較した場合の企業統治における質的な差はそれほど意識されていなかったのである。

　企業の支配者である経営者が何を考えているのかといった問題関心は、経済学における合理的個人の前提と軌を一にしている。周知のように新古典派経済学は合理的判断力を持つ個人の合理的行動に市場経済の正しさを求めようとしている。それに対して企業論は、所有者と経営者との利害の不一致を指摘することによって、新古典派的ミクロ企業論を批判することから出発したはずである[5]。

　にも拘わらず、合理的に判断する経営者と企業とを一体化させてしまっていたのである。これらの理論は、企業組織を理解する第1段階と言える。

しかし、経済学の分野で、個人が合理的に行動するという前提への疑問が大きくなり、それを情報蒐集面での不平等さという観点で説明する努力が払われるようになったのと同様に、企業論の分野でも、不合理な意思決定をする企業組織という視点が打ち出されるようになった。「新制度学派の経済学」や「組織の経済学」に影響を受けた企業組織論がそれである。これらは企業組織理解の第2段階をなす。

ホジソン（Hodgson, G. [1999]）は、経営者の合理性理解と情報の蒐集能力に限界があるとした。アルチアン＆ドメゼッツ（Alchian, A. & H. Domesetz [1972]）は、所有権が完全に確定している時にはモノの取引は合理的に行われるが、現実には所有権が曖昧なので、モノの取引には無駄が多いと指摘した。モノが完全に自分のものであれば、モノの所有者は取引において自己の利益を最大化すべく合理的に行動することができるが、現実の世界ではモノの所有権を確信していない場合が多い。とくに大企業では、製品は建前的には所有権は企業にあるが、個々の製品を処分する責任者がどこにあるかが不明確な場合が多い。そのために、取引が真剣に行われず、かなり曖昧な形で行われることが往々にしてある。この場合には合理的な取引が行われなくなる。したがって、大企業の場合、責任の所在を細かく分けて明確にする方が良く、小企業は逆に経営者に所有権と処分権を集中させた方が良いという処方箋をこの理論は描く。少なくとも、企業が不合理な行動を取り得ることを明示した点にこの理論の斬新さがあった。

曖昧な情報、そこから発生する不合理な選択という企業側の不備は、より情報を正しく知り、より合理的な行動を取り得る他の企業によってしばしばつけ込まれ、その結果、単純に市場にのみ依存する取引はコスト面で高くなってしまうとの、いわゆる取引費用論を展開したのが、1970年代に入ってからのウィリアムソン（Williamson, O. [1975]）であった。それは、市場のみを通じる取引よりも、取引の多くを組織に吸収してしまうことによって取引費用を小さくすることができるという理論である。この理論も、合理性を保証されない企業行動が取り得る次善の策が取引の内部化を生み出すという理路を重視したものである。しかし、

合理性そのものがすべて軽視されているわけではない。できる限りの合理性を確保することは依然として目指されるべき目標とされている。たとえば、巨大企業組織は合理性を失う場合が多いので、できるだけ職能部門制組織、事業部制組織、コングロマリットなどの多様な組織形態を採用すべきであると論じられる。

情報の入手が対等でないことから生じる当事者間の軋轢を直視したのがジェンセン＆メックリング（Jensen, M. & W. Meckling [1976]）や菊澤研宗である（菊澤研宗 [2002]）。これは、「エージェンシー理論」と呼ばれ、後の企業統治論の基礎を提供した理論である。株主のエージェントとなる経営者と株主の情報が対等でないために、経営者は、必ずしも株主の利益に沿う行動を取るわけではない。しばしば、株主の利害に反する行動を企業経営者は取る。これを阻止すべく、取締役会、会計監査制度、報酬制度、資本市場制度が整備されなければならないとこの理論は説く。この理論は、バーリ＆ミーンズ流の所有と経営が分離した現代株式会社の対立を、「限定合理性」とその克服策である「契約の束」という視点に立って再現したものである。しかし、経営者の合理性神話を疑ったという点に斬新さはあっても、この第2段階の理論も、個人レベルで企業を理解しようとしたものにすぎない。(6) 組織を集団のものとしてその複雑性を直視する理論は、この第2段階でもまだ生まれていなかったのである。

企業行動を「個人の決定」によって行われるものとして見るのではなく、「組織の決定」として見る一連の理論が登場した時期区分を第3段階と呼ぼう。

企業は個人の連合体、つまり集団の特徴を持つと明確に規定したのが、サイアート＆マーチ（Cyert, R. & J. March [1963]）である。多様な個人が集合的に活動する企業は、絶えず成員間の折り合いが重要になる。しかし、そうした折り合いが常にすんなりとできるわけではないし、ひとたび成立した折り合いのあり方も、成員の入れ替わりがあれば、また別の種類の折り合いを探さなければならなくなる。その意味で折り合いは常に政治的な解決方法に頼らざるを得ない。したがって、成員のあらゆ

る行動は、できる限りルーティーン化される。ルールを作成することによって不正確な情報からくる不安定な行動に根拠を与えるのである。これは、「契約理論」の限定合理性と同次元のように見えるが、第2段階の「契約理論」とは異なり、ルール化の根拠を経営者個人の限定合理性ではなく企業の成員間の妥協という集団行動を意識した点において第2段階とは異なる第3段階の理論である。

　ネルソン＆ウィンター（Nelson, R. & S. Winter [1982]）も、企業内部の決まりの必要性を重視する。企業の意思決定には多様な局面で存在するルーティーン（規則、手続き、慣行）によらなければならない。発注ルール、雇用・解雇手続き、投資慣行、等々がそうしたルーティーンである。それは、企業の組織的な記憶装置であり、時間的につねに複製される。それは遺伝子のようなものである。しかし、こうしたルーティーンが作動するのは、企業にとっての外部環境が大きく変化しない時のみである。外部環境が激変する時、企業はこれまでのルーティーンを棄てて、新しい対応能力を模索しなければならなくなる。つまり、突然変異的な探索が始められる。この理論は、個体群、遺伝、自然選択という生物学のキーワードを多用することに現れているように、生物学における進化概念を企業理解に適用しようとしたものである。

　ペンローズ（Penrose, E. [1959, 1980]）も、企業を生物学的に理解した上で、企業は、利益を得るべく諸資源を技術的に変換する生きた単位であるという。企業は、広範な活動領域で自らの意思を持つ。所有者も経営者も企業という類い稀なる組織の一員でしかない。企業のチャンスは時間の経過の中で蓄積される諸資源に制約される。諸資源とは、経営者はもとより、個々の従業員の知識と技能、そして学習能力のことである。企業の成長とは、成員の持つ環境適応能力の蓄積に依存するというこの理論は、経営者の統治能力だけではなく、企業の全成員の能力を高める企業のあり方を企業組織論として初めて明示したと言っても良いだろう。[7]

　そして、第4段階、つまり、現在の段階が成立した。従業員の知識を基礎に置く企業論が登場したのである。そこでは、従業員の集合的能力が最重要視されている。

グラント（Grant, R. [1996]）によれば、知識には伝達できるものと、できないものとがある。伝達できる知識を明白知（explicit knowledge）という。それは、事実に関する知識であり、一種の公共財として市場において調達が可能である。科学的知識、発見された法則、様々の媒体によって学習可能なものが明白知の範疇に含まれる。

　反対に、伝達できない知識は暗黙知（tacit knowledge）である。マイケル・ポラニー（Michael Polanyi, 1891-1976）を下敷きにしたのであろうが、グラントのいう暗黙知は、職人が長い年月の末に獲得できた経験的熟練知などが典型例であり、口頭や活字媒体では伝達できないものである。[8] この暗黙知は商品化されないので、市場で調達できるものではない。しかし、企業にとって、競争上優位に立つためには、できる限り暗黙知を自己の影響下に取り込むことが死活的に重要である。企業は、生産過程において多様な専門知識を統合することに腐心する。とくに暗黙知の拡散を防止しつつ、暗黙知のさらなる集積に努めるのが企業の課題である。そして、暗黙知の伝達困難さを考えると、経営者の意思決定に企業全体を従わせることはかえって非効率になる。成員の特質に応じ、成員の能力を高め、成員の創意工夫を喚起するシステムが必要となる。そうしたシステムを作り出せる能力を持つものこそが企業であり、企業によって従業員の集団的能力は高められるのである。

　従業員の集団的能力、とくに暗黙知の維持・発展が企業の機能であると見なす第4段階の企業論は、取引費用を最小化するために市場を内部化させる機能を企業に求めたウィリアムソンとは基本的に異なる。ウィリアムソンでは重視されていなかった、生きた人間の協業の重要性が第4段階の企業論には内包されているのである。

　そして、企業の主要資源が知識であり、知識を従業員が持っている限り、従業員の活力を引き出すべく、株主と従業員との双方で企業をコントロールする方法の方が、株主の専一的コントロールのみを重視する方法よりも良いことになるとして、青木昌彦（Aoki, M. [1990]）の理論が打ち出された。高度の生産システムは、組織の水平的・垂直的境界において、相互に知識が互換されなければならない。その場合、各境界に市

場をストレートに介入させてしまえば、かえって、システムの維持ができなくなってしまう。青木はそうした機能を持つ組織こそ日本的システムを保持している企業であると論じた。青木の理論が出されて以降、日本経済は未曾有の危機を迎え、青木的暗黙知開発論は企業論の世界で軽視されるという逆流現象が生じてしまったが、従業員の集団的能力を開花させることを企業の目標とした理論は近い将来必ず再評価されるであろう。事実、青木と根底の所で通暁する、冒頭で紹介したフェファーなどの理論が、米国式企業統治論全盛の現代において、登場し出したのである。

2. 暗黙知の共有とステーク・ホルダー

経営者支配論から従業員の集団的能力の開発論へと進展してきた企業論と軌を一にして、企業統治における当事者（ステーク・ホルダー）の必要性も、暗黙知の共有という側面から意識されるようになってきた。

どのような経営戦略を企業が採用するのかといった点から、ふさわしいステーク・ホルダーが選択されるが（Freeman, R. [1984]; Clarkson, M. [1998]）、フェファー＆サランチック（Pfeffer, J. & G. Salancik [1978]）は、企業に知的資産や能力を与え得る集団をもっとも重要なステーク・ホルダーとして企業は扱うべきだと主張した。他から調達できない資源や能力を保有している組織や個人をステーク・ホルダーとすることによって、企業はそうした重要な資源に接近できる。これは、暗黙知の共有に他ならない。

フェファーのような考え方は、外部からは見えない企業内部の資産を重視した戦略論として、一定の影響力を持つにいたった。企業は経営資源の集合体であり、他からは模倣されず、代替不可能な経営資源や能力を内部に蓄積している企業が競争面で優位性を確保できるという、「資源ベース戦略論」がそれである（Wernerfelt, B. [1984]; 伊丹敬之 [1984]; Barney, J. [1986]）。

企業は、内部の資源を有効に活用すべく、サプライヤー、顧客などと多様な関係性を複合的に形成するものである。ダイヤー＆シン（Dyer, J. & H. Singh［1998］）は、「関係性の視点」（relational view）、つまり、組織間の関係性を重視した。組織間の関係性が深められることによって、企業内部の能力が関係性を通じて獲得される能力とが結び付き、より大きな新たな能力に転化しうる。優れた知識を関係性によって共有できれば、企業の能力は大きく飛躍するが、そうなるためには、企業が関係性の中から学習し、知識を吸収できる自己の能力を絶えず鍛えておかなければならない。その意味で、暗黙知の絶えざる開発態勢を維持することが、企業にとって死活的に重要となる。そうした能力は市場からは調達できないものである。つまり暗黙知の持つ特性が「関係性」の形成を不可欠にするのである。

　「組織は、特定のパートナーから価値ある知識を認識し、統合する能力を開発しなければならない。・・・この吸収能力はパートナーに属する個人が、互いに誰が何を知っているのか、どこに組織内の重要な能力が配置されているのか、互いに十分に知ることによっていっそう高められる。この種の知識は、インフォーマルな相互作用を通じて開発される」（日本学術会議第3部会企業行動研究連絡委員会［2003］）。

　「個別企業の優位性は、企業が埋め込まれている関係のネットワークの優位性と結び付いており、他にはない独自の企業間関係を構築するかが重要である。内部能力と外部との関係を組み合わせつつ、いかに価値創造過程に外部（他組織）を組み込んでいくのかが問われる。それを通じて、企業にとって新しい能力がもたらされるのである」（日本学術会議第3部会企業行動研究連絡委員会［2003］）。

　こうしたパートナー選択にあたって、とくに重要なことは、「信頼」であると主張したのがチャイルド＆フォークナー（Child, J. & D. Faulkner［1998］）である。彼らは信頼を3つに分類する。1つは、打算的信頼であり、関係性を維持することのコストとベネフィットを考慮した後に築かれるものである。2つは、認知的信頼であり、互いに知り合いであることから認知や思考の同一化が達成されるというものである。3つ

は、情感的信頼であり、当事者間の感情的一体感である。アライアンスが長期的に継続されるにつれて、信頼は打算的信頼から認知的信頼へと移行し、最終的に情感的信頼に辿り着くというのである。

　市場取引ではない、信頼に基づく関係性の設定というアライアンス理解は、単にコストを下げる手段としてしか認識されていなかったアウトソーシング理解に変化をもたらした。単なる外部委託の議論ではなく、組織と組織との協同関係の議論の次元にまで、アウトソーシング論が進んだのである。つまり、中核的資源を集中的に発展させるために、企業は、中核的でない資源をアウトソーシングするのであるが、それを市場取引に委ねるのではなく、アライアンスに外部委託するという関係性を形成すべきであるというように、アウトソーシングが理解されるようになった。その意味において、アライアンス論とアウトソーシング論とは同一方向に収斂してきたのである（Quinn, J. & F. Hilmer [1994]）。

　このような暗黙知の共有を内容とするステーク・ホルダー理解の豊富化は、経営者の悪しき行動を監視するために、取締役会制度があり、会計監査制度があり、報酬制度があるという、これまでの単純な企業統治論を根本的に修正するものである。単純な企業統治を想定し、米国式を採用することが日本企業の進むべき道だと、これまた単純に説かれることが多い昨今の日本ではあるが、当の米国において、企業論は知識の共有と信頼に基礎を置く企業間組織という側面が重視されるようになってきた。日本側は米国式統治を固定的に考え、米国式統治とされるものを摂取しようとしているが、現在の米国はかつての日本企業では当たり前であった「関係性」が重視されるようになったという奇妙な交錯現象が生まれているのである。

3.　企業統治に関する1990年代の国際的合意

　企業統治を考えるには、利益獲得を最重要視する経営者だけではなく、従業員代表、消費者代表、地域住民代表までを含めるべきであるという

議論が定着しつつある。企業は株主、債権者、消費者だけのために存在するのではなく、社会的存在である。こうした原則が1990年代に国際的に合意された。

　企業が国際的に展開すればするほど、海外進出企業は現地の文化と自己の文化とのずれに直面し、深刻な問題が発生する。米国は、他国内の米国企業に対して米国の法律を適用している。たとえば、「海外不正行為防止法」(Foreign Corrupt Practice Act, 1977)がある。現地で賄賂を贈ったら、よしんば現地では違法とされなくても、米国法によって現地の米国企業は処罰される。米国は、米国内の価値前提を他国に進出している米国企業にも強制しているのである。

　しかし、米国の国内法だけでグローバルに展開する企業行動を律するのはいかにもまずい。国際的な反発を招くからである。企業行動に共通の価値前提を求める動きは当然国際的に現れてくる。合意された国際的な企業の経営行動基準には、地球環境の保全、安全なサービスの提供、情報の開示、企業統治内容、倫理基準、等々、広範な項目が含まれるが、本節では1990年代以降の4つの国際的に合意された「企業の行動原則」に限定して説明することにする。

　1992年に合意された「セリーズ原則」(The CERES Principles, 1992)は、持続可能な環境というキー概念の下に、人類の安全と健康についての行動基準をまとめたものであり、1994年2月3日にGMが採択したことによって有名になり、その後、陸続と多くの企業がこの原則に署名するようになった（日本学術会議第3部会企業行動研究連絡委員会［2003］）。

　この「セリーズ原則」は、エクソン（Exxon）社のタンカー、バルディーズ（Valdez）が、アラスカで座礁し、輸送中の原油が海上に流出し、深刻な環境汚染を引き起こしたことを反省して1989年に提唱され（したがって初めはバルディーズ原則と呼ばれていた）、1992年4月28日に米国の「環境責任経済団体連合」(The Coalition for Environmentally Responsible Ecnoomies=CERES)がこれに修正を施して原則をまとめたものである。

　そこでは、企業は環境責任を負い、地球を保護するために環境の保護

者として行動すべく、絶えず環境保護の技術進歩に取り組み、世界中のあらゆる業務を環境保護に調和させることを原則とすると序論で謳われている。①生物圏の保護、②天然資源の持続可能な利用、③廃棄物の減少と処理、④エネルギー保全、⑤環境・健康・安全に関するリスクの減少、⑥安全なサービスの提供、⑦環境の復元、⑧大衆への通知、⑨環境保護に全責任を持つ経営者の選定、⑩毎年環境保護に関する監査と自己評価、等々が「原則」の各項目である。

　企業統治に関わる項目としては、⑤⑧⑨⑩である。⑤では、技術・施設・業務手続・危機管理を通じて、行動している社会と従業員に対する環境・健康・安全のリスクを最小化する企業の義務が説かれる。⑧では、健康・安全・環境を危うくする事態について、適時にすべての人に知らす企業の義務が説明されている。企業は、地域社会との対話により、助言と相談に応じる。経営者や当局に対して従業員は危険な事態に対して警告を発することができる。経営者はそれを阻止してはならい。⑨では、取締役会やCEO（最高経営責任者）は、十分な情報を持ち、全責任を負うべきであることが強調されている。彼らを選任する際には、環境への関与を重要な要因とすべきである。⑩では、毎年、この原則について企業は自己評価を行う義務があることが定められている。そして、企業は、一般に認められた環境監査の実施を支持する。企業は、公開を前提とした年次CERES報告書を作成する、等々である。

　厳密な意味での企業統治のあり方が規定されているわけではないが、地域社会との対話、従業員のと消費者の安全確保、環境保持に関する経営者の義務、企業行動の自己評価とその公表義務といった、従来の企業を誰が支配するのかの観点から企業が負うべき社会的な義務を示している。企業は経営者や株主だけのものではないことを断言したものとしてこの「セリーズ原則」は画期的なものであった。

　企業のあり方に関して、「共生」と「人間的尊厳」という2つの基本的倫理を掲げ、ステーク・ホルダー原則を打ち出して、「セリーズ原則」をさらに企業の社会的責任を重視する方向に進めたのが、1994年の「コー原則」（The Caux Principles, 1994）である。コーというのはスイス

の地名である。この地で日米欧の経営者が会合した円卓会議（Caux Round Table）で、日本が主張していた企業の「共生」と欧米が主張した「人間の尊厳」がともに採択されたのである。「前文」は次のように書かれている。

「経済の急速なグローバル化の中で、法と市場の力は、企業行動にとって必要ではあるが、十分な指針ではない。企業行動の責任とステーク・ホルダーの利害の尊重は、基本的要件である。価値の共有は、あらゆるレベルでの共同社会（community）にとって重要である。これらについて、企業は能動的で強力な社会変革の機関となり得るから、企業責任を遂行する経営者による対話と行動の基準として、以下の原則を提示する。それらは、経済的意思決定における道徳的価値の正当性と中核性を確認する。それらの実践がなければ、安定的事業関係と持続可能な世界共同社会はあり得ない」（Caux Round Table［1997］；日本学術会議第3部会企業行動研究連絡委員会［2003］）。

「市場のみに委ねない」、「ステーク・ホルダーの尊重」、「企業責任」、「対話」、「持続可能な世界共同社会」といったキーワードは、「セリーズ原則」で認識されていた「企業は株主だけのものではない」という理念をもっと厳密に明確にしたものである。

「前文」に続く「一般原則」として7つが列挙されている。①株主を超えてステーク・ホルダーへ：企業の役割は、生産・雇用などの経済的機能の遂行に留まらないし、存続それ自体が目的ではない。企業の目的は、創造した富をステーク・ホルダーと分かち合いながら、彼らの生活改善に役立つことである。さらに、企業は、あらゆるレベルにおける共同社会の良き市民として、その将来の創生を分担する。②企業は世界共同社会の建設を目指す。③法の字句を超えて信頼の精神へ：企業は、誠実、率直、真実、約束遵守、透明性を心がけるべきである。それらは、企業行動の信頼性と安全性に役立つ。④貿易摩擦を超えて協力へ。⑤孤立を超えて世界共同社会へ。⑥保護を超えて向上へ。⑦利益を超えて平和へ。等々がその内容である。

「一般原則」の列挙の次に「ステーク・ホルダー原則」が叙述されて

いる。そこには6つの項目がある。①企業は顧客の尊厳と安全を護る。②企業は従業員の尊厳と安全を護る。③企業は投資家の信頼に応える。④供給者への責任：パートナーとしての供給者・下請けと企業との関係は、相互に尊敬しあうものでなければならず、そのために企業は次の責任を負う。価格決定・ライセンス供与・販売権の付与における公正性、強制や不必要な訴訟の回避、長期的安定関係の維持、情報共有、合意事項の遵守、人間の尊厳を護る雇用を供給者などに維持させること。⑤公正な競争の維持。⑥共同社会：共同社会において良きグローバル市民として貢献するために、次の責任を企業は負う。人権と民主的制度の尊重・促進、政府の正統な義務の認知および社会の他分野と事業との調和による人間的成長の促進、経済発展に苦闘する国家・地域での健康・教育・職場安全の向上に努める諸勢力との協力、持続的成長の促進、物的環境の保全と地球資源の保存の面での指導的役割、平和・安全保障・地域多様性の支持、地域文化の尊重、慈善的寄付・教育文化への貢献・従業員の地域問題への参加（日本学術会議第3部会企業行動研究連絡委員会［2003］より転載）。

　企業とは、多様なステーク・ホルダーの集合体であり、多様なステーク・ホルダーが織りなす共同社会を維持・発展させることが企業の社会的責任である。日本が主張した「共生」と欧米が主張した「人間の尊厳」がこのステーク・ホルダー理解によって統合されている。上記、日本学術会議第3部会企業行動研究連絡委員会［2003］は、次のように指摘している。

　「このような行動基準は、市場の調整力を至上のルールとし、経済的業績、とりわけ株価のみによって企業の業績を評価する、米国の経済界で支配的な株主視点企業観に立つ行動基準と鋭く対立する。米国経営者が参加した会議において、コー原則が採択されたことの意義は、決して小さくはない」（同上）。

　1996年11月には、米国ベラジオにあるロックフェラー財団の「研究・会議センター」（Study and Conference Center）が「ベラジオ原則」（The Bellagio Principles, 1996）をまとめた。「持続可能な発展を目指す進歩の

実践的評価のためのガイド・ライン」という副題が付けられたこのベラジオ原則は10項目を記述している。①持続可能な発展、②全体と部分との調和、③非市場的活動への配慮、④短期的時間幅とともに、未来世代を考慮に入れた十分な時間幅による人間的・社会的システムの開発、⑤比較を可能とする測定基準の標準化、⑥データの透明性の確保、⑦効果的コミュニケーションを維持するための単純なコミュニケーション構造と言語の開発、⑧広範で多様な人々の参加、⑨集団学習の開発、⑩制度的能力と限定分野の評価能力の開発、等々である。

　ここには、集団的学習能力の向上・開発が中心概念として位置付けられていることは明らかであろう。少なくとも企業を経済的業績のみで評価してはいない。持続可能な社会開発を評価対象とし、評価には広範で多様な層の参加、さらにそうした層の評価能力の向上を目指して学習環境を整えるといった方向で企業を評価しようとしているのである。「コー原則」が企業の目指すべき行動原則を扱ったのに対して、「ベラジオ原則」は企業評価のあり方を詳しく説明したものである（同上）。

　「共同社会」(community) と「多様なステーク・ホルダーを含む企業統治」の視点をさらに強調したのが、1997年、米・英・カナダの「企業の責任」を考える団体の共同作業によって作成された「グローバル企業責任原則：事業評価の指標」(Principles for Global Corporate Responsibility: Benchmarks or Measuring Business Performance, 1997) である。米国からはICCR (Interfaith Center on Corporate Responsibility)、英国からはECCR (Ecumenical Council on Corporate Responsibility)、カナダからはTCCR (Taskforce on the Churches and Corporate Responsibility) が参加した。

　「指標」は2部からなり、第1部は「より広範な共同社会」(Wider Community)、第2部は「企業の事業共同社会」(Corporate Business Community) である。「共同社会」の内容は、「エコシステム」、「国家レベル」、「地方レベル」、「原住民レベル」の共同社会である。それは、「環境」、「市民」、「文化」、「生物文化統合」がキーワードになっていて、既述の3つの「原則」を敷衍したものである。

第2部の「企業の事業共同社会」は、企業そのものが共同社会であることを明確に謳ったものである。「一切の差別排除」、「長期雇用」、「尊敬と尊厳を伴う処遇」、「女性の価値と権利の評価」、「マイノリティの差別排除」、「障害者を完全参加者として評価」、「年少労働の排除」、「強制労働禁止」、「供給者との契約尊重」、「財務の透明性」、「経営者・従業員の倫理性自覚」、「ステーク・ホルダーの均衡に配慮した企業統治」、「フランチャイジー（フランチャイズ店の店長）との倫理基準促進」、「公正な取引」、等々がキーワードである。

　「共同社会」を基礎とし、広範なステーク・ホルダーの参加を促進させることで「共生」を達成する。その際、ステーク・ホルダーとは人間だけではなく、自然環境も含める。株主と投資家との位置付けよりも、「エコシステム」（生態系）と人間社会、地域住民、従業員との関係性構築の必要性にウェートが移されている。経済基準が環境基準に埋め込まれることになったのである。

おわりに

　現在、米国式企業統治論が日本では流行しているが、本家の米国からは違ったメッセージが発せられている。企業統治が経済基準、経営者監視基準のみで語られるのではなく、ステーク・ホルダーの多様性の確保、共生を実現させる企業行動の責任が目指されるべき原則として意識されるようになった。そこには、人間に体現されている知識、伝達不可能な知識の共有システムの確保、すべての人々の能力を維持・発展させるシステム開発の必要性が熱烈に説かれているのである。米国の思潮が「市場をオールマイティ」とする理論一色で染め上げられているという認識を私たちはもはや持つべきではない。人の繋がりの確保、この1点で人間の顔をした、より具体的・現実的な企業論の開発が模索されているのである。その面では先行していた日本がむしろ米国の動きに遅れを取っている。

注
（1）　フェファーは、トヨタとGMの合弁会社、New United Motor Manu-facturingの例を挙げている。1980年代半ばに設立された同社は、従業員に雇用の安定と最高の賃金を約束した。労働生産性はGMの他の工場よりも50％も高く、高賃金を払いながらも利益率は10％高かった。1996年5月、有名な *Harbour Report* が出された。それによると普通乗用車1台生産するのに、トヨタは29.44時間、ニッサンは27.36時間しかかからなかったのに、GMは46時間もかけていたという（Pfeffer, J.［1998b］）。

（2）　ジーンズ製造コストに占める人件費の比率は15％でしかないと言われている（Dunlop, J. & D. Weil［1996］）。

（3）　米国の企業は、少なくとも1980年代末から従業員への金銭的インセンティブを差別的に付与することに熱心になっていた。従業員に『フォーチュン』誌の1,000企業のアンケートによると、少なくとも従業員の20％の人員に個別的に金銭的インセンティブを付与している企業は、1987年から1993年にかけて38％から50％に増加した。個別ではなく、集団レベルで利益分配している企業は、同期間に45％から41％に減少した（Ledford, G., Lawler, E. & S. Mohrman［1995］）。また、歩合制でなく、固定的な給料のみで、それ以外の何らのインセンティブも与えられていない電話機セールスマンは1981年から1990年にかけて21％から7％に減少した（Patterson, G.［1992］）。英国では従業員に個別的に金銭的インセンティブを与えている企業は1986年から激増し、1990年には50％に達した（Wood, E.［1996］）。しかし、すでにこうしたインセンティブの効果に疑問があった。かえって従業員のやる気を損じてしまうといったように、個別的な業績評価は難しく、人事担当をいたずらに煩瑣な作業に追い込むだけだとフェファーは、断じている（Pfeffer［1998b］）。

　実際、個別的にインセンティブを供与した企業の従業員の労働意欲は低下傾向を示しているという研究もある（Pearce, J., Stevenson, W. & J. Perry［1985］）。ただし、個別的なインセンティブではなく、グループ全体へのボーナスという形式によるインセンティブならば、効果があるという研究がある（Hatcher, L. & T. Ross［1991］）。

（4）　フェファーは言う。米国の経済学は、仕事を苦痛とし、労働者は賃金を誘因としてのみ働き、賃金が低ければ働かない、つまり、苦痛を償う以上に賃金が高くなければ労働意欲が湧かないとう認識で凝り固まっている。こうした誤った硬直的な考え方で教育されたビジネス・スクール出身者は、実際の経済社会を乗り切るのは不向きであるので、MBA取得者は採用しないという企業が結構あるとして、そうした採用方針を持つAES Corporation、Lincoln Electric、Men's Wearhouse、SAS Institute、Service Master、Southwest Airlines、Whole Foods Marketといった企業名を挙げている（Pfeffer [1998b]）。実際、経験的に見て、従業員が集団で働く時、ずる休みをしないものであり、互いに切磋琢磨して働くことの方が多いという研究成果も出されている。人間は、経済学が想定しているほどには「ただ乗り」（free riders）はできないものである（Marwell, G. [1982]）。

（5）　もともと経営学における企業論は、新古典派的な経済学を批判することから出発している。主流派経済学のミクロ理論における企業論では、「企業は、利益最大化を目指す所有経営者に他ならず、その行動は、完全競争状態にある市場からの衝撃に対し、完全な合理性を持って瞬時に生産調整を行い、適合する、というものである。このような視点から見れば、企業の経済理論における企業モデルは、収益から費用を引いた差額としての利益を、生産量の関数として具体的に限定すれば、後はその数学的な問題を解くこと以外、企業について研究すべきものは、ほとんど何も残らない。…しかし、このような単純化は、…市場ではなく企業を研究対象とする経営学にとっては余りにも行きすぎである、との批判は、永年にわたって行われてきた」（日本学術会議第3部会企業行動研究連絡委員会 [2003]）。

（6）　この第2段階の企業論は、ホジソン的「新制度派経済学」の表現に倣って「企業の契約理論」と呼ばれることが多い（Hodgson, G. [1999]）。「完全に合理的」な行動が取れず、にも拘わらず、不合理的な行動でもなく、どちらかと言えば合理的な部分が多いという類の行動を「限定的な合理的」行動と名付ける。限定的な合理性しか保持しない諸個人間の取引を市場のみに限定してしまえば、取引は思わぬ失敗をする上に、相互に不信感が募るために、取引コストはかえって高くなる。そうした不安定性を避けるために「契約」が交わされる。アルチアン＆ドムゼッツ（Alchian & Domsetz [1972]）の所有論では、すべての財の所有権が必ずしも確定していない時の取引は「限定合理的」なものにならざるを得ないし、ウィリアムソン（Williamson [1975]）は、まさに「限定合理性」と「機会主義」との相克として企業の階層性を理論化したもので、「契約」理論そのままである。ジェンセン＆メックリング（Jensen & Meckling [1976]）の「エージェンシー理論」も、エージェンシーという「契約」の束によって企業が構成されていると理解する点において、「企業の契約理論」に分類される（日本学術会議第3部会企業行動研究連絡委員会 [2003]）。

（7）　第3段階の理論は、生物の進化とのアナロジーを追う。生物とのアナロジーとは外部環境、内部環境を不変と見なすことを拒否することである。経済学では市場や利益最大化が自然の姿であると前提するが、生物学的企

業進化論はそれを拒否し、企業は生き延びるべく、絶えざる変化をし、さらに次世代に遺伝子を残し続けるものと前提する。したがって、企業の構造は不可逆的で、ゼロから再現しようとしても再現できるものではない。進化はつねに結果なのである。「企業の進化理論は、企業の契約理論のように、企業を市場のように取り扱うことはしない。それは、組織によって創られ維持される諸能力——たとえば、組織成員の技能や暗黙知など——によって、企業組織の存在理由やその構造、あるいはその境界などを説明する。それはまた、技術革新、学習、ダイナミックな変化といった、静学的で均衡指向的なモデルが直面する、最も扱い難い側面をも説明できるものなのである」(日本学術会議第3部会企業行動研究連絡委員会 [2003])。

(8) 「暗黙知」は、もともと、カール・ポラニー (Karl Polanyi) の弟、マイケル・ポラニーの言葉、'tacit knowing' から出たものである。マイケル・ポラニー (Michael Polanyi) は、「暗黙知」を「われわれは、言葉で語り得るよりも多くのことを知っている」という意味で「暗黙知」を使ったが、経営学では、伝達が困難な組織の共有知として拡大解釈している。1891年3月11日、マイケルは、ポラチェク家の三男としてブダペストに生まれる。ハンガリー名、ミハーイ。後に兄弟だけポラーニと改名。これを英語読みするとポランニーまたはポラニーとなる。次兄がカーロイ(後年の経済学者カール・ポラニー)。従兄で長姉の恋人でもあり、後年有名な革命運動家になるサボー・エルヴィン (Sabo Elvin) の膝の上で読み書きを習いつつ育ったという。1908年、多くの偉才を出したミンタ・ギムナジウム(模範高校の意味)卒業。その後、ブダペスト大学医学部に入学。ガリレイ・サークルが結成され、兄カーロイが初代委員長。ミハーイも入会した。1913年、ブダペスト大学卒業。1914年、第1次世界大戦勃発。軍医となる。すでにこの頃アインシュタインと文通をしている。1920年、ベルリンのカイザー・ヴィルヘルム研究所に入り、X線の繊維素についての影響の研究をした。1923年、主任研究員になり、1926年、カイザー・ヴィルヘルム協会(現マックス・プランク協会)の終身会員になる。1928年、レオ・シラード、ユージーン・ウィグナー、ジョン・フォン・ノイマンとともにソ連問題研究会を作る。1932年、堀内寿郎(後の北海道大学学長)とベルリンで知り合い、1933年、堀内らを連れてマンチェスター大学へ移る。1938年、「科学の自由のための協会」の創立に加わり、1944年、英国ロイヤル・ソサイエティのフェローとなる。1948年、マンチェスター大学の社会科学部門担当教授に移籍、1958年、オックスフォード大学マートン・カレッジのシニア・リサーチ・フェローになる。1964年、兄カール・ポラニー死去、1975年、ノーザンプトンの病院で死去、享年84歳(『現代

思想』、1986年3月号 vol. 14-3、「特集＝マイケル・ポランニー」より、member.nifty.ne.jp/thinkers/plnymcv.htm）。「暗黙知」の概念については、佐藤敬三訳『暗黙知の次元―言語から非言語へ』紀伊國屋書店、1980年で詳しい。

参考文献

Alchian, A. A. & H. Domesetz [1972], "Production, Information Cost, and Economic Organization,"*American Economic Review*, 62（4）.
Aoki, M. [1990], "Toward an Economic Model of the Japanese Firm,"*Journal of Economic Literature*, 28.
Barney, J. B. [1986], "Strategic Factor Market,"*Management Science*, Vol. 32.
Baumol, W. [1959], *Business Behavior, Value and Growth*, Macmillan.
Berle, A. Jr. & G. Means [1932], *The Modern Corporation and Private Property*. 邦訳、バーリ、ミーンズ、北島忠男訳『近代株式会社と私有財産』文雅堂銀行研究社、1966年。
Caux Round Table [1997], *The Caux Principles*, The Caux Table.
Child, J. & D. Faulkner [1998], *Strategies of Cooperation*, Oxford University Press.
Clarkson, M. B. [1998], *The Corporation and Its Stakeholders: Classic and Contemporary Readings*, University of Toronto Press.
Cyert, R. & J. G. March [1963], *A Behavioral Theory of the Firm*, Prentice Hall. 邦訳、松田武彦・井上恒男訳『企業の行動理論』ダイヤモンド社、1967年。
Derega, V. J. & J. Grzelak (eds.) [1982], *Cooperation and Helping Behavior: Theories and Research*, Academic Press, 1982.
Dunlop, J. T. & D. Weil [1996], "Diffusion and Performance of Modular Production in the U. S. Apparel Industry," *Industrial Relations*, July.
Dyer, J. & H. Singh [1998], "The Relational View: Cooperative Strategy and Sources of Interorganizational Competitive Advantage,"*Academy of Management Review*, Vol. 23, No. 4.
Freeman, R. E. [1984], *Straregic Management*, Pitman.
Grant, R. M. [1996], "Toward a Knowledge-Based Theory of the Firm, " *Strategic Management Journal*, 17 （Winter Special Issue）.

Hatcher, L. & T. L. Ross [1991], "From Individual Incentives to an Organization-Wide Gain-sharing Plan: Effects on Teamwork and Product Quality,"*Journal of Organizational Behavior,* May.
Hodgson, G. [1999], *Economics and Evolution,* Polity Press.
Jensen, M. C. & W. H. Meckling [1976], "Theory of the Firm; Managerial Behavior, Agency Costs and Ownership Structure,"*Journal of Financial Economics,* 3（4）.
Ledford, G. E. Jr., E. E. Lawler & S. A. Mohrman [1995], "Reward Innovation in *Fortune* 1,000 Companies, "*Compensation and Benefits Review, April.*
Marris, R. [1963], A Model of the Managerial Enterprise, *Quarterly Journal of Economics,* 77, May.
Marwell, G. [1982], "Altruism and the Problem of Collective Action," in Derega & Grzelak (eds.) [1982].
Nelson, R. & S. Winter [1982], *An Evolutionary Theory of Economic Change,* Belknap. 邦訳、角南篤・田中辰雄・後藤晃訳『経済変動の進化理論』慶應大学出版会、2007年。
Patterson, G. A. [1992], "Distressed Shoppers, Disaffected Workers Promt Stores to Alter Sales Commissions," *the Wall Street Journal,* July 1.
Pearce, J. L., W. B. Stevenson & J. L. Perry [1985], "Managerial Compensation Based on Organizational Performance: A Time Series Analysis of the Effects of Merit Pay, "*Academy of Management Journal,* June.
Penrose, E. [1959, 1980], *The Theory of the Growth of the Firm,* Basil Blackwell Publishers. 邦訳、末松玄六訳『会社成長の理論』ダイヤモンド社、1962、1983年。
Pfeffer, J. [1998a], *The Human Equation: Building Profits by Putting People First,* Harvard Business School Press.
Pfeffer, J. [1998b], "Six Dangerous Myths About Pay, "*Harvard Business Review,* May-June. 邦訳、「賃金の常識は信頼とモラールを損なう・報酬をめぐる6つの危険な神話」『ダイヤモンド・ハーバード・ビジネス』1998年9月号。
Pfeffer, J. & G. R. Salancik [1978], *The External Control of Organization,* Harper & Row.
Quinn, J. B. & F. G. Hilmer [1994], "Strategic Outsourcing, "*Sloan Manage-*

ment Review, Spring.
Wernerfelt, B. [1984], "A Resource-Based View of the Firm, "*Strategic Management Journal,* Vol. 5.
Williamson, O. E. [1963], "A Model of Relational Managerial Behavior, " in Cyert & March [1963].
Williamson, O. E. [1975], *Markets and Hierarchies: Analysis and Antitrust Implications,* Free Press. 邦訳、浅沼萬里・岩崎晃訳『市場と企業組織』日本評論社、1980年。
Wood, Elmer [1939], *English Theories of Central Banking Control 1819-1858,* Harvard University Press.
伊丹敬之 [1984]、『経営戦略の論理』日本経済新聞社。
菊澤研宗 [2002]、「企業の経済理論（a）欧米」『経営学史事典』文眞堂。
日本学術会議第3部会企業行動研究連絡委員会 [2003]、『企業行動の変革と新動向：俯瞰的展望』企業行動研究連絡委員会、2003年5月6日。

日本の強み・弱み（3）―パーツサプライヤーに見る

「日本の強み・弱み―その仕分け―研究会」における議事録から。
　JAM産業政策グループ・グループ長（当時）・宮本信による報告「ものづくり産業からの報告―日本のものづくり産業の状況とJAM熟練技能継承事業の取り組みについて」2012年2月8日、於：ミツトヨ（川崎市）
　「私が日本ビクターの労組委員長を就任時に10,800人いた組合員は、退任時には3,600人に減り、日本はものづくりで生きていけないのではないかとの疑念を抱いていた。しかし、JAMに関わるようになって、日本はまだいけると思うようになった」、「JAMは機械金属産業の単組2,000組合、36万人が加入する、下請けの中小企業が主体の産別組合である」、「経産省による2010年の『産業構造ビジョン』によれば、2001-07年に全産業で経常利益が約25兆円増加したが、うち、36％の約9.1兆円がグローバル4業種（輸送機械・電機・鉄鋼・一般機械）によるものであった」、「デジタルカメラやビデオカメラはまだ上位3社を日本メーカーが占めている」。「さらに、それら産業を支えているサプライヤーの力も大きい」。「しかし、日本企業は海外でものづくりをしている」。「タイで洪水が発生した時、タイ人を日本にある工場に呼んで働いてもらった」、「日本メーカーが設計したものであっても、現物はいきなりタイで作るので」、「日本人は作り方が分からない。そういう状況も起きつつある」。「日本の苦境はデジタル化の影響が大きい」、「電機業界で言えば、テクノロジーの進化が参入障壁を下げてしまった」、「ビクターを例に取ると、ビデオを発売した1977年当時、従業員は7,000人いたが、その後の10年間で15,000人に倍増した」、「アナログで映像を記録するためには高精度の部品が必要で、それは非常に難しい技術でビクターの得意とするところであった」、「しかし、デジタル化によって、高精度の技術は必要でなくなった」。

第4章 イノベーションの壁

はじめに

　企業社会が安定的に成熟するには、イノベーションの絶えざる実現が必要である。イノベーションは、今や官学財の強迫観念にまでなっている。あらゆる組織がイノベーションを推進させるスローガンを掲げている[1]。

　イノベーションとは、これまでにない新しいものを導入することである。当然、それには、不確実性と大きなリスクが付きまとう。イノベーションを実現させる過程は、こうした怯えとの戦いである。

　未知の領域に怯えながらも、イノベーションを実現するには、大量の投資、数多くの人的資源を投入しなければならない。しかし、投入された資源が無駄になるかも知れないという恐怖にイノベーションの担当者たちは、宿命的に直面している。

　イノベーションは、現状に対する強い不満から出発する。しかし、多くの場合、当初の方針から開発経路が変化したり、初期の楽観論が後退してしまって、開発から撤退する圧力が組織上部から開発現場に加えられるものである。圧力は組織の内部からだけでなく外部からも加えられる。そのような事態への対応能力も組織の上層部には求められる。イノベーションを指向する組織には、外からの圧力に抗するだけでなく、外部資金を得るためにも政治的な関わりが必要となる（Van de Ven, Andrew [1986]）[2]。その意味において、イノベーションの追求は、社会の支持を集めるための一大社会運動の性格を持つ。

　他の人や企業が成功の可能性が低いとして開発を見送る案件を、自らのものにすべく、積極的に資源を投下して、実際に成功すれば、開発者には非常に大きな利益と喜びがもたらされる。しかし、他の企業が手を付けないということは、それだけ、リスクが高いということである。

　高いリスクに投資してくれる投資家を募ることは非常に難しい。どうすれば、尻込みする投資家を説得し、組織の指導者自身も自らの決定から撤退しないという確固たる意志を保持できるのか？それはイノベー

ションを推進したいと願う主体がどうしても乗り越えなければならない壁である。[3]

　壁を乗り越えるためには、少数者であってもイノベーションのアイデアに対する支持者を創らねばならない。多くの場合、イノベーションを発案するのは個人である。その個人を盛り立てる強力な集団がまず形成されなければならない。そうした集団が企業全体の同意を取り付けるように働きかける。さらに、事業を推進したい集団は、部品供給者へ、さらには顧客へ、そして市場と社会からの認知を得なければならない。そうした各過程が乗り越えねばならない壁となる。壁は、次々と広がり高くなっていく（武石彰、他［2013］、23ページ）。壁を乗り越えるには、関係者たちを説得できる材料を持たなければならない。武石たちは、その材料を「正当性」という言葉で表現している（同書、20ページ）。

　製品開発のアイデアが生まれた時期から事業化に着手できるようになるまでの時間的流れと、着手してから市場に売り出すことができるようになるまでの時間的流れに大区分し、その大区分をさらに小区分に分けて実際の成功例を検討したのが、武石たちの事例研究である（武石、他「2013」）。そうした時間的流れを武石たちは、「イノベーションの旅」と位置付けている。そして、武石たちの事例研究というのは、大河内賞を受賞したイノベーションの成功例の開発・事業化プロセスの検討である。武石たちは、製品開発のアイデアが企業内で公認され、イノベーションが実現するまでの壁を調査している。

　彼らの研究の検討に入る前に、彼らが事例研究として依拠した理化学研究所のことをまず説明しておきたい。

1. 理化学研究所の進化過程

　大河内賞とは、大河内正敏（おおこうちまさとし）（1873-1952年）を記念して1954年に設立された大河内記念会によって、大河内が目指した「生産のための科学技術の振興」に貢献のあった人や団体に授与される賞のことである（http://

www.okochi.or.jp/hp/top.html)。この賞は、記念賞、記念技術賞、生産特賞、生産賞からなる。

　大河内は、旧大多喜（現在の千葉県）藩の藩主の長男として東京都港区に生まれた。1903年、東京大学工学部造兵学科を卒業と同時に同大学講師となる。1910年、寺田寅彦と共同で弾道実験を行った。翌年、東京大学教授。同年、工学に初めて物理学実験を導入して、工学全体の近代化を図った。1915年、貴族院議員に初当選。以降、議員として基礎科学の拡充を産業政策の基本に据えることに貢献した。1918年、理化学研究所研究員。21年、所長に就任、破綻に瀕していた研究所を再建した。以後45年まで所長を務め、博士を多数輩出させる世界有数の研究所にまで育成した。研究所の研究費を捻出するために発明の工業化を自ら実践し、1927年に創立した理化学興業を手始めに、ベンチャー・ビジネス型企業グループを創設した（http://www.civic.ninohe.iwate.jp/100W/08/078/）。

　理化学研究所所長に就任した大河内は、研究体制を確立するために部長制を廃止して主任研究員制度に改めた。各研究室を独立させ、研究内容も研究予算や人事に関する一切を主任研究員の自由に委ねた。その結果、自由な研究体制が確立され、所長就任当時100名程度であった理化学研究所員は、1940年主任研究員33名、研究員42名、所員総数1,858名にまで増加して、世界有数の研究所へと成長した。ノーベル物理学賞の湯川秀樹、朝永振一郎を筆頭に多数の研究者がこの研究所から育った。

　研究予算を主任研究員の自由に委ねた結果、研究費は膨張した。そのため大河内が考え出した方法が、発明の工業化、つまり研究所の特許権を売り、研究費を捻出するという方法であった。しかし、当時の日本社会では、技術開発に対する欧米信仰が強く、日本人の発明は軽視されがちであった。そこで大河内は自身の手で工業化する企業を創設した。その企業集団が理研コンツェルンであった（http://www.civic.ninohe.iwate.jp/100W/08/078/page2.htm）。

　以下、研究所傘下の主立った企業を設立年次順にを列挙する。理化学興業（1927年）、理研ピストンリング（34年）、理研ウルトラジン光業所（理

研光器）（35年）、理研感光紙（理研光学工業）（36年）、理研軽合金銅合金、理研酒販売、理研鋼材、理研圧延工業、富国工業、三興商会。比角自転車、理研鋼材尼崎工場、理研チャック宮内製作所、理研旋盤宮内製作所、理研護謨工業、旭光学興業（37年）、城南スプリング（理研スプリング）、理研酒工業（38年）、熊谷自動車ジャッキ製作所（高崎自動車部品）、特殊ゴム化工、東洋製鋼所（39年）、理研工業（41年）（http://www.riken.jp/outreach/applied/history/combine/）。

理研沿革史も記述しておく。

1913年、高峰譲吉が国民科学研究所の必要性を提唱。

1915年、「理化学研究所創立」を決定（第37回帝国議会で法案成立）。

1916年、「理化学研究所設立ニ関スル建議」を政府に提出、大隈重信・首相による理化学研究所の設立発起協議会開催。

1917年、渋沢栄一を設立者総代として（財）理化学研究所の設立を申請。財団法人・理化学研究所設立。伏見宮貞愛親王を総裁に。初代所長・菊池大麓、第2代所長・古市公威。

1919年、鈴木梅太郎 合成酒の製造研究に着手。

1921年、第3代所長。大河内正敏。

1922年、主任研究員制度発足。駒込本所以外の各帝国大学に研究室を置くのも自由とし、理研からの研究費で研究員を採用し研究を実施した。長岡半太郎、本多光太郎、大河内正敏たちの14研究室発足。

1924年、高橋克己、ビタミンAをタラの肝油から分離抽出（日本で初めてビタミンAを販売）。寺田寅彦、入所

1927年、理化学興業（株）創設（理研の発明を理研自身が製品化する事業体）。ここを母体として、影響力を確保している企業が生まれた。陽画感光紙部門からは、理研光学工業から発展した（株）リコー。ピストンリングからは、（株）リケン。合成酒の理研酒工場を継承した協和発酵工業（株）、などがある。

1937年、長岡半太郎、本多光太郎が第1回文化勲章を受賞。仁科芳雄、日本初のサイクロトロン（26インチ28トン）を作製。続いて「ニ号研究」（仁科の頭文字のニを取って命名された）。

1945年、太平洋戦争終結後、サイクロトロンは東京湾に投棄される。サイクロトロンは、帝国陸軍から受託したウランに関する「二号研究」、原爆の開発に使用されたという烙印を捺され、GHQにより破壊され投棄された。

1946年、第4代所長・仁科芳雄（1946-1948）。

1947年、過度経済力集中排除（財閥解体司令）により理研産業団解体。

1948年、（財）理化学研究所解散。（第1次）株式会社科学研究所設立。初代社長・仁科芳雄。

1949年、湯川秀樹、ノーベル物理学賞受賞。

1950年、ストレプトマイシン（結核治療薬）の製造に着手。

1961年、開発部門を分離 新技術開発事業団発足。現在の（独）科学技術振興機構/JST。

1965年、朝永振一郎、ノーベル物理学賞受賞。

1996年、理研ベンチャー第1号設立。フォトチューニング（株）（現（株）メガオプト）。

1997年、播磨研究所（兵庫県佐用郡）発足、大型放射光施設「Spring-8」供用開始。

1998年、地震防災フロンティア研究センターを兵庫県三木市に開設。ゲノム科学総合研究センター開設。

2001年、バイオリソースセンター開設。免疫・アレルギー科学総合研究センター開設。

2002年、中央研究所、神戸研究所発足。

2003年、特殊法人理化学研究所解散。独立行政法人・理化学研究所設立。初代理事長、野依良治。

2004年、113番元素発見。

2006年、次世代スーパーコンピュータ開発実施本部設置。

2007年、分子イメージング研究プログラムを神戸研究所に開設。

2012年、X線自由電子レーザー施設「SACLA」供用開始。スーパーコンピュータ「京」共用開始。

　以上、理研がいかに大きな成果を収めてきたことかが理解できるだろ

う（http://www.riken.jp/about/）。

次に、大河内賞の中身の一端を知るために、平成24年度・第59回「大河内記念生産賞」を受けた（平成25年3月）新日鐵住金株式会社の2件の内容を見よう。同社のホームページで説明されている。

1つは、「天然ガスの大幅増産を実現させる高合金油井管および製造技術の開発」の受賞である。天然ガスは、高温で厳しい腐食環境下に存在する場合が多く、通常、その採掘には、クロムやニッケルを多く含有する高価な高合金油井管が用いられている。昨今の新興国の経済成長に伴い、さらなるエネルギー需要の拡大に対応するため、高合金油井管の量産技術と、天然ガスの生産性向上および、大深度のガス田開発を可能とする高合金油井管の開発が求められている。新日鐵住金は、以下3つの技術開発によりこれらの課題を解決した。

1）中小径（直径18cm以下）高合金油井管の量産技術開発。

中小径高合金油井管の量産技術については、溶鋼の鋳造について、新設計のモールドパウダー（鋳型潤滑剤）による冷却制御技術の開発などにより、インゴット鋳造から連続鋳造化を実現、製管工程での歩留まり改善策などとあわせ、年間製造可能量を1990年代前半の約7倍に拡大して世界最高の供給能力を実現した。

2）大径（直径18cm超）長尺高合金油井管の製造技術開発

製造可能寸法制約の少ない穿孔圧延製管法は、これまで加工時の発熱による溶融割れが起こるため、高合金材料には適用できなかった。今回、穿孔圧延の3次元数値解析モデルを世界で初めて実用レベルで構築し、加工時の発熱を約30%低減させる圧延条件の最適化などを実現することにより、世界で初めて大径長尺高合金油井管の量産技術を確立した。

3）大深度ガス田開発用超高強度高合金油井管（降伏強度1000MPa級）の開発

大深度ガス田用高強度高合金油井管の開発については、窒素含有量を高めて高強度化するとともに、レアアースメタルの添加により、世界初の転位構造制御による耐腐食性の向上および熱間加工性の改善を実現し、超高圧・高温環境下で使用可能な超高強度新合金を開発、出荷している。

受賞の２つめは、「石炭資源拡大を可能とする省エネルギー型コークス製造技術」（JFEスチール㈱、㈱神戸製鋼所、日新製鋼㈱、三菱化学㈱と共同受賞）である。

製鉄で使われるコークスは、鉄鉱石を還元する機能に加え、溶鉱炉内での通気性を確保するため、鉄鉱石の重さに耐える強度が必要となる。そのためにコークス製造用の原料炭には高い品質が求められるが、高品位炭は産出量が限られ、価格も相対的に高い。従って、製鉄産業の国際競争力を確保するためには、安価な低品位炭の利用を極限まで高めつつ、性能の高いコークスを製造する技術の開発が必要である。新日鐵住金はコークス炉を保有する企業と共同で、国家プロジェクト「次世代コークス製造技術　SCOPE21」として開発を行った。

粘結性の低い低品位炭の混合率を上げるとコークスの強度は下がる。しかし、コークス強度の発現メカニズムの研究と、原料炭の事前熱処理のシミュレーションを組み合わせ、解決策を見出した。原料炭を固体の大きさに基づいて微粉炭と粗粒炭に分級し、微粉炭を熱間成型した後に高速昇温処理をした粗粒炭とともにコークス炉に装入すると製品コークスの強度は低品位炭の使用比率を上げても必要な数値を確保できることが分かった。

2008年、同社は大分製鉄所にこの技術を取り入れた新型コークス炉を世界で初めて導入し、安定的に低品位炭の使用比率を57％程度まで上昇することができている。現在、名古屋製鉄所で２基目の導入を実行中である（http://www.nssmc.com/news/20130212_100.html/）。

日本にも非常に優れた研究機関が持続的に存在しているということを、改めて確認できる。

2. イノベーションの行く手に立ちはだかる壁

武石たちは、イノベーションがスタートするまでの経緯を調べ、組織の公式の承認を受けないままに開発が着手された事例が６割を占めてい

たことを確認した。事業部門の支持がないままに技術開発プロセスがスタートした例が日本の企業では結構多いことを武石たちは重視している（武石、他［2013］、76ページ）。

　技術者は、個人的な「読み」からまず「内職」的に研究に着手する。しかし、研究を進行させるには、研究段階で、小さいとはいえ、企業内の資源を使用しなければならず、とくに直属組織の了承をまず取り付けなければならない。そして、段階を追って、各上位の部門の認可を得、最終的には社内全体からゴーサインを貰うことが必須条件になる。

　イノベーションがアイデアの段階から余り進んでいず、制作の試行錯誤がまだ繰り返されていない段階では、必要とされる資源は大きくない。したがって、この段階では社内の承認はそれほどの大きな壁にならないと普通は見なされる。「成功するかどうかを見極めるためにも、試みにそれをやってみたら」という言葉は上司から掛けられ易いように思われる。しかし、武石たちによる事例検討によれば、この期間が意外に長い。アイデアを提起して実際に製品開発に着手できるまでの期間は、大河内賞の事例では大半が5年間以上で、8-10年かけた事例もかなりある。武石たちは言う。「これだけの長い期間、少なくとも研究開発部門内の支持が必要となる。ここにイノベーションの実現プロセスの最初の難関がある」（同、77ページ）。

　事業化の認可までの前段階（実際に開発に着手する前の段階）が一般に思われている以上に長かったことを見出した武石たちは、この長期の時間をマイナス面と見なしているのではない。むしろ逆である。実際の認可までが長いのに、未公認のまま研究開発が粛々と進められてきた日本の企業の強さに武石たちは感動している。正式の認可が下りる前に、つまり組織上は無認可のままでかくも長期間、開発現場は研究・開発を持続してきたという事実は、瞠目すべきことである。これは、企業の上部が正式に認可しなくても、一定の費用と人材という資源投入を暗黙裏に認められてきたことの証左だと見て良い。もし、早期の段階で企業の上層部が、予算上この研究・開発の持続を許さず、すぐに研究・開発を打ち切るか、早期に成果を出せと迫っていたら、現在すでに定着している

革新的な技術開発の芽は初期段階で摘み取られていたであろう。摘み取られなかったのは、技術開発を重視する企業風土が存在していたからである。

　武石たちは言う。

「では、なぜ事業部門の支持がない中で技術開発がスタートし、進んだのか。そこでは、事業成果の見通しが明確でない中でも新しい技術の開発を進めようとする技術重視の考え方が働いている。技術重視の考え方の源にあるのは、技術開発を重視する組織の伝統や価値観、あるいは技術的な問題点の解決や新たな可能性を追求してみたいという技術者の個人的な関心である」(同、77ページ)。

　技術者は、そもそもが新しいことに挑戦してみたいとの気概を持つ職人である。その職人魂が周囲の者から信頼され、尊敬されてきた。そうした職人という個人の資質が土台となって組織が動いてきたという風土のある企業で目を見張るイノベーションが実現されてきた。企業のリストラの影響で研究開発部門の再編成で行き場のなくなる可能性に脅かされた職人たちがまったく新しい分野を切り開いたという事例もイノベーションの成功例にはある。

「必ずしも事業の成果についての見通しがはっきりしていなくとも、特定の研究開発組織や技術者のコミュニティでその重要性や可能性が認められたり、あるいは、それまでの優れた技術を開発した研究者の信頼が担保となったりして、技術開発への資源が動員されるのである」(同、79ページ)。

　イノベーションの事業化への前段階、つまり、事業化への認可という壁をどうにか乗り越えても、開発・製品化のプロセスはまさに地獄である。この地獄の「死の谷」(Valley of Death)[4]に多くのイノベーションの試みは落ち込んで、陽の目を見ずに棄てられてきた。製品化に成功した事例よりも棄てられてきた事例の方が比べものにならないほど大きい(Auerswald, Philip & Lewis Branscomb [2003])。

　北陸先端科学技術大学院大学はMOTを「死の谷」を乗り越える重要な手段と位置付けている (http://www.jaist.ac.jp/ks/old/mot.old/mot/mot.

html)。

　MOTというのは、'Management of Technology' の頭文字である。ある企業の活動分野において、競合他社を圧倒的に上回るレベルの能力、つまり、「核となる能力、得意分野」を「コアコンピタンス」（core competence）という（http://dictionary.goo.ne.jp）。そして、技術力をコアコンピタンスとする企業・事業体が技術投資の費用対効果を最大化し、その事業を持続的に発展させるために、次世代の技術を創出し、戦略的イノベーションを推進して、技術の研究・開発・獲得・投資などの効率化を図る企業マネジメント体系をMOTという。具体的には、そのための経営手法・学問的研究、およびこれを推進する人材を育成するカリキュラムや資格をいう。製品技術だけでなく、操業を管理する技術（生産管理や在庫管理、ロジスティクスの技術、IT、技術知識創造・移転の技術など）を含み、新しい技術知識を創出し、技術資産として蓄積し、それら技術知識を製品やサービスの形にして価値創造を行うことがMOTの課題である。

　MOTの原点はアポロ計画にある。この巨大プロジェクトを実施するために「技術のマネジメント」を考えたのが始まりとされる。1960年には、米国マサチューセッツ工科大学（MIT）の「MOTリサーチ」が、米国航空宇宙局（NASA）からの資金を受けて、アポロ計画関連の技術マネジメント研究を始めた。MITスローンスクール（Sloan School of Management）では、1962年に「Management of Science and Technology」研究が開始され、1981年には大学院生向けの「MOTプログラム」が開講した。これが現在のMOT隆盛の契機とされる（http://www.itmedia.co.jp/im/articles/0408/09/news077.html）。

　1990年代以降になると、IT・バイオ・素材・エネルギーなど新技術をベースにしたベンチャー、イノベーションをテーマにした研究・講座が増え、1990年代終わりには、MOTコースを設置する米国の大学・大学院は200を超えた。日本においては、1990年代半ば頃から注目を集め、2003年には経済産業省でも5年間でMOT人材を1万人育成する体制の構築目標が打ち出された（北陸先端科学技術大学院大学、http://www.

jaist.ac.jp/ks/old/mot.old/mot/mot.html)。

　イノベーションを論議するには、現在の猛烈なIT革命に関する過去の活発な論争を見ておく必要がある。それは、「ソロー・パラドックス」(Solow's Paradox)と言われるものである。

3. MIT産業生産性調査委員会『Made in America』の視点は誤っていたのか？

　日本企業の後塵を拝するように力を喪失した米国企業を再生させる戦略を練った研究書が、1989年にMIT産業生産性調査委員会から出された。『メイド・イン・アメリカ』というタイトルの書である（Dertouzos, Michael, et al.［1989］）。

　1980年代の米国の製造業は、雇用者数で非農業部門全体の約16％を占めていて、米国経済での重要な産業であった。しかし、洪水のような日本からの輸入の激増によって、米国の製造業が衰退しつつあるのではないかといった強い危機感からこの書が刊行された。

　しかし、米国においては、製造業の比重の低下は心配するほどのものではない。「製造業からサービス産業への転換は、国民経済の発展の過程として避けることのできない道であり、同時に望ましい過程であるという見方」が現れ始めていた（同書、第2章）。しかし、同書はこの見方を退けた。米国はサービス産業だけで生きていくことは不可能である。米国は大陸型経済の国である。大陸型経済では、商品を輸入してサービスを輸出することなどできない。米国は、どうしても製造業の分野で競争を続けていく以外に選択の余地はないと同書は言った。その主張は、従来の日本が一貫して自己確認してきたものであった。まさに「モノづくり」の思想が米国で叫ばれていたのである。

　「モノづくり」のスローガンも、日本で繰り返し強調されてきたものとぴったり同じであった。日本は長期的な視点から企業運営を行っているのに、米国企業は短期での利益を追求しすぎる。その結果、将来の競争力を決定する研究開発の姿勢において、米国の企業は日本に劣る結果

になってしまっている。とくに、民生電子機器においてその傾向が顕著である。日本の電子機器の強い競争力に反して、米国はこの分野で大きな遅れを取っている。同書の第4章は研究開発投資に関して日本を賞賛する一方で、米国企業の消極性に対する危惧を表明した。

同書、第7章では、企業の外の組織との協調性の進展において、日本は優れた慣習を維持してきたことが強調された。企業内の人間関係、労働システムにおける協業、部品供給を担う取引先との安定的・良好な関係等々の分野で、日本が強い絆を築いているのに対して、米国企業はそうした「協調性」に欠けているというのである。

日本では、企業が教育の現場である。オン・ザ・ジョブ・トレーニン(OJT=On the Job Training)など、日本の企業は若者を現場で訓練していて、それが大きな成果を挙げている。そうした日本の現場教育に対して、米国の企業は職業訓練を企業の外部の学校に委ねすぎている。米国の企業は基本的に自社の社員を教育しない。でき上がった人材を短期的な視点から雇用するだけである。そのこともあって、社員相互のコミュニケーションが上手く機能せず、個人がばらばらに切り離されてしまっている。

1980年代は、まさに同書のイメージで日米比較がなされた時代であった。日本的経営が外国から注目されてきた幸せな時代であった。30年前の日本の企業経営者は得意の絶頂にあった。

それがどうしたことか。日本の民生電子製品メーカーは見るも無惨な姿をさらしている。韓国のメーカーに追い着かれたどころか、はるかに追い抜かれている。日本の企業はこれまでの得意分野であったところから撤退し続けている有様である。

野口悠紀雄は、1989年のMITの報告(同書)の視点が基本的に間違っていたと言う。日本の企業の性格は、同書で賞賛された1980年代のものとそれほど変わってはいないのに、このていたらくであると、野口は言う。

「それから20年が経ち、日本のエレクトロニクスメーカーは、韓国や台湾のメーカーにはるかに水をあけられて青息吐息だ。日本の製造業は、

経済危機によって大きな打撃を受け、いまだに経済危機前の水準を回復していない。日本企業の経営が当時と変わっていないことを考えれば、本書の分析は誤っていたと考えざるをえない。それにも拘わらず、日本の企業経営者は、この時に受けた絶賛の酔いからまだ醒めていないようだ。そして、『アメリカの企業は短期利益しか追求しない』といい続けている」。

野口は、1980年代の日本企業の競争力は低賃金構造に依拠するものであったとして、日本的経営の優位さを否定している。

「80年代に日本の製造業が競争力を持った基本的な原因は、アメリカに比べれば依然として低賃金であったこと、そして日本より低賃金の新興国はまだ日本の競争者として立ち現れていなかったことだったのだ。また、教育についても、『ゆとり教育』によって学生の基礎学力が低下し、ついには、東大の理科1類入学生にも数学の補講が必要とされるような事態に陥った。また、OJTは、伝統的業務を続ける場合には適切であっても、先端的金融業務やIT革命には対応できず、古い産業の存続を助長する結果になることがわかった」(「野口悠紀雄の『震災復興とグローバル経済～日本の選択』(第37回)、「Made in Americaから20年の何たる変化!」、東洋経済オンライン、2010年11月1日、http://toyokeizai.net/articles/-/5274/)。

野口は、同書執筆の中心人物であったロバート・ソロー(Robert Solow)のIT革命軽視論を批判している。ソローは、1960年代の米国の経済学会の大御所であったし、1987年のノーベル経済学賞受賞者であるが、「コンピュータはどこでも見られるが、生産性統計には表れない」、つまり、ITは生産性向上には貢献しないと切って棄てたと言われている。野口は、この考え方はデール・ジョルゲンソン(Dale Jorgenson)らの実証研究(Jorgenson, Dale [2001])によって否定された、事実、1990年代の米国経済の成長を主導したのはIT革命であるとの主張を展開した(野口悠紀雄[2010])。

ただ、野口のソロー批判は一面的すぎる。そもそも、生産性向上の最重要の要因は技術進歩であるとの基本的立場を崩さないソローが、軽々

にIT軽視論を展開するとは思われないからである。ソローは、技術進歩に貢献するはずのIT化でなぜ各国間で差異が生じたのか、米国ではIT化の進展があるにも拘わらず、なぜ生産性にそれが寄与していないのかを問うたのである。宿命論的にITを無視したわけではない。[5]

　野口の主張をもう少し聞こう。野口は、上の著書で、1970年代以降の世界経済の構造的変化の重点を、冷戦の終結、1990年代のIT革命と金融革命、中国の工業化に見て、日本がIT革命や金融革命に背を向けてモノづくりに拘り続けてきたことが現在の経済停滞を招いていると主張している。カネとヒトがグローバルな規模で移動する世界経済の構造変化の中で日本は鎖国状態を続けている。この40年間における世界の構造変化への対応に誤りがあったとして、2007年に生じた金融・経済危機の克服過程を重視している。この過程こそが、企業、産業、国家の選別を内容とするものであった、米国はこの危機を乗り越えて強くなった、日本がこれから探求すべきは脱工業化社会への道筋であると強調している。

　1980年代の米国は、まさに韓国や新興国の追い上げに怯える今の日本であった。ビル・クリントンが、'It's the economy, stupid'（重要なのは経済なんだぜ）というスローガンを掲げて、湾岸戦争の指導者であり、当時は現職にあったブッシュ大統領（父）を破ったのは、1992年のことであった。

　しかし、現在の日本の世論と違い、MIT報告は、経済の低迷を政府の経済政策の誤りとしてすべての責任をなすり付けるのではなく、米国企業の経営のあり方が間違っているとした点に説得力があると野口は説明する。

　MIT報告は言う。「従来の生産性問題に関する研究は、問題の根本原因がマクロ経済政策にある可能性が高いという立場に立ってきたが、生産性低下の原因と思われる要因はもっと多い」とし、「これらの要因の多くは、企業が事業を行う環境に関わるものである。事業環境以外の要因として指摘されるのは、企業内組織と企業経営の問題である」と。

　野口はそうしたMITの主張を受けて次のように結論を出した。「製造

業に限って言えば、アメリカ企業が問題を抱えていたという本書の指摘は正しい。本書の誤りは、製造業の復活という視点から逃れられず、製造業以外の分野で新しい経済発展が起こることを予見できなかったことだ。だから、『経済政策だけでなく企業に問題がある』という本書の視点は重要である」(http://toyokeizai.net/articles/-/5274/)。

　米国は、確かに、グーグル、アップルで大成功している。しかし、その成功が米国企業全体を代表しているとは私には思われない。MITが批判した米国企業の協調＝協業のなさという弱さは依然として解消していないからである。

　製造業を活性化させるべきか、それとも脱工業化への道を目指すべきかとの論争は実りある結論を導けない。産業構造全体の転換という課題は、余りにも問題が大きすぎ、納得できる変化を実現できないまま、論争は沙汰止みになってしまうからである。残念ながら、重要な経済論争といっても、時々の論壇の流行に左右されていて、とくとくとその当時に語っていた時代のオピニオン・リーダーたちが責任を取ることは皆無に近い。一時はもてはやされた「日本的経営」論の舌の根も乾かないうちに、多くの企業は米国式企業経営に傾斜した。しかし、政治的に不安定さを増している世界に直面した企業は、今や本国回帰を志向し出していて、経済論争も再度、ナショナルな文化的風土を取り上げ始めている。

　以前の軽佻浮薄な日本的経営万歳論と違って、火傷を負った日本企業のこの度の日本回帰の流れは、地に足が着いたものになるだろう。

　日本の強みは、職場における人間関係の良好さにあったはずである。この良き側面が風前の灯火になってしまっている。今や、かつてあった日本企業の「強さ」を一刻も早く取り戻すべき時であるとの認識が、社会全体に広がり始めている。

　イノベーションを推進するための資源動員の壁についての考察に戻ろう。

　資源動員に関しては、経営トップの強力なリーダーシップが必要であるとよく言われている。未知の領域を進むイノベーションには、収益に関する客観的な見通しがあるわけではない。確固たる収益の見通しがな

ければ、当然のことながら、資源を動員するに当たって、批判や抵抗が企業の内外から生まれる。それを押し切る力が経営トップには期待されるのもイノベーション推進者の願いになる。彼らが、組織の最高意思決定者である経営トップの権威にすがりたくなるのも理解できる。事実、トップの決断によって、イノベーションの壁を乗り越えられた事例はある。しかし、そうした事例はきわめて少数である（武石、他［2013］、88ページ）。滅多にいない名経営者に頼ってしまっては、イノベーションの事業化は現実には困難になる。「強力なトップに頼らないといけないとしたら、そのトップに認めてもらえないアイデアは事業化に辿り着けなくなってしまう」（同、88ページ）。

　事業化に成功するためには、トップに依存してしまうよりもトップ以外の関係者からの強力な支持がどうしても必要になる。それは、企業に強力な影響力を持つ顧客である場合が多い。顧客は自国内の者だけではない。海外の顧客の強い要請であることも結構多い。その場合、「これは儲かる」といった根拠で支持されたわけではない。そこには、事業化を目指す当事者と特定の支持者だけが認める「固有の理由」があると武石たちは言う（同、93ページ）。「客観的な理由ではない固有の理由である故に、特定の支持者を獲得することが重要になる」（同、93ページ）。「事業化に向けての資源動員を可能にしたのは、しばしば、特定の推進者と特定の支持者が認める固有の理由であった。早くから支持を得て壁にならなかったか、あるいは、壁に遭遇し、支持を獲得するまでに何らかの努力、工夫、幸運を必要としたか、という違いはあっても、本書が取り上げた事例の多くにおいて、多様な支持者と多様な理由が関わることによって資源動員が正当化されたという点において違いはなかった」（同、98ページ）。

おわりに

　イノベーションを実現させるもっとも重要な要素は社会の多様性にあ

る。イノベーションを志向する人や組織は、そもそもが一般的な常識から離れた「一風変わった集団や個人」である。最初の推進者が変わった人たちである限り、イノベーションに必要な資源を動員すべく普通の人々に働きかけても、そういった人々からの支持を得ることは非常に難しい。やはり、支持者は変わった人たちから出てくるものである。変わった人たちが、変わった発案者を支持することによってイノベーションの鎖は切れずに持続できる。武石たちも言う。「社会が一様で人々がみな同じであれば、そうした創意工夫の入り込む余地などない。しかし、社会は一様ではない。人も組織も、長い歴史の中で、多様な価値観を醸成する。周囲の環境差によって、人々の価値観は異なる。それゆえに、誰に支持を求めるのかといった戦略（＝創意工夫）がイノベーションへの資源動員を可能にする」（武石、他［2013］、483-84ページ）。

　しかし、グローバリゼーションへの対応に明け暮れるようになってしまうと社会が同質化してしまって、イノベーションを生み出す多様性が失われてしまうのではないかと武石たちは言う（同、484-85ページ）。グローバリゼーション下では、ヒト、モノ、カネ、情報が国境を越えて流動化して、技術の平準化が進む。公平な競争環境の定着は企業の差異化を抑制するように働く。

　「国際的な資本市場からの影響を受ける企業は、創業以来歴史的に培ってきた固有の理念や価値を、一部にせよ放棄しなければならないかもしれない。同じことは多角化企業の内部でも起きうる。固有の価値を持ち、多様な価値観を内包するという、イノベーションに好意的な多角化企業の特質は、失われつつあるように思える」（同、485ページ）。

　恐ろしい予想であるが、私も同感である。グローバリゼーションは異質なもののコミュニケーションを容易にさせる作用がある。ニュアンスに差異のある言葉を使用しないようにし、使用する言葉をできるだけ分かり易い、少ないものにさせる。国内では方言が陰を潜める。国際舞台ではネイティブではない共通化された易しい英語が多用される。それはそれで人類にとって大きな進歩である。しかし、コミュニケーションが容易になった反面、思考に襞がなくなっていく。思考が単純化され、思

考に深みがなくなっていく。深い哲学に彩られた新しい思想が生み出され難くなっている。平板になってしまった少ない言語で、豊かなイノベーションを生み出すことなど不可能になってしまうのではなかろうか？

　武石たちは、均衡状態に達し、効率的になってしまった循環するだけの経済の内部からはイノベーションは生じないと言ったシュンペーター（Joseph Schumpeter, 1883-1950）を引き合いに出す（Schumpeter, Joseph [1926]）。

　武石たちの解釈によれば、シュンペーターは次のように理解していたとされる。

「均衡状態では、すべての資源が、日々の循環的な経済活動に瞬時に費やされてしまう。不確実性の高いイノベーション活動についやされる余剰が、そこには存在しない。たとえ余剰が存在しても、それは『当たり前のように』、『これまでの理由から』、『これまでの活動に』、投入されてしまう。それゆえに、イノベーションを創出して、経済発展を実現するには、循環経済から資源を奪い取ることが必要になる。つまり、実現が不確実なイノベーション活動へと振り向けられる余剰資源を社会的に作り出す仕組みが必要となる」（同、486ページ）。

　まさにその通りである。

　イノベーションに向けられるべき社会的余剰資源を社会的に作り出すことに、労働者のアソシエーションが貢献できるようにする。労働する者が、「労働の尊厳」を取り戻すための重要な社会的課題の1つがこれである。

　　注
（1）　中でもよく引用されるのが（Tidd, J. et al. [2005]）である。著者たちは、英国サセックス大学科学技術政策研究所（SPRU=Science and Technology Policy Research, University of Sussex）の研究スタッフで、イノベーションを専攻する人として当然のことであろうが、理系・社会系の両方の学問を修めた人たちである。同書は、欧米のイノベーションに関する事例研究で、世界的に標準的なテキストとされている（http://www.kinokuniya.com/th/index.php/tha/fbs003?common_param=97847

57121263)。
（2） 引用した論文の著者、ファン・デ・フェン（米国籍ではあるが、ベルギー風の発音に従った）は、ミネソタ大学カールソン・スクール、組織イノベーション・変化部門の健康学担当教授（Vernon H. Health Professor of Organizational Innovation and Change in the Carlson School of the University of Minnesota）（http://www.carlsonschool.umn.edu/faculty-research/faculty.aspx?x500=avandeve）。「イノベーションの旅」（the Innovation Journey）という造語の発信者としても有名である（Van de Ven Andrew, et al.［1999］）。

　イノベーションは資源動員のシステムを正当化させることができるか否かに実現の成否が懸かっているという著作で2013年の第5回「日経・経済図書文化賞」を受賞したのが（武石彰、他［2013］）である。

（3） 武石たちは言う。「イノベーションの実現には、不確実性故に事前には成功の見通しのない中で、しかし他社の資源を動員しなくてはならない、という矛盾が付きまとい、資源動員への壁が立ちはだかる」（武石彰、他［2013］、19ページ）。

（4） 「死の谷」は簡単に「デスバレー」とも称される。「死の谷」とは、技術革新を産業に結び付ける際に、高い技術力を持っていても、それを実際の事業に転換できないことにより発生する問題である。日本では、研究開発成果が事業化に至らず、死の谷に埋没、眠っていると回答する国内製造業が約8割もあると言われる。これは、技術イノベーションの進展が激しい現在、従来の研究開発体制が限界にきていることを示している（http://www.jaist.ac.jp/ks/old/mot.old/mot/mot.html）。

　「死の谷」は、もともと旧約聖書の「死の陰の谷」から出た言葉である（旧約聖書・詩編・第23編「ダビデの歌」）。

　「主は私の牧者です。私は乏しくはありません。主は私を緑の牧場に誘い、憩いの汀に伴われる。主は私の魂を生き返らせ、御名のために私を正しい道に導かれる。たとえ、私は死の陰の谷を歩むとも、災いを恐れません。あなたが私と共におられるからです。あなたの鞭と、あなたの杖は私を慰めます。あなたは私の敵の前で、私の前に宴を設け、私の頭に油を注がれる。私の杯はあふれます。私には、生きている限り、必ず恵みと慈しみとが伴うでしょう。私は永久に主の宮に住むでしょう」。

　「死の陰」はヨブ記に使われている言葉で、暗黒、深い淵の意味。「鞭」は羊飼いの使う棍棒で「イザヤ」では神の懲らしめの象徴とされている。「杖」は、指示を意味し、権威を表す。「宮」は家、居住場所のこと。「頭に油を注ぐ」とは「主」から愛されるという意味。ちなみに、「キリスト」

というギリシャ語は「油を注がれたもの」を意味している。
　「鞭や杖」というのは神の叱責であるが、それは「神、伴にいます」ということの証左と理解されている。「神が身近にいて、共に歩んでいて下さる」。だから、乏しいことも感じず、災いも恐れない。神とともにいることで、絶望の淵にあっても、人は、なお希望を持って生きることができる。これがこの「ダビデの歌」の心であろう（http://www.geocities.co.jp/HeartLand-Icho/3902/b_ps23.html）。
　この「死の谷」をイノベーションの壁に翻訳して、さらに、「魔の川」、「ダーウィンの海」という言葉が付け加えられている。三木正夫のブログが要領よくこの点をまとめているので、依拠して説明しよう（http://blog.livedoor.jp/randdmanagement/archives/51986943.html）。
　研究開発の前には3種類の壁がある。まず、「魔の川」。これはアイデア・基礎研究から実用化を目指した研究までの間の壁。次に「死の谷」。実用化研究から製品化までの間の壁。そして「ダーウィンの海」。製品が市場による淘汰を受けて生き残る際の壁。
　研究の実用化が「基礎研究」→「応用（開発）研究」→「設計・製造」→「販売」といういわゆるリニアモデルに従って進むということは、現実にはほとんどない。実際には、「アイデア」→「アイデアが機能することの確認」→「機能を商品にするための工夫（製品化）」→「商品を安定的に提供（製造）する」→「販売・安定供給・品質保証・市場競争」といったプロセス、つまり、「アイデア」→「検証」→「実用化」→「競争」というプロセスを経て成果に結び付く場合が多い。研究の実用化とは、1つの工程が完了して次の工程に移る、という動きをするのではなく、色々な工程を行ったりきたりしながら技術やノウハウを完成に近付けさせていく。何度も、基礎に立ち返ったり、供給や販売の段階になっても、初期のアイデアの再度の確認がなされる場合も多い。プロセスは複雑に絡み合っている。
　「魔の川」は基礎研究から機能の確認の段階に、「死の谷」は製品化、製造研究の段階に、「ダーウィンの海」は市場における競争の段階に相当するが、実際には、これら3つが複雑に絡み合って進行する。「魔の川」では、発想力、科学力（選抜の精度を上げる）、実験技術（確認技術）が重要になる。「死の谷」段階では、「魔の川」を越えてきたアイデアに対し、他の要素技術や既存の技術、新たなアイデアを組み合わせて「製品化」する。その際、科学的知識と能力に加えて、より広い知識、「こだわり」と「妥協」とのバランスが必要となり、製作技術に加えて、製品の社会への影響を予測する能力と決断力が求められる。「ダーウィンの海」では市場による淘

汰に製品がさらされる段階なので、類似製品に比べた優位性、消費者に対する魅力を獲得することが至上命令になる。ここでは、技術以外の部門をも結集する能力、ビジネスモデルを構築する能力、社会（消費者）の反応を正しく掴む能力が重要になる。大雑把には、「魔の川」には「科学技術力」が、「死の谷」には「モノづくり力」、「組み合わせ力」が、「ダーウィンの海」には「ビジネスモデル」が、大きな影響を与えると考えられる。「ダーウィンの海」を越えるのに科学力だけに頼るわけにはいかないし、「モノづくり力」だけですべての障害をクリアできるわけではない。さらに、外部の資源を活用することも目指されなければならないというのが、3つの壁を重視する論者たちの理解である。

　つまり、基礎研究から応用研究に至る段階では、流れの速い変化（魔の川）を乗り越える知恵が求められ、応用研究を事業化につなげる段階では、資金や人材などを枯れないように（死の谷にならないように）投じる覚悟が求められ、事業を成功させるまでの段階では、多くのライバルの中での厳しい生き残り競争（ダーウィンの海）が待っているという理解の仕方もある（小橋昭彦、http://trendy.nikkeibp.co.jp/tvote/poll.jsp?MODE=RESULT&POLL_ID=20090727）。

（5）　件のソローの言葉を掲げる。"You can see the computer age everywhere but in the productivity statistics". この言葉は、コーヘン（Cohen）とザイスマン（Zysman）による共著（Cohen, Stephen & John Zysman [1987]）に対する書評の中の一節である（Solow, Robert [1987]）。この言葉は、後に、「ソロー・パラドックス」と言われるようになった。「情報化が進んだのに生産性の向上が実現しない逆説」という意味である。そこから、「情報化投資による生産性向上は、統計的に確認できるか否か」という実証研究上の論争へと展開していった。しかし、ソローの元々の問題提起は「1970年代以降に米国経済が直面した生産性の長期停滞の原因は一体何なのか」を探ることにあった。

　Cohen and Zysman [1987] が出版された1980年代後半は、本章の本文中で述べたように、自動車や電機などの米国製造業が停滞感を強めていた時期であった。とくに、コンピュータ時代の幕開けにも拘わらず、製造業の生産性が停滞したままであることの実証研究が相次いでいた（Baily, Neil & Robert Gordon [1988]）。コーヘンとザイスマンは、経済のサービス化や脱工業化をはやしたてる当時の論調に抗して、製造業こそが重要であると主張した。

　この本への書評の中で、ソローは、米国には製造業の競争力再生が欠かせない、脱工業化というあやふやな議論に惑わされてはならないという

コーヘンの主張に一定の同調を示した。しかし、コーヘンたちが、高度なエレクトロニクス技術やコンピュータ技術を導入した生産の効率化を「製造業革命」と称し、その効果的な利用によって米国は再生できると無邪気に主張したことを、ソローは戒めたのである。

　篠崎彰彦は「ソローのパラドックス」の意味を次のように解釈する。（ソローの言う）「『生産性パラドックス』は、ITの導入が生産性の向上に寄与するかどうかの検証、という限定的な問題意識から生まれたのではなく、『長期的にみて米国の生産性上昇率に下方屈折がみられるのはなぜなのか』、『たとえ最新技術の象徴と言えるコンピュータを導入してもこの停滞が克服されないのはなぜなのか』という生産性低迷の『原因』に対する疑問から生まれたものと言える」、「それは同時に、Cohenらが論じた脱工業化や情報化、さらには、1980年代の日米経済の明暗をも視野に入れた幅広い文脈から発せられたものであり、米国をとりまく当時の経済情勢を色濃く映し出したWhy？　という深い問いかけであった」、「ソローの軽妙なコメントを契機とする生産性論争は、当初はバラ色の情報化社会論に対する懐疑から生まれたもので、実際にパラドックスを裏付けるような実証分析結果も数多くみられた。ところが、1990年代に入り、IT投資の増勢とともに米国経済が長く続いた停滞期を脱し、再活性化するにつれて、今度は、逆の観点からの論争が一段と盛り上がっていくことになる、いわゆる『ニュー・エコノミー論争』だ」（「ソロー・パラドックスとは何か：篠崎彰彦教授のインフォメーション・エコノミー（15）」2010年02月23日、http://www.sbbit.jp/article/cont 1 /21100?page=1, 2）。至言である。

参考文献

Auerswald, Philip & Lewis Branscomb [2003], "Valleys of Death and Darwinian Seas; Financing the Invention to Innovation Transition in the United States, "*Journal of Technology Transfer*, Vol. 28, No. 3-4.

Baily, Neil & Robert Gordon [1988], "The Productivity Slowdown, Measurement Issues, and the Explosion of Computer Power, "*Brookings Paper on Economic Activity*, 2.

Cohen, Stephen & John Zysman [1987], *Manufacturing Matters: The Myth of the Post-Industrial Economy,* Basic Books.　邦訳、スティーブン・S・コーヘン、．ジョン・ザイスマン、大岡哲・岩田悟志訳『脱工業化社会の幻想—「製造業」が国を救う』阪急コミュニケーショ

ンズ、1990年。
Dertouzos, Michael/Robert M. Solow/Richard K. Lester (the MIT Commission on Industrial Productivity)［1898］, *Made in America, Regarding the Productivity Edge,* MIT Press. 邦訳、MIT産業生産性調査委員会、依田直也訳『Made in America—アメリカ再生のための米日欧産業比較』草思社、1990年。
Jorgenson, Dale［2001］, "Information Technology and the U.S. Economy," *American Economic Review,* Vol. 91, No. 1.
Schumpeter, Joseph［1926］, *Theorie der wirtschaftlichen Entwicklung: Eine Untersuchung über Unternehmergewinn, Kapital, Kredit, Zinsund der Konjunkturzyklus, Duncker & Humblot. English Translation, Theory of Economic Development: An Inquiry into Profits, Capital, Credit, Interest and the Business Cycle,* Harvard University Press. 邦訳、シュンペーター、塩野谷裕一・中山伊知郎・東畑精一訳『経済発展の理論—企業者利潤・資本・信用・利子および景気の回転に関する一研究』（上、下）岩波文庫、1977。
Solow, Robert (1987), "We'd Better Watch Out, "*New York Times,* Book Review, July 12.
Tidd, Joe, John Bessant & Pavitt, Keith［2005］*Managing Innovation; Integrating Technological Market and Organizational Change,* 3 rd. edn., John Wiley & Sons. 邦訳、ジョー・ティッド、ジョン・ベサント、キース・パビット、後藤晃・鈴木潤訳『イノベーションの経営学、技術・市場・組織の統合的マネジメント』NTT出版、2004年。
Van de Ven, Andrew［1986］, "Central Problems in the Management of Innovation, *Management Science,* Vol. 32, No. 5.
Van de Ven, Douglas E. Polley & Raghu Garud［1999］, *The Journey Innovation,* Oxford University Press.
武石彰・青島矢一・軽部大［2013］、『イノベーションの理由—資源動員の創造的正当化』有斐閣。
野口悠紀雄［2010］、『経済危機のルーツ—モノづくりはグーグルとウォール街に負けたのか』東洋経済新報社。

日本の強み・弱み（4）—化学産業に見る

「日本の強み・弱み—その仕分け—研究会」における議事録から。
JEC総研代表(当時)・山本喜久治による報告「日本の化学産業の課題」2011年7月22日、於：住友化学㈱（新居浜市）

「市場からの撤退という言葉がよく言われるが、現実はそう簡単なものではない」、「一時代が去ったブラウン管が液晶に使われるガラス基板となり、ロールフィルムがTACのような偏光フィルムとして生き延びたように、いったんは陳腐化した技術や製品が技術革新によって再生されることがある。70-80年間続いてきた技術が必要でなくなったといって捨ててはいけない。その技術がいつか必要になるからである。儲からないからといって選択と集中ができないのが化学産業である。外部のアナリストがもっとも掴みにくいのが化学である」。「資本の都合で考えたり、収益性だけから見ては駄目であることを化学業界は熟知している」、「設備も新しいからといって良いものではない。償却負担が掛かるからである」、「化学産業には『弱者の勝利』という面がある。ある分野から撤退している同業者に必要な材料を供給し続けているのが弱者である。設備の転用をしつつ生き残っている企業は、転用部分については新規投資をせず、ノウハウがかなり蓄積されていて、そこそこの収益を上げている」。「日本企業の強みは、常にユーザーの要望に応えるべく、時間を掛けて製品を市場に出すという点で、自己本位でない、ユーザー本位の企業が多いという点にある。欧米の企業は、自分が開発したものを使えというスタンスであるが、日本の技術開発は、ユーザーと研究開発との間を何度も往復し、結果的に『多様化する機能を持った材料の創造』に繋がっている」、「プレーヤーを減らしてはならない」、「たくさんのプレーヤーがいる日本の材料産業は有望である。地域密着型の土俵を各自が持っているからである」。

第5章 ESOP（エソップ）

はじめに

　UAL（ユナイテッド航空）が、米国連邦破産法11条（Chapter 11 bankruptcy protection）による会社更生手続きを申請したのは、2002年12月のことであった(1)。

　UALによる破産法第11条の申請は、2001年9月11日の世界貿易センターへのテロ（UALは2機もハイジャックされた）がもたらした航空会社への破壊的な負の効果を示すものであるが、1980年代の米国で一世を風靡した従業員による経営参加方式の象徴、ESOPの終焉を示す可能性が強いという論調を、米国の保守陣営から一斉に吹き出させた効果も大きい。11条申請の翌日の2002年11月1日には、『シカゴ・トリビューン』(Chicago Tribune)紙のカントリマン（Andrew Countryman）とスチュアート（Janet Kidd Stewart）が連名で、「この申請は、全米最大の従業員所有形態の実験を終焉に追い込むシグナルとなる」との長文の記事を掲載した（http://www.chicagotribune.com/business/printedition/chi-0212100126dec10,0,2291455.story?coll=chi-printbusiness-hed）。

　ESOPとは何だったのか？

　十数年に亘る雇用不安に怯えながら、日本の労働運動は、いまだに有効な雇用確保の方策を見出せず、具体的な行動に出ることもできていない。しかし、米国では、1970年代以降の激しいダウンサイジングの嵐に抗して生み出されたのが従業員による企業買収・所有方策であった。いくつかある方策で最大の成功を誇ったのが、ESOPであった(2)。

　政府も手厚い税の優遇措置によってこの制度を後押ししていた。その成果は、株価下落による外資による企業買収を阻止したい日本の経営者にとっても、雇用喪失に苦しむ日本の労組にとっても希望の星に見えていた(3)。しかし、UALの破産は、そうした希望そのものを打ち砕く負の作用を人々の心に及ぼしている。ESOPは、もはや希望を抱けるような展望を失ってしまったのだろうか？こうした論点に結論を出すことは容易ではないが、本章では、そもそもESOPができた経緯を確認しておき

たい。

1. ESOPの生みの親＝L.ケルソ

　ESOPが米国で正式に法的定義を受けたのは、1974年のERISA（Employee Retirement Income Security Act ＝従業員退職所得保障法）、および1975年の減税法（Tax Reduction Act）によってである。そこでは、ESOPとは、「株式供与（bonus）、あるいは、株式供与と現金供与を組み合わせた年金計画信託」と定義された。これが他の利益分配制度（profit sharing plans）と異なるのは、経営者から供出される株式が自社株に限定されていて、これによって経営者に安定感を与えるように配慮されていた点である。ESOPの監督官庁は、国内歳入庁（the Internal Revenue Service）で、同庁規約401（a）に従わなければならないが、借入金に応じた準備、投資株の多様化、適正収益の確保といった資金運用に関する各種規則からは逃れている（借入準備金免除条項＝exempt loan provisions of 4975（e））。

　米国で、ESOPらしきものが最初に登場したのは、1926年のことであった。これは、同じく内国歳入庁の所轄になる株式によるボーナスという形の利益分配制度であった。その制度では、シアーズ計画（Sears Plan）、ペニー計画（J. C. Penney Plan）、P＆G計画（Procter and Gamble Plan）が目立つ存在であった。しかし、株式ボーナス制度は1950年代、60年代になるまではそれほど普及しなかった（http://www.aqp.com/esop/1ppf1.htm）。

　ESOPの理念を提供したのが、法律家で経済学者、哲学者でもあったルイス・ケルソ（Lois Kelso, 1913-1991）であった。ケルソは、従業員も企業経営に参画すべきであるというプルードンを想起させる考え方を持っていた。

　ESOPについて、「ケルソ研究所」（Kelso Institute）自身が定義している。「ESOPとは、企業のビジネスを成長させ、企業に価値ある目的を遂行させるための資金を融通する体制を整えつつ、従業員を自社株の所有

者に仕立て上げようと企画されたものである。その際、従業員の給与や貯蓄を取り崩すようなことはしない。ESOPは、法的に委託された制度であり、（かつてはあったものを回復させる―本山注）ミッシング・リンク（Missing Link）である。それは、個人にリスクや負債を負わせることなく、従業員が自社株を購入する際の資金貸付を行い、企業が課税前収益を拠出して、従業員のために自社株を購入するように作られたものである。つまり、すでに富裕な人たちが株式を購入するために付与されている信用に匹敵するような信用を従業員に与えて、平等化を実現しようとする計画である」（http://www.kelsoinstitute.org/）。

　UALの破綻後、米国では、ESOPの危険性が語られるようになった。自社株のみに投資することによって、リスクを分散させない点に、ESOPの危険性があるというのである。しかし、この危険性についても、ケルソ研究所はすでに承知していて、ESOPを個々の企業にバラバラに適用させるのではなく、企業同士がESOP運営に関して協力しあうべきであると論じていた。MCOP（Mutual Capital Ownership Plan）がそれである。MCOPは、多数のESOP採用企業が資金運営をプールし、投資対象株の多様化を図って、リスクを分散させるものである。

　ケルソは、メキシコ・シティのアメリカ大学（the University of the Americas）の卒業式で、祝辞を述べたことがある（1990年6月8日）。その時の祝辞が、彼の思想をもっともコンパクトに表している。その中で、彼は、自分が実践してきたESOPの現代的意味を説明した。その際、彼は、カール・マルクス（Karl Marx, 1818-1883）を評価した。彼によれば、マルクスは、資本の巨大な生産力・技術革新力を認識していたからこそ、強大な資本が多くの企業や人々を収奪し、彼らから所有を奪い、そのことによって、社会は危機に陥れられているので、少数の資本家に集中している資本の私有権を奪い、労働者のものにしてしまえば、社会革命は成功する、と考えた。

　そして、その認識は正しいとケルソは言う。その意味では、マルクスの考え方は資本家的なもの（Capitalist）であったとケルソは表現した。しかし、実際に生まれてきたのは、忌まわしい国家所有であり、人民の

抑圧体制の強化であった。必要なことは、私有制を維持し、そこに労働者も参加することで、市民社会、民主社会を建設することである。そのためにも、従業員が自社株を持ち、企業経営に参加するというESOPの制度が意味を持つと語ったのである（http://www.kelsoinstitute.org/lectures-nextstep2.html）。

　また、彼を記念して設立された「ケルソ研究所」の壁には、「自然破壊を進展させている工業化社会で、人も組織も、人間的なものを回復させることができなくなっている」、「奴隷社会になってしまっているこの社会を市民化させるべきである」との彼の言葉（1964年に語られた）が趣意書として掲げられている（http://www.kelsoinstitute.org/）。

　ケルソは、1991年2月17日（日曜日）、サンフランシスコの病院で死去した。死因は心臓病であった。77歳であった。地元紙『サクラメント・ビー』（The Sacramento Bee）は、1991年2月21日付で以下のような死亡記事を掲載した。

　①ケルソ氏、投資銀行家で、1956年にESOPを創設、その開拓者となった。②彼は、ESOPが、社会主義と資本主義という対立する哲学間に橋を架けるものと理解していた。③ニューヨーク市場および店頭市場に上場している企業の15％がESOPを採用している。④そうしたESOPの繁栄は、ケルソ氏の忍耐力と教育活動の賜であるとラトガーズ大学（Rutgers University）経営学教授のジョセフ・ブラシ（Joseph Blasi）が語っている。ブランにはESOPに関する4冊の本がある。⑤ケルソは、従業員が自社株を買収することで、富の、より平等な分配を求める社会主義者の要求に応えるだけでなく、銀行借入と企業利潤を使った従業員による自社株買収が、自由な企業を作り出すと信じた。⑥今日、米国の全勤労者の13％、1,130万人がESOPを持つ企業に勤めている。⑦ESOPを採用している企業数は9,800にも上る、これは1974年時点のESOP採用企業数1,600、従業員数25万人という規模であったことからすれば、激増であると言える。⑧ケルソの考え方は、オーソドックスな経済学者から忌避された。たとえば、ノーベル受賞経済学者のポール・サムエルソン（Paul Samuelson, 1915-2009）は、ケルソを「変わり者」（a crank）と

嘲笑したと、オークランド（Oakland）の「従業員所有のためのナショナル・センター」(the National Center for Employee Ownership)理事のコーリ・ローゼン（Corey Rosen）は語っている。⑨今では、ESOPの思想は、全米のみならず、欧州、中南米、ソ連邦、等々、世界中に広がっている。⑩しかし、ケルソの妻、パトリシア・ヘッター・ケルソ（Patricia Hetter Kelso）が、1991年2月20日に語ったところによると、1980年代になってESOPが爆発的に増えたが、これはLBO（Leveraged Buying Out）をする際に、ESOPを使えば節税になるとして、ESOPが買収の口実に使われたためであるとケルソは息巻いていたという。

　上記死亡記事にある①の1956年にESOPを創設したという件は、カリフォルニア州パロ・アルト（Palo Alto）市の「ペニンシュラ・ニューズペーパー」（Peninsula Newspapers, Inc.）を従業員が経営者から買収したことを指している（http://www.kelsoinstitute.org/）。[4]

　この買収については、ケルソ自身の回想がある。1955年、彼が規模面でサンフランシスコの法律事務所の下位パートナーであった時、80歳の老人に会った。その老人は自分が所有している新聞社を従業員に買い取ってもらえないかということを相談するために、事務所を訪れたのであった。老人は自分が金持ちならば、これまでの従業員の貢献に報いるために、無料で新聞社を従業員に譲渡したいが、子供や孫にいくばくかの資産を残したく、従業員に買って貰いたいと申し出たのであった。従業員のリーダーは、従業員仲間と新聞社を購入する気になった。そのリーダーは、たまたま、第2次大戦中、ケルソの海軍時代の上司で、ジーン・ビショップ（Gene Bishop）という名であった。事務所は従業員に銀行を紹介したが、その銀行は、新聞社を購入する資金の頭金の融資を断った。ビショップは、この買収が成功するかどうかは死活問題であると訴えた。もし、ハースト（William Randolph Hearst＝当時の新聞王で、オーソン・ウェルズ（Orson Welles）の映画「市民ケーン＝Citizen Kane」のモデルと言われている）にでも売却されたら、自分はこの新聞社に留まりたくない」と言っていた（http://www.kelsoinstitute.org/lectures.html）。

　新聞社が総額25万ドルの信託を通じる利益分配計画を持っていたこ

とが、社主の希望を叶える糸口になった。相談を受けた翌年の1956年に、それまであった「株式ボーナス計画」（stock bonus plan）を変更するとの内国歳入庁（Internal Revenue Service）通達が出されたことをケルソは機敏に察知した。「株式ボーナス計画」とは、文字通り企業が従業員にボーナスとして自社株を譲渡するものであった。しかし、それまでの制度は、株式を購入するために資金借入を行うことは禁止されていた。1956年になって、株式購入のために借金しても良いという変更が行われたのである。つまり、ESOPの基本形をなす借入金による株式買収が認められたのである。

ケルソは、この新聞社が従業員への利益分配として積み立てている25万ドルが、従業員による株式買収のための借金の頭金にできると判断し、再度銀行と交渉した。25万ドルを管理していた会社の信託（Trust）に銀行が融資し、その融資額で信託が社主から株式を購入するというものである。事実、そうなった。ここに、株式の100％従業員所有が実現したのである。これが、事実上のESOP第1号となった（http://www.aqp.com/esop/1ppf1.htm）。

1958年、ケルソは、カリフォルニア州中央渓谷（California's Central Valley）の窒素肥料製造会社のバレー・ニトロゲン・プロデューサーズ（Valley Nitrogen Producers）を買収しようとしていた地元農民の手助けをした。農民はその会社の主要な顧客であった。ケルソはこの買収をCSOP（Consumer Stock Ownership Plan）と呼んだ。これは、企業とその顧客とが長い期間に亘って信頼関係を築くことが必要な部門であり、公共事業、銀行、生命保険会社、等々に適用されるべき方式であるとケルソは考えた。この計画は消費者が生産者の株式を取得し、生産者に低利で安定的な資金を融資するというものである。これによって、生産者はより安定的な生産活動に専念することができる。ケルソ研究所は、CSOPが、ESOPの補完になると説明している。

この年、ケルソは、マルクス＝エンゲルスの『共産党宣言』（*The Communist Manifesto*, 1848）をもじった『資本家宣言』（*The Capitalist Manifesto*）を共著で公刊した（Kelso, L. & M. Adler [1958]）。その中で、

彼は、私有財産権、自由市場を基礎に置きながら、マルクスが非難した資本主義の欠陥を克服する処方箋は無階級社会の実現にあるとして、労働者を資本家に仕立て上げる必要性を訴えた。これはケルソの処女作であるが、仏、スペイン、ギリシャ、日本で翻訳された。1961年同じ共著者と『新しい資本家』(The New Capitalist) を出版した (Kelso & Adler [1961])。これは、前著に、金融を書き加えたものである。1968年には、妻との共著『2つの要素理論』(Two-Factor Theory) を発表した (Kelso, L. & P. Kelso [1968])。この本の最初のタイトルは「借入金によって8,000万人の労働者を資本家にする方法」(How to Turn 80 Million Workers Into Capitalists on Borrowed Money) であった。

1972年、プエルトリコ (Puerto Rico) 知事のルイス・フェレ (Luis A. Ferre)[6] が、「プエルトリコの進歩のための所有を促す基金」(Proprietary Fund for the Progress of Puerto Rico) を導入した。これは、ケルソが提唱していたGSOP (General Stock Ownership Plan) の初めての実現である。GSOPは、個々の企業努力を中央政府、地方自治体が法的な後押しをして国民全体の株式所有を増加させる計画である。

そして、1974年、ESOPは一大飛躍の年を迎える。この年、ESOPは、連邦政府の認知と法的な整備を経て、国家的事業にまで昇格したのである。上院金融委員会委員長 (Chairman of the Senate Finance Committee) の共和党上院議員・ラッセル・ロング (Russell B. Long) が紆余曲折を経てケルソの説得に応じたのである (http://www.kelsoinstitute.org/)。

2. ERISAに至るまで

ESOPは、1974年のERISAによって、初めて法的な定義を与えられた。ERISAとは、この年の1月1日、ニクソン大統領の署名で成立した「従業員退職所得保障法」のことで、ESOPを認知した法律である。そこに至る道筋は、1970年代の米国の社会的危機を克服したいという、超党派的な政治家たちの思惑と密接に結び付いたものであった。当時、

ESOPの法的認知を受けるために大統領府と掛け合っていたケルソの協力者、ノーマン・カーランド（Norman G. Kurland）がESOP認知をめぐる秘話を紹介している（"Dinner at the Madison: Louis Kelso Meets Russell Long by Norman G. Kurland," Winter 1997. http://www.cesj.org/thirdway/history3rd/kelso meets long.htm）。

　1970年代初め、ケルソとカーランドは、ESOP法案を作って貰うべく大統領府を説得する方策を色々と模索していた。そのうち、1つの動きが生じた。全米海員組合（HMU = National Maritime Union）が、議会にケルソのESOP認知を求めたのである。それまで、海運振興を図って継続されてきた国庫助成が、1972年にカットされるということになり、会社側はそれを理由として50％の賃金カットを組合に申し入れてきた。これに抗議して、HMUはワシントンで5,000人の街頭デモを組織した。ケルソと相談し、ケルソに鼓舞されたHMUは、1972年2月28日、上院の海事問題委員会（Senate Maritime Affairs Subcommittee）に呼ばれ、HMU委員長のジョー・カラン（Joe Curran）が証言した。その証言の中で、カランは、ESOPを会社側が採用するなら、賃金カットに応じても良いと発言した。委員会の委員長は、ラッセル・ロング。ロングはルイジアナ（Luisiana）州選出、共和党の超大物上院議員であった。ロングは、上院議員資格最下限年齢の30歳で上院議員に当選した経歴の持ち主である。しかし、ロングは、HMUの考え方が「すべての人民を王にする」（Every Man a King）というスローガンを唱えた自分の父の夢と同じで、実現不可能であると一蹴した。

　ラッセル・ロングの父の夢とは何かについて説明するために、ここで少し脇道に逸れたい。

　ロングの父のヒュイ・ロング（Huey Long）は、カリスマ的なポピュリストで、ルイジアナ州選出上院議員であった。ヒュイ・ロングは、セールスマンから身を起こし、ルイジアナ州知事、連邦上院議員になり、フランクリン・ローズベルトの強敵としてワシントンで活躍した。つねに明確な攻撃目標を設定して、民衆の立場に立ち、卑語、猥語などを含めて庶民的口調で煽動を行った。ルイジアナでは、電信電話会社を攻撃、

第5章　ESOP（エソップ）

143

電話料金の払戻しに成功している。ローズベルトに対しては、ニューディールが手ぬるいと攻撃していた。自叙伝のタイトルになった「すべての人を王に」をスローガンにした「富の分配計画」（Share of Wealth Plan）により500万ドル以上の個人資産を分散させる運動を展開した（Long, H.［1933］)。まさにカリスマ的なポピュリストであった（三宅昭良［1997］)。ルイジアナ州知事時代は、道路・病院建設で実績を挙げ、教科書の貧民への無償配布によって人気を博した。上院議員になってからは、ローズベルトの対抗馬として有力な大統領候補であった。「キング・フィッシュ」（King Fish）というニック・ネームを州民から得ていた（Brinkley［1983］)。しかし、1935年9月8日、バートン・ルージュのルイジアナ州議事堂前で医師により射殺された（http://www10.plala.or.jp/shosuzki/chronology/usa/usa2.htm）。41歳であった。

ラッセル・ロングがケルソ構想を一蹴したのは、崇高な夢を追いながら悲劇的な結末を迎えた父親のことがトラウマとして蘇ったからであろう。いずれにせよ、ラッセル・ロングは明確にノーの姿勢を示した。ここに、議会でESOP法案を作成・議決して貰いたいとしたケルソとカーランドの夢は、大物政治家の一蹴でまずはあえなく頓挫してしまった。

次のチャンスは、ミネアポリス（Minneapolis）州選出の共和党上院議員、チャーリィ・フィルズベリィ（Charlie Pillsbury）がもたらした。フィルズベリィが、話を聞かせて欲しいとカーランドに接触を求めてきたのである。フィルズベリィは、1972年の大統領選に敵方である民主党の大統領候補にジョージ・マクガバン（George McGovern）を押し出そうとしていたのである。草の根運動家のエニス・フランシス・ハーレム（Ennis Francis Harlem）からESOPのことを聞き、ケルソの著作を読んで感動したということであった。ケルソとの面会でESOPの将来性に確信を抱いたチャーリィ・フィルズベリィは、父親のジョージ・フィルズベリィ（George Pillsbury）に協力を求めた。

父親もミネソタ選出上院議員を経験していて、同州の共和党幹部で、リチャード・ニクソン（Richard Nixon）を大統領に推していた。フィルズベリィ・コーポレーションの会長であった父、ジョージはニクソンの

選挙対策責任者でもあった。フィルズベリィ父子は、ケルソの思想を接着剤として、マクガバン陣営をニクソン陣営に吸収することができるのではないかと考えた。

ジョージは、ミネソタ州でESOPを法制化し、同州の軍需産業を平和的な製造業に変えることを目指して、同州の立法委員会で証言するようにケルソに依頼した。1972年の大統領選が近付いていた時、ジョージは3人の共和党議員をカーランドに紹介した。うち、2人は冷淡であったが、コロラド（Colorado）州選出上院議員のピーター・ドミニク（Peter Dominic）がESOP支持を表明した。ドミニクは、共和党広報活動委員会議長であった。ドミニクは、上院金融委員会メンバーのアリゾナ（Arizona）州選出上院議員、ポール・ファニン（Paul Fannin）との面会をアレンジした。

翌日、ファニンと面会した際、カーランドは、米国の公開株が少数の投資家に集中して持たれていて、一般の人々にはほとんど保有されていない事実を告げ、そのことが社会の反企業意識の背景となっている、ESOPはそうした負の局面を打開するものであると訴えた。ファニンは、すぐさま了解し、上院金融委員会の共和党議員団とケルソとの懇談会を設定した。懇談の結果、「資本形成促進法」（the Accelarated Capital Formation Act）の法案作りがファニン議員を中心に行われることになった。しかし、金融委員会議長で共和党のラッセル・ロングはこの懇談会を欠席した。ケルソたちは、依然としてラッセル・ロングの堅いガードを崩すことができなかった。

1973年2月28日、ケルソとカーランドが「東部鉄道システム救済法案」を審議している委員会に証言者として呼ばれた。「東部鉄道」（Eastern US Freight Rail System）が、傘下の「ペン・セントラル鉄道」（Penn Central Railroad）の財政破綻で危機に瀕しており、審議は国有化か、企業再編成への金融的支援か、の二者択一の気配であった。ケルソとカーランドは第3の道があるとして、株式を100％従業員が持つESOPに変えることを提案した。委員会の議長は、バンス・ハートク（Vance Hartke）であり、彼がケルソ案への賛意を表明したものの、共和党の主立っ

た有力メンバーたちはなおもケルソ案に冷淡であった。

　1973年8月、オレゴン（Oregon）選出、共和党上院議員のマーク・ハットフィールド（Mark Hatfield）の「米国のための6つの新機軸」(Six New Directions for America）というタイトルの投稿記事が『ワシントン・ポスト』（*Washington Post*）の「展望」(Outlook)欄に掲載された。そこでは、ケルソの考え方が述べられていた。その記事を見て喜んだカーランドは直ちにハットフィールド議員の事務所に出向き、東部鉄道を100％従業員持株会社に編成替えするケルソ案を法案として議会に提出するという約束を得た。

　硬直していた状況の突破口は、ルイジアナ州のラッセル・ロングの有力支持者であるジョー・ビーズレー（Joe Beasley）博士がケルソの思想に共鳴したことから開かれた。ビーズレーは、「全米産児計画会議」(National Planned Parenthood of America)の議長であった。そのビーズレーを説得したのは、最初からのケルソの支持者であり、ケルソがESOPのために設立した最初の投資銀行、バンガート（Bangert & Company）への出資者でもあるヘンリー・マッキンタイア（Henry McIntyre）であった。マッキンタイアはビーズレーの「産児計画会議」への有力な献金者でもあった。マッキンタイアから勧められてケルソ夫妻の1968年の共著（Kelso & Kelso [1968]）を読んで、大いに感激したビーズレーは、ラッセル・ロング事務所のチーフ、ウェイン・テベノット（Wayne Thevenot）をケルソの元に派遣した。ケルソに面会したテベノットもケルソの考え方に同調し、1968年のケルソの著書と、最初の著書、『資本家宣言』を持ち帰り、ラッセル・ロングを説得した。

　そして、1973年11月27日、ケルソとロングとの対談が実現した。夕食を取りながら4時間もの長時間に亘る会談であった。ロングのような大物政治家がこのような長時間を人との面会に費やすということは異例のことであったとカーランドは述懐している。ケルソの説明を聞いた後、ロングは彼の父のヒュイ・ロングの話をした。ラッセル・ロングは、父の博愛主義的ロビン・フッド（Robin Hood）の轍を踏みたくないとしながらも、従業員が資本家になること自体は良いことだとケルソに賛意を

表明した。さらに誰がケルソの考え方に反対しているのかと質問した。ケルソは、伝統的な経済学者が反対者であると答え、とくに、ミルトン・フリードマン（Milton Friedman, 1912-2006）とポール・サムエルソン（Paul Samuelson, 1915-2009）の名前を挙げた。

　さらに、カーランドが、共和党、民主党を問わず、多くの上院議員の賛意を得て、ハットフィールドを中心に鉄道会社の従業員による株式買収を法案化しようとしているが、議会の審議ルートになかなか乗れないでいるのは、ラッセル・ロングもメンバーの1人である「通商委員会」（Commerce Committee）をクリアできないからであると説明した。ロングは了承し、翌日の通商委員会で、鉄道会社の国有化を避け、それを従業員所有会社に編成替えすべきであると命令口調で言明した。ロングの命令口調に、委員会議長のワシントン州選出上院議員、ウォーレン・マグナソン（Warren Magnuson）が反発し、「陸上交通小委員会」（Surface Transportation Subcommittee）委員のリン・サトクリフ（Lynn Sutcliffe）などは、労組間の問題で解決しなければならないことが多すぎると批判した。事実、AFL-CIO傘下の運輸関連の労組は16あったが、ケルソ案を支持していたのは、「鉄道航空乗務員組合」（Brotherhood of Railway and Airline Clerks）の1つだけであった。組織労働者たちは、ケルソ案を否定すべく、サトクリフに陳情していたのである。しかし、ロングは、マグナソンに対しては、自分には次の会議があり時間がないので、要点だけを述べたのだと言い、サトクリフに対しては問題の説明ではなく、解決策を示しなさいと一喝した。以後、サトクリフは黙った。

　そして、ついに、米国の社会福祉政策の歴史としては画期的なERISAが成立し、ESOPはこれによって法的に認知されることになった。ケルソとカーランドの議会工作はこうして成功した。しかし、肝心の「運輸省」（Department of Transportation）がESOP採用にまだ抵抗を示していた。同省は、従業員による株式所有は無意味であるとした内容の報告書を作成したのである。執筆者は、投資銀行家のハットン（E. F. Hutton）、管理職報酬のあり方の研究をしている会計専門家のタワーズ（Towers）、ペリン（Perrin）、フォスター（Foster）、労働経済論のソウル・

ゲラーマン（Saul Gellerman）といった面々であった。そうした内容の1つ1つにケルソは、1976年の「合同経済委員会」（Joint Economic Committee）で反論の機会を与えられた。この公聴会は、共和党・上院議員のハンフリー（Hubert Horatio Humphrey, Jr）が主催したもので、丸2日間に亘ってESOPに関する議論が交わされ、議会はケルソ支持に固まった。以降、ESOPを促進させる法律は20を超えた（Kurland, Norman G., op. cit.）。

3. ERISAの促進

1974年のERISAは、ESOPに使用することを条件に、企業に国庫補助を与えるというものであったが、ミネソタ（Minnesota）州がESOPを促進すべく、さらに州法で補強した最初の州であった。発案は、上記で触れたケルソ支持者のジョージ・フィルズベリィであった。以後、ESOPの強化育成のための法律が次々と作成された。

1975年、ESOPへの投資額の減税措置を盛り込んだTRASOP（Tax Reduction Act Stock Ownership Plan＝株式所有プランへの減税法）が成立した。これは、ESOPに企業が供出すれば、その1％分を減税するというものであった。1976年にも減税法が追加され、ESOP投資がさらに優遇されるようになった。この法案を審議するために設けられ、ケルソも証言したのが、上記の合同経済委員会であった。この委員会は、最終的に『1976年合同経済報告』（*1976 Joint Economic Report*）を刊行し、ESOPのさらなる促進を訴えた。報告書には次のような文言が盛り込まれた。

「もっと多くの米国市民を資本の所有者にするための現実的な機会を提供し、株式を通じる企業の資金調達手段をさらに拡大するために、資本所有の拡大という目的を追求することが、国家的な政策になるべきである。議会は、政府に米国の資本所有状況に関する報告を4年ごとに行うことを要求する。それは、富の源泉が時間とともにどの程度拡大した

のかを評価するためである」(http://www.kelsoinstitute.org/important-dates.html)。

1978年には、アラスカ (Alaska) 州選出上院議員、マイク・グレイベル (Mike Gravel) が提出した「歳入法」(Revenue Act of 1978) が成立した。これは、「総合株式所有コープ」(General Stock Ownership Corporation=GSOC) の導入を訴え、社会全体がESOPを促進する体制を整えるべきだとしたものである。つまり、ESOPだけでは、自社株投資に限定されるために、株式所有者にとって、どうしてもリスクが大きくなる。それを避けるために、ESOPを多数結合させ、それを統括する機構ができればリスク分散になるという発想である。

1984年、「赤字控除法」(Deficit Reduction Act of 1984) が成立し、ESOP投資のいっそうの減税措置が施された。

1986年、ケルソ夫妻が『民主主義と経済力：ESOP革命の拡大』を刊行 (Kelso K. & P. Kelso [1986]、1991年に同書第2版 (ただし、University Press of Americaに発行所は変更)、1992年、同書のロシア語の翻訳が、1996年に同書の中国語訳が、2000年にはロシア語訳第2版が出された。計画経済国から市場経済国に移行する際に、同書が大いに注目されていることをケルソ研究所は誇らしげに語っている (http://www.kelsoinstitute.org)。

ESOPを推進する団体も米国では活発に活動している。その中心的存在は、ケルソ研究所であり、ESOPに関するデータが蓄積されている。ESOP活動の支援センターのNCEO (National Center of Employee Ownership) は、ESOPをはじめとした種々の従業員持株制度の研究論文を発表している (http://www.nceo.org/)。オハイオ州立のケント大学は、ESOP研究センターを持っている (Ohio Employee Ownership Center/Kent State University, http://www.kent.edu/oeoc/)。このセンターは1987年に設立されて以降、すでに300件以上もの従業員による勤務先企業買収の事例を検討してきた。経営指導も行っている。従業員買収を成功させるための書物も数多く出版している。さらに「アメリカン・キャピタル」という投資会社は、1億5,000万ドルの資本金で従業員買収を含む従業

員所有を支援している。

以上のように、全米において強力なESOP支援活動が展開されてきたのである。

おわりに

ケルソの理論を詳細に紹介してから結論的なものを述べるべきではあるが、ケルソ理論を詳しく紹介することには意味がない。ケルソ理論そのものは、薄っぺらなものである。むしろ、彼の天才的なアジテーション能力が政治家を引き付けたのであろう。泥沼化するベトナム戦争とニクソンにまつわる大統領選の黒い霧によって、米国民の反発は頂点に達していた。とくに、共和党は深刻な危機に直面していた。選挙民の政治家批判を逸らせるのに、ケルソの構想はまさに渡りに船であったと思われる。

理論的な深みがないからといって、ケルソの構想がまったく無意味であったわけではない。ケルソの思想はプルードンの連合構想にピッタリと付合するものだからである。ESOPが米国の政治家に、とくに共和党政権によって採用されたのは、1970年当時の米国の政治環境によるものであったにしても、ケルソの構想の歴史的意義はいささかも損なうものではない。それは、資本主義の冷酷・無慈悲・情け容赦のない暴力に怯えていた大衆の心を掴んだことは確かである。

英米のような対決型の労使関係が支配的である社会では、労使間に対話と情報交換を密にする機能を持つESOPの制度は歴史的な意義が大きい。しかし、労使の対話が非常に発達している日本では、ESOPが素直に受け入れられる可能性はきわめて低い。とくに、ユナイテッド航空の経営破綻から、ESOPの全貌が理解されるよりも、ESOPのマイナス面のみを日本の労組は意識している。今必要なことは、従業員が真に生き甲斐を感じる方策を講じる上で、ESOPがどの程度の貢献をするのかを冷静に分析することであろう。

注

（1）　UALユナイテッド・ジャパンのホームページには、米国連邦破産法第11条申請について以下のような解説がある。「UALは、資金繰りが非常に厳しい状態にあった」、「ATSB（米国航空輸送安定化委員会）に対して債務保証の申請も行ったが受け入れられず、現時点で倒産を回避する唯一の選択肢は、裁判所に法的保護を申請することであると判断した」、「第11条とは米国連邦破産法の条項で、通常どおり業務を継続しながら事業の再構築を可能にするものである」、「第11条は、申請した企業が再建計画を立案している間も、事業を継続することを可能とするために広く用いられる手続きで」、「再生するための『時間的猶予』を与えるものである」（http://www.unitedairlines.co.jp/jsp/ja/united/ stronger_united/ua_and_c11.jsp)。

（2）　1990年代まで日本の雇用状況が比較的恵まれていたからなのか、日本の労働運動には、企業を従業員が買収しようとの動きはほとんどなかった。そうした動きをナショナル・センターで支援するようなこともなかった。しかし、雇用削減の嵐が吹きまくった英米では、従業員による雇用を護る様々な創意工夫がこらされた。

　津田直則によれば、英国では、1970年代に「産業共同所有運動」（Industrial Common Ownership Movement）とそれに連動した「労働者共同組合」設立気運が高まり、1978年に当時の労働党政府が協同組合の支援機関を設立した。こうした支援機関は自治体レベルも含めると全英で100ほど設立された。それまでは英国では労働者協同組合はほとんどなかったのに、1980年代末には1,300を超えるに至った。ただし、協同組合のほとんどは、従業員10名未満の小経営であった。大企業や大労組は民営化を逆手に取って、株式取得による企業所有に走った。とくに、自治体所有のバス会社が従業員によって買収され、最盛期の1994年時点では、全英バス会社の4分の1は、従業員所有になっていて、従業員は3万5,000人に上っていた。

　英国でも1987年にESOPの制度ができた。ESOP形態を取っている企業の取締役の4分の1が従業員推薦の人であるという。ナショナル・センターのTUC（Trades Union Congress＝労働組合会議）もESOPの推進を図るようになった（rio.andrew.ac.jp/~n-tsuda/991.PDF）。

（3）　2001年1月16日、経済同友会が「『株価対策』についての意見」を発表し、日本版ESOPの導入の必要性を訴えた（http://www.doyukai.or.jp/database/pressconf/010116p.htm）。この意見書の別添資料はESOPの仕組みを要領良く解説したものになっているので、要約して紹介しておく（通

し番号は本山が付けたもの)。①ESOPとは自社株に投資する確定拠出型年金のことである(厳密には違うが、一般的にはそう受け取られている―本山注)。②従業員が株主になることで、資本の分配を従業員にまで広げて株主と従業員の利害を一致させる長期インセンティブプランである。③企業の退職金給付制度の1つである。④全員参加である。⑤拠出は企業のみが行う。⑥自社株に投資される。⑦給与の15-25%を上限として会社側のESOPへの投資は損金扱いにできる。⑧従業員は退職時まで現金化できない(退職直後も現金化できない―本山注)。⑨運用時は非課税であるが、退職後に現金化した段階で課税される。⑩信託として設立される。⑪金融機関から借り入れて、信託は自社株買い増しができる。⑫このローンは、企業が毎年拠出する現金を使って返済する。⑬返済がすんだ買い増し株は従業員に配分される。⑭配当は個人に振り込まれるか、ESOPが管理する。以上。

とくに⑪の方法で、ESOPが大株主になることができる。日本の従業員持株会はESOPと異なり、従業員が任意で税引き後の資金から自社株を積み増し、会社がこれにいくばくかの補助を行うというものである。

(4) LBOとは、買収先の企業の資産や将来の利益などを担保にした借入やジャンク債を資金として買収を行う手法である。少ない資金で買収が行えるが、その分リスクも高い。1980年代に石油会社や食品会社などが米国でLBOの対象となった。LBOは買収後に再び、企業の株式を公開するなどして年利30%以上の利回りを得る点にメリットがある。

株式高騰時には影を潜めるLBOであるが、株価低迷状態に入ると息を吹き返すという循環を描いてきた。日本では、1999年にゼネラル通信工業が銀行融資を受けて、自己資金ゼロで新日本通信をこの手法で買収したことで注目を浴びた(http://www.asahi-net.or.jp/~te 8 h-sgw/ old/keiei/keiei_trend2.htm)。

(5) 利益分配制度(Profit Sharing Plan)とは、事業主の総拠出額が利益に基づいて決定され、それを従業員に配分する制度である。この制度を初めて作ったのがP&Gである。P&Gは、従業員による自社株所有率が4分の1から3分の1を占めている。一時(1980年代末)P&Gは、米国内外で利益分配制度を推進していた。創立者の1人であるウィリアム・プロクター(William Procter)の発案によるとされている(Blasi, J. & D. Kruse [1991])。

(6) プエルトリコとは、スペイン語で 豊かな港という意味である。初めはプエルトリコは首都名であった。いつのまにか首都名が島名に入れ替わって呼ばれるようになった。今の首都はサンファン(San Juan)。17世

紀頃からスペイン領であったが、1898年の米西戦争により米国領となった。1917年にはプエルトリコ人に米国市民権が与えられたが、知事は米大統領が直接任命することとしていた。1948年から知事の公選が始まり、1952年にはプエルトリコ憲法を制定し、米国の准州（internal self-government）となった。プエルトリコの正式名称は「プエルトリコ米国自治連邦区」（Estado Libre Asociado de Puerto Rico, Commonwealth of Puerto Rico）である。他の米国の州との大きな違いは、米国連邦法人税の適用がないことである。その代償として、米国大統領選挙一般投票には参加しておらず（大統領候補を決定する全国党大会には参加しており、予備選挙も実施されている）、米国連邦議会議員も選出されていない。米国連邦議会下院に発言権は持つが、本会議での投票権のない（委員会での投票権はある）常駐代表（Resident Commissioner）1人を送っている。議会制度は、2院制を採っており、上院27、下院53の議席がある。なお、プエルトリコ人が米国本土に在住する場合は、米国連邦法人税の適用および大統領選挙一般投票の投票権を取得できる（http://www.clair.nippon-net.ne.jp/HTML_J/）。

（7） *Oxford American Dictionary*（1980）には、ポピュリストとは、1890年代米国に実在していた「人民党」（Populist Party）のことを指すとある。それは、'a political party or movement claiming to represent the whole of the people'（すべての人民の利害を代弁すると主張する政党ないしは政治運動）である。「すべての人民」という表現にウェイトがあることは言うまでもない。こんなことはあり得ないので、どちらかというとこの言葉は、不可能なことを熱情的に語る人たちという、否定的な意味で使われている（西村有史、http://www3.ocn.ne.jp/~pwaaidgp/back36.html）。

　ポピュリズムは、米国社会の文脈からすれば、米南部・西部の貧しい農民を支持基盤にした東部・北部の富裕層に反発した政党の活動を指している用語である。累進所得税、直接的な人民投票、上院の直接選挙を提案して、一時期多大の人気を博した。

　特徴は、第1に、大衆の怨恨、嫉妬を刺激して、その支持に乗じて、より恵まれた階層を攻撃し、第2に、参加民主主義、草の根階層の声を政治に直接反映するという形式を採る点にあった。この形態が、ナチス、ファシスト、スターリニズムのように大衆の熱狂を利用した専制政治という1930年代の世界的な政治的環境を生み出した（三宅昭良［1997］）。

（8）　ちなみに、"Every Man a King"という言葉は、マザーグースの歌、"All the King's Men"をもじったものである。人民すべてが王の奴隷である状態を転覆させ、全員を王にしようではないかというスローガンがヒュ

イ・ロングのプロパガンダであった（http://www2.netdoor.com/~takano/southern_film/kingsmen.html）。

（9） ヒュイ・ロングの暗殺については、彼が、ローズベルトに対抗する有力な大統領候補であったことから、J. F. ケネディ（Kenedy）暗殺に匹敵する政治的ミステリーとしていまも語り継がれている。ハヤカワミステリ文庫の『ささやかな謝肉祭』（*So Small a Carnival*）（ジョン＆ジョイス・コリントン著、邦訳、坂口玲子訳、1986年）では、貧乏人の味方として奔走しながら、旧体制の政治家グループが差し向けた刺客の手で志半ばで倒された、今でも根強い人気を誇る人物という役割が与えられている（http://www.nakamanman.f2g.net/hueylong.html）。

映画も2つある。「キングフィッシュ、大統領への挑戦」（Kingfish: A Story of Huey P. Long、1995年、米、トーマス・シュラム、Thomas Schlamme監督）では、ルイジアナ州の知事であったヒュイ・ロングがカリスマ的人気で中央政界に躍り出、次期大統領選挙で、現職のローズベルト大統領を打ち破るだろうとまで言われる最重要人物となるが、ルイジアナ州議事堂で狙撃される。犯人は前途有望な青年医師カールであったが、彼は、ロングのボディーガードから60発もの銃弾を撃ち込まれて即死、ロングも30時間後に死亡する。この事件はカールの単独犯なのか、陰謀なのか、いまだに分かっていないという設定である。

1949年にも『オール・ザ・キングスメン』（All the King's Men、ロバート・ロッセン、Robert Rossen監督）というヒュイ・ロングを模したウィリー・スタークスというポピュリストを主役にした映画が上映された。ウィリーは、無学だったが、小学校で子供に混じって勉強し、その担任の女教師と結婚、ついに弁護士の資格を得た。彼は老朽校舎が原因で起きた児童の死亡事故の賠償問題を担当したりして、着実に地域リーダーとしての地歩を固め、知事選候補に推される。当人は知らなかったが、彼は下層階級の票を対立候補から分捕るという現有勢力が仕組んだ単なる当て馬であり、彼の陣営に真剣味はまったくなかった。彼の選挙戦を密着取材する新聞記者が彼の誠実な人柄に惚れ込み、演説の原稿を書いたりするようになったが、原稿を読み上げるウィリーは、操り人形のようで精彩がなかった。ある日、酒の力を借りたウィリーは、原稿を捨て自分の言葉で喋り出す。貧しい生い立ち、無学からの立身、農民や労働者に何が必要なのかを知っていることなど。この演説は貧しい人々の心を打ち、感動を誘う新聞記事と相まって、選挙戦を有利に導く。慌てた現有勢力は新聞社に圧力をかけ、以後のウィリー関係の記事を差し止める。この年、ウィリーは落選する。

4年後、ウィリーは、知事選に再出馬する。有能な選対にも恵まれ、ウィ

リーは知事に当選。公約通り、高速道路の建設、病院、学校の建設、拡充などを行い、彼の声望は高まる。しかし、私生活の批判、汚職の疑い、スキャンダルの果てに暗殺されるという筋書きである。ウィリー役を演じたブローデリック・クローフォード（Broderick Crawford）はこの役でアカデミー主演男優賞を獲得した（高野英二、http://www2.netdoor.com/~takano/southern_film/kingsmen.html）。ただし、この映画はウィリーの俗物性を強く非難した内容になっている。

参考文献

Blasi, J. & D. Kruse [1991], *The New Owners,* Harper Collins Publishers.

Brinkley, Alan [1983], *Voices of Protest: Huey Long, Father Coughlin & The Great Depression,* Vintage Books,.

Kelso, L. O. & M. J. Adler [1958], *The Capitalist Manifesto,* Random House.; reprinted Greenwood Press, 1975. 邦訳、ルイス・O・ケルソ、モーチマー・J・アドラー共著、稲本國雄訳『資本主義宣言』時事通信社、1958年。

Kelso, L. O. & M. J. Adler [1961], *The New Capitalist,* Random House.

Kelso, L. O. & P. Hetter Kelso [1968], *Two-Factor Theory: The Economics of Reality,* Random House..

Kelso, L. O. & P. Hetter Kelso [1986], *Democracy and Economic Power: Extending the ESOP Revolution,* Ballinger Publishing Company.

Long, H. [1933], *Every Man A King: The Autobiography of Huey P. Long,* National Book Co.

三宅昭良 [1997]『アメリカン・ファシズム』講談社。

日本の強み・弱み（5）—鉄鋼業に見る

「日本の強み・弱み—その仕分け—研究会」における議事録から。

新日鐵住金労連会長（当時）・大森唯行による報告「日本のビジネスモデルに鉄鋼産業・労働組合の取組を活かす！」2013年9月13日、於：新日鐵住金㈱・尼崎研究開発センター（兵庫県尼崎市）

「日本の経済・社会が大構造転換を迎えている中で、鉄鋼産業、労働組合が対応できているのか、常々チェックする姿勢が大切」、「総合部門大手の鉄鋼産業の労使の歴史は、雇用を守ることを最優先課題にした合理化の歴史である」、「東西冷戦構造の終焉、低賃金化、IT化、ボーダレス・グローバル化の進行下で、労働を中心とした福祉型社会運動を目指そう。共感の得られる労働運動と社会運動化、組合が変わり、社会を変える」、「日本の人口は年間10万人以上の自然減がすでに進行していて、今後は人口減少が加速化するが」、「世界では人口増加、市場、経営、政治もグローバル化の流れにある」、「しかも、労働人口の減少の大きさは総人口減を上回る」、「公正な競争環境を整え、進められている労働規制改悪と戦わなければならない」、「国内で生き残るマザー工場の強靭化、海外からも信頼・尊敬される生産・研究・営業拠点を確立することが必要である」、「新日鐵住金労組としては、グループ傘下の組合員の雇用と労働条件を守るために、国内の製造体制の強化に繋がるベスト・ミックスの生産・供給体制の構築に貢献するが」、「組合存立の原点は絶対に守る。職場内の民主的な労使関係、人間関係の確立が労働組合の第1の本業であり、社会的な政策精度改善の取組が第2の本業である」、「これまで培ってきた信頼と緊張を内容とした労使関係を育て、産業政策・雇用労働政策の積極的な展開を図るべく、政策立案能力・実践化能力に磨きを掛け、学習・研鑽（現場力）を実行する」、「そのためにも組合員の本音を知ることが労組の課題である」。

第6章　利潤分配論

はじめに

　ケルソの直感によって米国社会で一世を風靡したESOPの考え方は、ヨーロッパ式の社会主義論の1つの形であった。イデオロギーに傾斜しがちであった旧来の社会主義論を、現実社会に無理なく適用させようとしたのが利潤分配論である。利潤分配論は、19世紀半ばのヨーロッパにおける経済学の大きなテーマであった。日本では、ヨーロッパの経済学を導入する過程で、主としてJ. S. ミル（John Stuart Mill, 1806-73）を通じて、利潤分配論がすんなりと受け入れられた。日本の知識人たちには、利潤分配論は社会主義と同義であると理解されたが、利潤分配論を支持した初期の経済学者たちは、社会主義を資本主義打倒のイデオロギーとは見なしていなかった。端緒についたばかりの日本の株式会社制度が資本主義の持つ暴虐性を発揮するようになる前に、その芽を摘み取って、健全な資本主義を根付かそうと願い、その手段として利潤分配制の導入が議論されていたのである。日本の利潤分配論者たちは、資本主義の完成形態である株式会社にある暴虐性を揚棄して、その社会的性格を変えさせるという社会主義者たちの思想を素直に認めていたのである。ここで、揚棄（Aufhebung）というのは、個々の要素が解体し、融合し、より高い次元のものに変化させられるという意味である。

　マルクスは、『共産党宣言』で次のように言った。

　「共産主義者の理論は、私的所有の揚棄という一語にまとめることができる」（Marx, K.［1956］, Bd. 4, S. 475）。

　私的所有の揚棄とは個人の持ち物（財産）が奪われることではない。個々人の持ち物は残る。ただ、所有の社会的な性格が変わるだけなのである。

　資本は個人的な力ではなく、社会的な力である。資本が個人の所有から共同の占有に変わる時、所有はその階級的な性格を失うとマルクスは言い放った（*ibid.*, Bd. 4, S. 489）。

　社会的な意味では、それは、所有（property）が占有（possession）に

なることである。ここで大事なことは、所有と占有を混同しないことである。

このマルクスの考え方は、分配の性格を変えようと訴えてきたヨーロッパ的社会主義者の伝統を受け継ぐものである。

1. J. S. ミルの分配制度の変革＝社会主義論

初期の社会主義者たちは、結社（アソシエーション＝ association）を重視し、パートナーシップという考え方を基本形に置くようになった。社会主義とは、資本主義が生み出したアソシエーションを、より広い世界に普及させようとしたものである。社会主義者たちは、社会を会社の連合体と見なしていた。

社会の構成要素は結社である。結社は会社制度を生み出す。そして、会社制度が、家産制度という他人を奴隷状態に貶める暴虐な体制に対する反抗精神を創り出す。社会主義者は、その意味において、アソシエーションをキーワードにしていたのである（鈴木啓史［2010］、51-52ページ）[1]。

社会主義は、社会的行き詰まりを打開する方策として提唱されたものである。その行き詰まりを古典派経済学者は、「定常状態」と名付けていた。定常状態について、J. S. ミルが定義している。

「富の増加は無限のものではない。いわゆる進歩状態の後には定常状態（Stationary State）が到来する。・・・進歩は定常状態に近付くことに他ならない」（Mill, J. S.［1965］, Book 3, p. 773）。

ミルは、定常状態が創り出す社会の閉塞感を分配制度の変更によって打開しようとしていた。その意味において、ミルもまた社会主義者だったのである。ミルの著、『経済学原理』には「社会哲学の応用」[2]という表題が付けられている（Mill, J. S.［1965］, Books, 2, 3）。ミルは、この書の第2編「分配」第1章「所有について」第3項「共産主義の検討」で次のように述べた。

「最善の状態における共産制（communism）と、理想的な形における個々

159

人的所有（individual property）制を比較する必要がある。そもそも、私的所有（private property）制については、どの国においても、その原理が正しく検証されたとは言えない。おそらく、他国よりも、とくに英国においてはそうである。近代ヨーロッパは、公正な配分を基礎とする社会制度を求めてきた。ヨーロッパの配分方式は、征服と暴力による所有（property）を始めとするものであった。勤労による配分制度ではなかったのである。何世紀にも亘って、人間は配分制度を後者によるものにすべく努力を重ねてきた。しかし、そうした努力の積み重ねにも拘わらず、現在の社会制度は依然として過去の痕跡を払拭できていない。つまり、私的所有が正当な所有法規の原理に則るものであるとは、何一つ断言できないのである」（Mill［1965］, Book 2, p. 207）。

ミルは、自らを社会主義者だと名乗っていた。ミルは『自伝』で白状した。[3]

「（妻となるハリエット・テーラーと知り合う前）私は、社会機構を完全に改善する可能性について、旧派の経済学者以上のものを持ち合わせていなかった。（社会主義は不用であると考えていた―本山注）。・・・つまり、私は民主主義者であり、まったく社会主義者ではなかった。今や、私たち（テーラーとミル―本山注）は、民主主義をはるかに超えた社会主義という、よく言われている呼称の下に決定的に組み入れられた」（Mill［1965］, Book 1, pp. 331-32）。

ミルは、妻テーラーの進言に従って、『経済学原理』に第4編第7章「労働階級の将来」を付け加えた。

「人間の進歩を考える時、人間を雇用者と非雇用者に二分することは、それも、世襲的に二分することは、永続的に維持され得るものではない」（Book 3, pp. 766-67）。

「もっとも望ましいことは、長期に亘って、資本家が利潤の分け前を労働者に与え続けることであり、協同組合も、原則に忠実に、長期的に併存することである」（Book 3, p. 792）。[4]

ミルには、アソシエーション（association）論がある。労働者と資本家との間のアソシエーション、労働者間のアソシエーションの2つが存

在しているというのである。そして、前者は後者によって取って代わられねばならないという。これは、「ロッチデール公正先駆者組合」(Rochdale Society of Equitable Pioneers) を評したものである (Book 3, pp. 768-69)。

　労働者をアソシエーションに参加させることによって、労働者の利己心が開発され、有能な生産の担い手になるとミルは強調する。資本を共有することが大きな刺激になるというのである。ここで、共有とは、"Joint Property"である (Book 3, p.793)。

　株式会社は、資本と労働者とのアソシエーションであり、規模・永続性・信用の点で、過去の個人企業や合資企業に比べて有利ではあるが、労働者はなるべく働かないでおこうという欠陥を持つ。これを克服するのが、株式会社の中に協同組合的な組織を作ることである。つまり、協同組合的な利潤分配制度を株式会社内に導入することである。そうすれば、労働者自身が創意工夫を行うことができる (Book 3, p. 768)。

　そして、ミルは、遺稿集『社会主義論』(5)でパートナーシップと利潤分配の重要性を説いたのである (Book 4, pp. 519-20)。

　労働者のアソシエーションが、資金を出し合って資本を形成し、土地を共同で購入し、工場を建設する。使用人、補助労働をしていた労働者が連合組織に参加することによって解放される。そして、資本制からの脱却が可能になる。

　株式会社が多数の少額の出資を集めることによって大資本という株式会社 (Joint Stock Companies) になる (『原理』第1編第9章「株式原理の有利な点と不利な点」) (Book 2, p. 135)。

2. プルードンの労働者会社論

　プルードン (Pierre-Joseph Proudhon, 1809-65) とミルとの近似性を示しておこう。

　プルードンは、株式会社に労働者に有利な分配制度を導入することが、

株式会社を改革する有効な手段と見なしていた（Proudhon, Pierre-Joseph [1854]）。株式会社は、労働者会社に転換し得る。プルードンのこの書は、プルードンが、アソシエーションを、加入・脱会の自由を個人に保証するものと理解していたことを示す点で重要である。

当時のフランスの商法では、会社は、「合名会社」、「合資会社」、「株式会社」の3種類に分類されていた。

出資者である社員が会社のすべての行為に無限責任を持つというのが、「合名会社」であるが、プルードンは、ここで、ユニークな解釈を示している。合名会社の無限責任は、社員個人が会社に縛り付けられている運命共同体的なものである。無限責任原則によって、社員は自主性を奪われてしまっている。自主性は、会社への加入・脱会が自由であることによって保証されるものなのに、社員の流動性がないということは、会社を発展させる意欲において他の形態の会社に比べて劣るということである。「アソシエーション」とは「自由人の連合体」でなければならないとうのがプルードンの基本的な認識であった。

「合資会社」は、無限責任社員と有限責任社員との混成体であるが、まだ無限責任社員が存在しているという点で、「自由人の連合体」ではない。

すべての出資者が有限責任社員である株式会社こそが、加入・脱会の自由を保証された真のアソシエーションに発展する可能性を持つ。株式会社は、新しい「信用制度」である。旧い信用制度は個人の人格に依存していた。この性格を打破したのが「株式」である。プルードンは言う。

「株の流動性によって、資本があらゆる障害から解放される。そして、借り手はいっそうの容易さに恵まれる。信用は完全に非人格化（dépersonnalisé）される」、「こうして資本は商品となる。商品は、物である生産物よりもはるかに流通し、はるかに容易に交換できる商品となる」(Proudhon [1854], p. 74)。

これは、マルクスの資本商品化説、ケインズの流動性選好説と軌を一にする発想である。

鈴木啓史はこの論理を次のようにまとめている。

株式の形態によって、資本は移動する。資本は、新しい信用制度として、工業だけではなく農業にも浸透し、農民の生活を向上させることになるが、それとともに、労働者は単なる「機械装置の歯車」になる。このような労働の編成は、プルードンの用語に従えば、「資本のアソシエーション」にすぎない。この資本の非人格化を逆転させて、「人格のアソシエーション」＝「労働者のアソシエーション」に、「株式会社」から「労働者会社」に転換させることをプルードンは目指したのである（鈴木［2010］、67ページ）。

　プルードンの言うアソシエーションは、平和的牧歌的な組織からは生まれない。アソシエーションは、激しい利害関係の衝突の中から、そうした修羅場を乗り越えるために生み出されるものである。これがプルードンの基本的視点であった。資本のアソシエーションは、旧体制との権力闘争から生まれたものである。労働者のアソシエーションも同様である。労働者のアソシエーションは、資本家層との激しい闘争＝人間性の回復闘争から生誕するものである。その意味において、アソシエーションは、緊張感のない仲よしクラブではない。

　アソシエーションについての、そうしたプルードンの視点を示していたものに、農業に関する彼の初期の理解がある。その考え方は、Proudhon［1982］）の第6研究「経済諸力の組織化」3「分業、集合力（Forces collective)、機械、労働者会社（Compagnies ouvrières)」で説明されている。

　農業（地代の搾取から自由になった自営農民から成る—本山注）は、あらゆる種類の仕事の中でも、もっとも高貴かつ健康的な仕事である。それゆえに、農民はアソシエーションの必要性をそれほど強くは意識していない。自覚を促されず、自由な自営農として生きようとする限り、農民はアソシエーションに背を向ける（ただし、後述するように、この考え方は後に撤回される）。

　それに比べて、工業に従事する労働者には自由がない。工業労働者は、集団的に雇われて、資本に従属させられてしまっている。そこから脱却するために労働者はアソシエーションを結成しなければならなくなる。

それは、個々人が、「賃金」(salarié) 労働者から脱却して、企業の運命決定に参加 (participerà) すべく、共同経営者 (associé) ＝出資者になることである。そうすることによって、「労働者は人間としての威厳を取り戻し、安心して息を付くことができるのである」(Proudhon [1982], p. 273. 邦訳、228-29ページ)。
　「最後に、革命の真の部隊である労働者会社が姿を現す。そこでは、労働者は、部隊の兵士のように、機械を正確に操作し、知的で誇り高い意志に解け合い、幾千の腕が協力して、彼らの数よりもさらに大きな集合力を生み出す」(Proudhon [1982], p. 280. 邦訳、234ページ)。
　労働者会社は、社会で必要とされる生産物やサービスを原価で社会に提供する義務を負う。そのためにも、労働者会社は、会計報告を社会に対して行い、競争を原則とする（ただし、それは市場主義に企業社会を委ねることではない）。社会は、会社に対する監督権を持つ。出資者は、出資の程度に応じて利益配分に与る。会社の役職者は原則として選挙で決められる。アソシエーションに参画するすべての個々人は、会社が所有する物に対する不可分の権利を有する。しかも、各人は、「自分の意志に基づいて自由に会社から脱退し、自分の勘定を清算して貰い、自分の権利を処分することができる。逆に会社は、いつでも新しいメンバーを加入させることができる」([1982], pp. 281-82. 邦訳、236ページ)。
　この論理について、鈴木は以下のように整理している。
　「プルードンはこの原則により、集合力と分業の問題が解決できると言う。つまり、地位の配分と利益の配分への参加 (la participation aux charges et bénéfices)、賃金の等級上昇、あらゆる地位と仕事の継続的な昇進により、勤労者の共通の所産である集合力は、少数の特権的有資格者や投機家の利益追求を止めさせ、労働者の所有 (propriété) となる。すなわち、近代物件法の占有権の優越により労働者が向上し、さらに投機、特権資格者から労働者会社を保護するための『労働者の所有』」が成立する（鈴木 [2010]、70-71ページ)。
　労働者会社は、従業員にあらゆる職務を遂行できる能力を付けさせるために教育することを義務付けられなければならない。それによって真

の分業が達成される。この点についても、鈴木は次のように解釈する。

「(教育は)集合労働の様々な部門の協力によって達成される。これにより分業は、・・・教育の道具となる。そして、分業が労働者の安定した生活保障となる」(同、71ページ)。

そして、鈴木はプルードンの「労使協調」論も単純に理解してはならないと言う。プルードンの該当個所は以下のものである。

「これらの原則の適用は、過渡期においては、すべての寛容な人々、すべての真の革命家が願っていること、すなわち、ブルジョワ階級の総意と、この階級のプロレタリアートへの融合をもたらすであろう」(Proudhon [1982], p. 282. 邦訳、237ページ)。

これを受けて鈴木は言う。

「プルードンは、このように原則の適用は、現在でいう『資本と労働の調和』または『労使協調』を真の意味で実現できるとしている」、「ただし、プルードンは、この実現を楽観視はしていない」、「(労働者階級には)大事業を経営する能力はまだない」、「完全に人材が不足している」、「扇動家はいるが、全く人民の信頼を得られていないと言う。度重なる労働運動の実情から見たプルードンの率直な感想であったことだろう」、それゆえに、労働者会社は「無数の危険も知っているブルジョワ=経営者」を雇い入れるべきだと言うのである(鈴木[2010]、71ページ)。

農業が、自由で高貴であるという恵まれた部門であるから、農民にはアソシエーションを希求する意識が低いと見なしていた1851年段階から、10数年経った後のプルードンは、農業コンミューンを設立する必要性を強く意識するように変化した。大きな国家ではなく、小さな自治的地域連合から成る将来社会を形成するビジョンを農業コンミューンが用意する、との認識をプルードンは持つようになった(Proudhon [1959][9])。

プルードンは、大国のエゴ、人種差別、宗教などに毒されない自治地域の連邦(連盟)形成を希求していたが、それには、農業が基礎になる。農業は、農地の「個々人的所有」を基礎とした農村自治区(コンミューン)を形成し得るからである。そこでは、「相互主義」(mutuellisme)が原理になる。形成された農業のアソシエーションが農工連盟(fédération agricole-industrielle）の土壌を提供する。

　この農工連盟が、「あらゆる公共事業を、もっとも安価に、しかも国家の手を借りなくて組織でき」、「信用と保険を相互扶助のものに変える」。「税金の均等割り当てや労働と教育の保証によって、各労働者は、単なる勤勉な日雇いから職人（アルチザン）に、賃金労働者から親方になり得る」（Proudhon［1959］, p. 357-58. 邦訳、407ページ）。

　農工連盟を実現させるための最重要の具体的経済政策が「利潤分配」である。「利潤分配」の基礎には「相互主義」の思想がある。鈴木によれば、「相互主義」の語源はラテン語の'mutuum'である。mutuumとは、カネを貸すこと（ローン）の意味である。なぜ金貸しが「相互性」の意味で使われるようになったのかは、『新約聖書』の影響があったという可能性がある（鈴木［2010］、74ページ）。

　「ルカによる福音書」第6章第34、35節には、「返して貰うつもりでカネを貸すな。そんなことを期待しないで貸してやれ」ということが語られている」。返して貰うつもりで貸したとて、どれほどの手柄になろうか、罪人でも同じだけのものを仲間に貸すのである（34節）。あなた方は敵を愛し、人に良くしてやり、何も当てにしないで貸してやりなさい。そうすれば、受ける報いは大きく、あなたがたは、いと高き者の子となるであろう。いと高き者は、恩を知らぬ者にも悪人にも、情け深いからである」（35節）。

　もし、この解釈が正しいものとすれば、「相互性」とは'give & take'という「互恵」の次元を超えた、一方的に他者に捧げるという「贈与」の次元＝大きな博愛の心を表現するものであったことになる。

　無私の愛ということをアソシエーションの基本原理とすれば、社会主義とは無私の愛で結ばれた大きな組織を作り出すことであると示唆した河上肇の精神に通じるものがある。河上は言う。

　「今日の社会では、その組織単位たる家族が、──主として物の消費の方面に関し、──その内部においてほぼ社会主義性を採っているばかりでなく、事業経営の単位たる企業もまた、──主として物の生産の方面に関し、──その内部においてはほぼ社会主義性を採っているように思われ

る」、「社会主義制というのは、この社会主義の原則を、血縁によって結ばれている家族以上の、より大きな団体（組合または国家）の上に及ぼす主義である」（河上肇［1923］、2ページ）。

ここには、河上肇が、J. S. ミルなどの初期社会主義者の影響を強く受けていたことがうかがわれる。

ミルから影響を受けていたのは、河上のような革命家たちだけではなかった。日本では保守的な支配層もまたその影響下にあったのである。

次節ではこのことを説明する。

3. 日本の利潤分配論の提唱者たち

利潤分配論に傾斜していた明治以降の日本の支配層の群像を個条的に列挙しておきたい。

①岩倉使節団。

岩倉使節団は、1871年12月23日から1873年9月13日にかけて、総勢107名で欧米12か国を訪問した。岩倉具視全権の下、大久保利通、伊藤博文、木戸孝允らが参加した。彼らは欧米各国の端的な印象を記している。米国は財界支配の国、フランスは扇動者の国。ロシアは前近代の国、英国は貴族社会と金融の国で貧富の差が激しい。彼らは、ドイツに親近感を抱いた。そして、西欧には結社の存在があることに率直に感嘆していた（久米邦武編修［1980］）。

②深井英五（1871-1945）。

日本の社会主義思想の嚆矢（23歳）（深井英五［1893］）。生活の自由と財産の平等こそが社会主義の基本であるとの考え方を持っていた。性急な社会主義を諌めるミルを紹介しつつ、日本の社会主義論は資本家の力を甘く見過ぎていると批判。それでも、社会主義者の理想に共感していた。日銀総裁（1935年）も務めたエリート。

③北一輝（1883-1937）。

1936年の二・二六事件の首謀者とされて死刑。労働者は利益の2分

の1を配当されるべき、労働者も経営参加すべきであると主張。北一輝[1923]の著書は有名。河上肇が評価した。ちなみに、1919年の「社会政策学会」のテーマは利潤分配論。

④岡村司（つかさ）（1867-1922）。

ヨーロッパでは、社会主義が確実な政策になっているとの論説。岡村司[1902]で、所有権と占有権の区別を強調、平等な団結、平等な賃金論を説いた。ロシア革命とソ連の国家所有を批判した。

⑤田島錦治（きんじ）（1867-1934）。

田島錦治[1921]で利潤分配論の重要性を説き、労働者による占有論を展開した。利潤は、危険を冒すことへの配当ではなく、生活上の権利であると主張した。労働者の方が資本家よりもはるかに危険を負担しているので、労働者に報酬として株式を与えるべきであり、利潤を積み立てて労働者に回すべきである、株式配当の半分は労働者に渡すべきである、そして、配当を少なくする行為は禁止されなければならないと主張した。利潤分配の重要性を力説。

⑥戸田海一（かいち）（1871-1924）。

戸田海一[1911]で西欧的な暴力ではなく、穏健な改良型社会主義を提唱、ミルの信奉者、利潤分配論支持。

⑦柴田敬（けい）（1902-1986）。

国家統制論者であったが、利潤分配論では積極的に支持。柴田敬[1940]で、資本主義の行き詰まりを是正するために、労働者への利潤分配が不可欠であると主張した。「崩壊しつつある世界旧秩序は資本主義に基づくものであ」る（同書、69ページ）、「利潤は、当然、従来のごとく資本家に対してでなく、産業精神に則って平均以上の功績ある労務をなしたる者に対して、すなわち、企業指導者をも含む広い意味における労務者に対して配当されるべきである」（同、82-83ページ）。

⑧森戸辰男（1888-1984）。

GHQの憲法草案に「生存権」の項目を入れた。日本国憲法第25条「すべて国民は、健康的で文化的な最低生活を営む権利を有する」。森戸辰男[1975]で「全労働収益権」を主張した。「労働して創った全収益は

労働者に帰属しなければならず、労働者はこの収益を自由に処分しえなければならない」(『同書、下、422ページ)、1947年に次のように発言した。「国家は経済安定本部という機関を日本経済再建の参謀本部としております。この官僚的組織を民主化し、他面では現存の経済復興会議を有力な組織として発展させ、これら両者の協力のもとに日本経済が民主的な国家と労働者と資本家との三者が、合理的な協力のもとに日本の経済を再建しようということになりますれば、過渡的にはもっともふさわしいものになると思われます」(同、449ページ)。その4年後の1951年、経済安定本部が「利潤分配制法案」を提出した。

⑨経済安定本部（1946-52）。

この機関は各省庁の調整機関として設定されたもの。1948年経済復興5か年計画。「利潤分配法案」（石井通則［1952］で解説）。企業利潤の一部を労働者に分配。長期勤続を指向。分配金の一部を資本蓄積と労働者の退職に備える。税法上の特別措置（損金扱い）。会社が細則を作って政府に届け出る。届け出には労働組合の意見書を添付。利潤分配の80％を据え置く。分配台帳を労働者に公開する。据え置きは労働者の引退時に全額支払い。この分配によって賃金を下げてはならない、等々。

⑩福田徳三（1874-1930）。

日本における最初の『資本論』監訳者（実際には高畠素之が翻訳）。「生存権」の唱道者（福田徳三［1916］、後に森戸辰男が継承）。「生存権」とは、「合理的な経済的要求を満たす権利」。資本主義は、強者が生産物を「先取り」(exploitation) するシステムである。また雇用契約も労働者に不利、これを是正するのが国家の使命（同書、190ページ）。ただし、晩年の福田は社会主義嫌いになった。

⑪上田貞次郎（1879-1940）。

「資本と経営の分離論」を日本で最初に唱えた人（上田貞次郎［1913］）。株式会社の普及によって投機による不労所得を経営者が得、それが相続されて社会の不平等が拡大される。これは早々に廃棄されなければならない（同書、第2部第5章「株式会社と社会問題」）。株主を公有化し、資本主義の害悪の「儲け第一主義」を克服するものが社会主義。河上肇も

同調。

⑫増地傭次郎(ますちようじろう)(1896-1945)。

　労働者生産組合＝従業員持ち株制度、消費組合（顧客持ち株制度）を提唱（増地傭次郎［1938］)。［1943］の著書では、'employee stock ownership' という用語も使っている（72ページ)。「利潤分配制の最大の効果は、被雇用者の疾病・老年・失業、その他のために財政上の安定を図る資金を蓄積しうるということにある。したがってその給与方法は、現金分配よりも強制積み立てを可とすることになる」(107ページ)。

⑬瀧本誠一（1857-1932)。

　瀧本誠一［1920］は、J. S. ミル『経済学原理』第5版の利潤分配制を下敷きにしたもの。その扉に「本書は精勤なる労働者を得て、相応の利益を期待する事業主と公平なる事業主を得て正当の賃金を欲望する労働者に捧ぐ」とある。

⑭気賀勘重(きがかんじゅう)（1873-1944)。

　気賀勘重［1909］では、利益分配制度は、労働者への恩恵ではなく、労働者の権利であると強調（同書、328ページ)。

⑮林癸未夫(きみお)（1883-1947)。

　国家社会主義者。林癸未夫［1932］。［1919］の著作で、生産は、資本と労働とのパートナーシップの結果なので、利潤は両者に公平に分配されるべき（同書、117-18ページ）として、パートナーシップの徹底化を提唱。

⑯大野實雄(じつお)（1905-1995)。

　大野實雄［1950］。「人間が考え出し、人間が育ててきた株式会社は、いつの間にか人間の手におえないような怪物となってしまったようだ」(同書、1ページ)。「経営権と呼ばれるような権利が、いったいぜんたいあるのかどうか、そして仮に経営権という権利があるとした場合に、それが労働権の概念から控除される概念であるかどうか、論証しなければならなくなってくるのである。さらに、労働者は自分のものとしては、賃金請求権のほかにはいかなる請求権をも持てぬものかどうか、彼はその労働によって『創り出した株』を持つことが許されないのだろうか、

ということも考えてみる必要がでてくる」（2ページ）。日本の商法学は、「資本家だけの都合の良いような政権や学説を創り出せた」（5ページ）。「どうしたら株式会社は」、「資本家のためのもの」から労働者を含む「全員によるもの」となりうるのか（7ページ）。

フランス民法（1809年）1832条には、社員起案の利益配分が会社の最終目的であることが明記されているのに、1899年に公布された日本の商法には記載されなかった。運命共同体の株式会社から労働者が排除されているとして、「資本株」に対抗する「労働株」を主張した。

「労働株というのは普通に株式と呼ばれているところの資本株に対立する株式をいうのであって、企業に対して貨幣資本を投じた者に資本株（以下、商法上の株式を資本株と呼ぶことにする）が与えられるのと同じように企業に労働を投下する者に対しても賃金の外に株式の一種として与えようとするものが労働株に外ならぬのである。何故かと言えば、資本と労働とは共に企業の成立要素であり、これが結合して一箇の運命共同体としての企業を構成するものであるからには、この両者が差別待遇的に与えられるべきではないからであり、企業におけるこの両者の役割から判断すれば、むしろ労働の役割の方が比重が重いからである」（55ページ）。「（労働株とは）特定の株式会社に1年以上勤務する男女労働者で満21歳以上の者に企業や利潤の分配に参加させることを目的として与えられる」（56ページ）。この株式は譲渡性がない。これは、フランス議会で1917年4月26日に成立した「労働者参加株式会社に関する法律」である（56ページ）。「株主は通例生産手段の所有者として理解されているが、生産手段の真の所有者は株主とは全く別個の範疇たる株式会社そのものであって、株主は如何なる意味においても生産手段の所有者ではない。株式は会社財産の共有持ち分、法律的な表現を用いれば物件的な性質を持つのではなく、利潤分配の請求権という債権的な性質を持つものである」（58-59ページ）。つまり、「資本株」も「労働株」も資本参加ではなく、「利潤分配」を請求する権利である。「労働株に先行した利潤分配制度が永続性を持ち得なかった理由の大半は、科学的な根拠よりも感情的な要素が濃厚であったために、慈悲深き雇い主の一生と運命を共にしたから

である。株式会社は法的には株主総会と対立するが、経済的には労働組合と対立する」(61ページ)。

「労働者の経営および利潤参加は、契約的な恩恵に止まるべきではなく、法的において一般的に権利として承認される時、初めて、確固たる地位を獲得しうるのである」。労働と資本と経営との三者に平等の原則に立つ分配制を義務付けることが理想と「されねばならない。・・・敗戦後の日本経済を救うべき道は、資本家的な経営合理化や破壊的な労働組合運動ではなく、労働者の受くべきものを率直に労働者に与えるところから出発し、これを法的に確認する段階まで人民の意識を高めることである。労働株の採用は、もはや、試験的・仮説的段階を去って、実践的、技術的段階に至っている」(193-94ページ)。

⑰本位田祥男(ほんいでんよしお)(1892-1978)。

本位田祥男[1944]。「生産組合に於いては、労働者自ら出資する事によって、資本の持つ支配権と利潤権を奪還しようとするものである」(同書、144-45ページ)。「生産組合の持っている種々の問題に対して1つの解決を与えているのは、英国に於ける消費組合と生産組合の連合組織(コパートナーシップ)である。消費組合は資本の一般を提供し、製品の大部分を引き取る特約をして、生産組合の持つ経済的困難を征服している。この売買は2つの組合にとっていずれも有利である。途中の商人を省き、お互いを信頼して売買するからである。ただ、生産組合は後者の援助がなければ存在が極めて困難だからだ。従って生産組合は剰余金のかなり多くの部分を購買者たる、消費者たる、消費組合に払い戻している。いわば、生産組合のある程度の消費組合化である」(158ページ)。

[1965]の著作では、以下のことが書かれている。企業協同体(Plant Community)を実現するためには、「労働者をその株主とすることである。それによって従業員は自らの生産組合に似た組織となる。労資の一体性を目的として従業員に増資株を分配する会社も戦後は増してきた。しかし、所要資本のますます増加している現在では、従業員の所有株の比率は限られている。そこで案出されたのが、利潤の分配制度である。その運動は19世紀の後半に起こったが、労働組合運動の発展の障害となる

として排斥された。しかし、労働組合が相当発達し、資金の豊潤化が達成された今日では新たな脚光を浴びて登場してきた。ことに企業の一体性を高めるためには役立つだろう」(245-46ページ)。「会社としては、…できるだけ従業員が株主となることを促進し、利益分配制によって、従業員の協同意識を高めることができれば、その業績は向上することができよう。商業は販売にしても、仕入れにしても、人材に依存することがもっとも大きいからである」(256ページ)。

おわりに

　戦後しばらくは、経済学者の多くは、労働者への温かい眼差しを失っていなかった。本章は、多くの市民の方々に、そうしたことを思い起こしていただきたくて、大戦間期、戦後の短期間であれ、本気で労働者の地位の向上を図ってきた学者や官吏たちの営為を紹介してきた。しかし、今や、労働者は、「資本」ではなくなり、安ければ使われるが、高くなれば捨て去られる「コスト」として扱われるようになってきた。経済学はますます冷たいものに成り下がった。

　第2次安倍内閣発足以降、いわゆるアベノミクスの第3の矢である成長戦略の一環として、雇用制度改革が重要政策テーマに取り上げられている。そこでは、「正社員の見直し」、「解雇ルール」の明確化の名の下に、ますます労働者の生活の保証が希薄化されようとしている。しかも、安倍内閣で、この問題について、議論に参加しているのはいわゆる有識者や経営者だけである。労働組合、非正規労働者代表など社会全体を反映する布陣での議論ではない。労働者の心は、2000年代初めの大規模人員削減の恐ろしいトラウマからまだ回復していない。不況期には、企業は比較的に自由に人員リストラを行ってきた。非正規社員の激増、人件費削減を狙った成果主義の横行、それに抗する専門家の議論が聞けなくなった今、「解雇ルール」のみが一人歩きをしだした。

　本章で紹介した研究者の温かい心を取り戻したいものである。

注
（1） 本章は、大阪大学大学院人間科学研究科、2010年度・博士学位論文・鈴木啓史［2010］に大きく依拠している。
（2） Mill, John Stuart, *Principles of Political Economy with Some of Their Applications to Social Philosophy*, 1848.
（3） Mill, J. S., *Autobiography*, 1873.
（4） 鈴木啓史は、ミルのこの叙述を、マルクスを批判したものと解釈している（鈴木［2010］、54ページ）。
（5） Mill, J. S., *Chapters on Socialism*, 1879.
（6） プルードン『株式取引所における投機家要覧』。
（7） 鈴木啓史は、藤田勝次郎の見解を重視している（鈴木［2010］、67ページ）。藤田は、プルードンの株式会社論をマルクスの株式会社論の先取りであると見なした。株式資本を「非人格化」＝「社会化」と位置付けるプルードンの指摘こそ、後のマルクス『資本論』第3巻第5編第27章「資本制的生産における信用の役割」と同じである。「私的資本」である株式資本を「社会的資本」（gesellschafts-Kapital）に転化させることをマルクスは目指していた（藤田勝次郎［1993］、119ページ）。
（8） 鈴木は、プルードンの 'personnes' を「個別個人」、'individuel' を「個々人」と訳し分けている。「個々人」は「個別個人」を相互に結び付けるアソシエーションに自覚的に参画した人を指す（鈴木［2010］、70-71ページ）。
（9） 邦訳のタイトルは、単に『連合の原理』となっているが、フルタイトルは、『連邦の原理と革命党再建の必要性』である（英語訳は、*The Principle of Federation and the Need to reconstitute the Party of Revolution*）。
（10） 河上肇のこの言葉を引用した中野嘉彦は、河上の論文タイトルの「睡眠」の意味を重視する。河上の当該論文の副題は「資本主義の自壊作用の1つとして見たる資本家的清算の内部に含まれる社会主義への発展」である。中野はそれに注目し、「資本主義の修正改善行動がやがて民主主義を目指した『利己心と利他心の調和』が実現していく可能性がでてくる。河上は資本の『擬制的性質』が『永遠の眠りに入らんとする前兆に外ならない』とみなし」たと理解している（中野嘉彦［2009］、35、45ページ）。

参考文献

Marx, Karl [1956], *Marx-Engels Werke*, Institut für Marxismus-Leninismus beim Zentralkomitee der SED (Bd.1-42) bzw; Institut für Geschichte der Arbeiterbewegung (Bd. 43) im Dietz Verlag.

Mill, John Stuart［1965］, *Collected Works of John Stuart Mill,* 33vols, University of Toronto Press. 原本は1848年。

Proudhon, Pierre-Joseph［1982］, *Idée générale de la Révolution* au XIXe siècle, Slatkine. 原本は1851年。邦訳、陸井四郎・本田烈訳『19世紀における革命の一般理念』(『プルードンⅠ』) 三一書房、1971年。

Proudhon, P. J.［1854］, *Manuel du Spéculateur á la Bourse,* Librairie de Garnier Fréres.

Proudhon, P. J.［1959］, *Du Principle Fédéatif et de la Nécessité de Reconstituer le Parti de la Révolution,* Marcel Riviére. 原本は1863年。邦訳、長谷川進訳『連合の原理』(『プルードンⅠ』) 三一書房、1971年。

石井通則［1952］、『利潤分配の解説』青山書院。

上田貞次郎［1913］、『株式会社経済論』同文舘。

大野實雄［1950］、『労働株の論理―将来の株式会社』厳松堂。

岡村司［1902］、「民法と社会主義」『法律学経済学内外論叢』。

河上肇［1923］、「生産手段に関する所有権の睡眠」『社会問題研究』第6巻、第44冊、弘文堂。

気賀勘重［1909］、「利潤分配制度論」『三田学会雑誌』第1巻第3号。

北一輝［1923］、『日本改造法案大綱』(初版、ガリ版1919年。改造社、1923年)。

久米邦武編修［1980］、田中彰校訂『特命全権大使米欧回覧実記』(1-5) 岩波文庫。

柴田敬［1940］、『日本経済革新大綱』有斐閣。

鈴木啓史［2010］、『利潤分配制と社会主義―日本における大正期から昭和戦後期に至るまでの受容と変容の歴史―』関西学院大学出版会学位論文オンデマンド、https://www.bookpark.ne.jp/cm/contentdetail.asp?content_id=KNGK-00074。

瀧本誠一［1920］、『労働賃金制度の改良案―利益分配法』國分堂。

田島錦治［1921］、「労働資本協調方法としての利潤分配」『經濟論叢』第12巻第4号。

戸田海一［1911］、『社会主義と日本国民』改造社。

中野嘉彦［2009］、「社会主義への通過点論としての河上肇の株式会社論」『経済論叢』第183巻第3号、7月。

林癸未夫［1919］、『最近欧米労働政策例纂』人道社出版。

林癸未夫［1932］、『国家社会主義原理』章華社。

深井英五［1893］、『現時之社会主義』民友社。

福田徳三［1916］、『生存権の社会政策』講談社学術文庫。

藤田勝次郎［1993］、『プルードンと現代』世界書院。
本位田祥男［1944］、『協働組合の理論』日本評論社。
本位田祥男［1965］、『新企業原理の研究』清明会叢書。
増地庸次郎［1938］、『新訂企業形態論』千倉書房。
増地庸次郎［1943］、『賃金論』千倉書房。
森戸辰男［1975］、『思想の遍歴』（上、下）春秋社。

日本の強み・弱み（6）―情報サービス産業に見る

「日本の強み・弱み―その仕分け―研究会」における議事録から。

情報産業労働組合連合会・政策局長（当時）・才木誠吾による講演「情報通信産業の課題―情報サービス産業について」2012年12月27日、於：パナホーム㈱（つくばみらい市）

「総務省・日本標準産業分類は、大項目に『情報通信産業』、中項目に『情報サービス業』を配置している」。「情報サービス産業の中では、『受託開発ソフトウェア業』の売上げがもっとも大きい」。「日本の情報サービス業の世界シェアは 約9％、かつては10％を超していたが、インドや中国の追い上げでシェア を下げている。米国27％、ヨーロッパ29％。国内の市場規模は2011年で約10兆円、2007年がピークで約11兆円あった。これも縮小傾向を示している」。「従業員が10人未満の事業所が45％、10-49人が38％とほとんどが中小企業。大きな設備投資を必要としないので大きな事務所で働いていた人が独立し易い。しかし、それは、多重下請け構造である。大手が顧客から注文を受け、それを開発のパーツごとに下請けに出し、そこからさらに孫請けに出される。多段階の請負構造と裾野が広いというのがこの産業の特徴である」。「雇用者数は増えている。2010年で95万人。しかし、2012年の日銀の短観によれば人員不足状態にある。長時間労働と労働環境の悪化で人が集まらない。とくに『高度ICT人材』が根本的に足りない。2005年で57万人であったが、2015年になっても68万人しかならない。情報系の学生は年間2万人程度しか供給されない。しかも、男性で平均11年、女性で9年で辞められる。いきおい、オフショア開発に傾いてしまう。その面でインドや中国の追い上げに会うことになる」。「しかし、日本の強さは品質の高さにある。システムは不具合で止まることがほとんどない」。

第7章 貧困と孤独

はじめに

　1947-49年に生まれた人が、団塊の世代と呼ばれている。この世代の人数は、前後の世代よりも270万人も多い800万人から構成されている。この世代が日本社会の急激な変化を経験し、高度成長時代と長期低迷時代の双方を生き抜いてきた。そして、今、この世代が、職を持たない高齢者の激増時代の犠牲になる。2055年、日本の総人口は1億人を切り、65歳以上の高齢者が人口の40.5％を占める。

　周知のように、1組の夫婦から、生まれる子供の数は1.3人前後で静止している。超少子化社会の到来でもある。2005年の出生数は106万にまで激減した。1960年には65歳以上の高齢者1人を支える現役世代（15-64歳）は11.2人いた。2000年には3.9人になり、2050年には1.3人になる。若者が引退老人を扶養するシステムが維持不可能になる時代の到来は目前である（厚生労働省「日本の人口の推移」,（厚生労働省「日本の人口の推移」、http://www.mhlw.go.jp/stf/shingi/2r9852000001thzi-att/2r9852000001ti1v.pdf）。

1. 増える孤独死

　1970年の単身世帯数は、614万世帯、総人口に占める比率は6％であった。それが、2005年になると、1,446万世帯、人口比11％とほぼ倍増してしまった。2030年には1,824万世帯、人口比16％になると予測されている。

　夫婦と子供2人の世帯が標準世帯と呼ばれる。1985年時点で、標準世帯は40％と、文字通り、全世帯の標準（第1位）であった。同年、単身世帯は21％であった。2005年、前者が30％、後者が29％と接近した。しかし、2030年になると、単身世帯が37％、標準世帯が22％と、単身世帯数が標準世帯数を上回るようになってしまう（藤森克彦「単身急増

社会の衝撃」みずほ情報総研、2011年、http://www.pref.gifu.lg.jp/kensei-unei/seisaku-plan/choki-koso/kenkyukai/index.data/shiryou230614.pdf）。

　増加の大部分は、80歳以上の男女と50-60歳代の男性の単身世帯である。1985年を基準とすれば、2005年時点で、80歳以上の男性単身世帯が5.3倍、女性単身世帯が6.9倍、50-60歳代が4倍台であった（人口問題研究所「日本の世帯数の将来推計」、http://www.ipss.go.jp/pp-ajsetai/j/HPRJ2013/t-page.asp）。

　2030年、団塊世代が80歳を超える。年間死者数は165万人を超え、現在の1.4倍になる。1960年代までは、在宅死の比率は70％強であった。しかし、2009年における在宅死は20％を切った。しかも、介護保険が適用される介護療養病床は、近い将来廃止されることになっている。医療型病床も減少させられるだろう(1)。そのこともあって、2030年の死者数のうち、病院で死を迎える人は約89万人、介護施設で死去する人は9万人、在宅死の人が20万人、そして、恐ろしいことに、約47万人が、行き場のない場所で死ななければならなくなる。独居老人の孤独死という悲惨な事態が日本で生じる（http://www8.cao.go.jp/kourei/whitepaper/w-2010/zenbun/pdf/1s3s_3.pdf）。

　これらの数値は、今後、孤独死が増加するのが必定であることを示している。孤独死の数値として、よく引き合いに出されるのが東京都観察医務院の統計である。この数値は東京都23区内で発生した不自然死のうち、検案(2)・解剖した死体数を発表したものである。「東京都23区における孤独死の実態」（2010年12月9日）がそれである（http://www.fukushihoken.metro.tokyo.jp/kansatsu/kouza.files/19-kodokushinojittai.pdf）。

　医務院は、「孤独死」を「異常死のうち、自宅でなくなられた一人暮らしの人」と定義している（同、緒言(3)）。観察医務院の検案・解剖情報がデータベース化されたのは、1987年からである。東京医務院の2010年の報告書によれば、東京23区の孤独死は1987年の1,123人から2006年には3,395人と3倍に増加していた。孤独死については、どの年齢層でも、一貫して男性は女性のほぼ2倍であった。上記の期間で、男性が788人から2,362人に、女性が335人から1,033人に増えていた。年齢階

層別では、2006年の事例では、60-64歳がピークで400人台、40-44歳で100人台であった。年齢が増すとともに人数が多くなる。そして、64歳を超すと孤独死の数は減少線を描く。女性のピークは80-84歳であった。女性は70歳未満では100人を超えていず、70-74歳で100人を超え、80-84歳で201人であった（同、2ページ）。

孤独死数が激増したといっても、1990-2005年の期間、一人暮らし者数に対する孤独死の比率は男女ともに目立った増加はなかった。男性がほぼ0.03％台前半、女性が0.01％前後でグラフは横ばいであった（同、3ページ）。ということは、孤独死の増加とは一人暮らし者数が増えたことの反映であるということになる。

一人暮らしでも、コミュニティで生活を楽しんでいる限り、孤独を好む風潮の表れだとして、取りたてて騒ぐ必要はない。しかし、統計は深刻な事態が発生していることを示している。孤独死した後、死体が発見されるまでの平均日数が増えてきているのである。1987-2006年の期間、男性は発見されるまで平均7日から12日に増えている。女性も3日から6.5日に伸びている（同、4ページ）。これは深刻な数値である。発見までの日数が伸びるということは、それだけ隣近所との接触が断たれていることの証左だからである。

東京都では便宜的に旧江戸城を中心にして、23区を東西南北に区分している。さらに都心部と7個所の副都心を上記の区分けとは別に設定している。城北地域といった呼び方がそれである。その分け方で地域差を見ると、男性で孤独死発生率がもっとも高かったのは、城東地域で、以下、城北、城南、副都心（7つ全部）の順序であり、地区ごとに大きなバラツキがあった。女性も城東地区で高かったが、地区ごとのバラツキは男性ほど大きくはなかった(4)。

男性に関しては、完全失業率と生活保護率が高く、平均所得額の低い地域ほど孤独死率が高いという相関性がある。女性にはそのような相関性はなかった（同、8ページ）。しかし、全体的に見て、孤独死は、単に「一人暮らし」というだけでなく、貧困が大きな要因であると言える。事実、総務省の2004年の報告書によれば、年収150万円未満の単身世帯

数の年齢別割合は、男性で30歳未満が5.2%、30歳代が2.1%、40歳代が4.2%、50歳代が13.0%、60歳代が20.4%、70歳以上が14.3%と、孤独死の比率との相関性の高さが見て取れる。女性は30歳未満9.6%、30歳代7.7%、40歳代13.3%、50歳代25.3%、60歳代25.6%、70歳以上29.4%であった。年齢が高くなるほど女性の孤独死率が高くなっていることとの強い相関性がやはりあった（総務省統計局［2007］、第3・12表）。

　65歳以上の高齢者の孤独を示す恐ろしい数字が総務省の『社会生活基本調査』で公表されている。最新のものは2011年版であるが、統計データの加工がかなり煩瑣なので、本章では、前掲の藤森克彦が2006年版を集計計算した数値を借用させて頂く。

　65歳以上の単身高齢者で「家族と過ごす時間を全く持たない割合」が2005年時点で84.0%もあった。家族と過ごす時間を全く持たない高齢単身者のうち、じつに71.4%が「子供が近所に居住している」にも拘わらず、一人暮らしをしている。女性の高齢単身者は82.7%であった。そして子供が近所に居住している人の割合は男性と同じく高く、70.9%もあった（前掲、藤森克彦の報告、44ページ）。多くの高齢者が家族との対話を失っているのである。

　貧困が社会を蝕みつつある。非正規労働者の賃金は年齢とともに上昇するわけではない。40歳代以降の賃金上昇は頭打ちである。しかも非正規労働者の賃金水準は、40歳代後半-50歳代前半の男性で、正規労働の男性の賃金の6割弱、非正規労働の女性の賃金は4割弱の低水準に止まっている。雇用も不安定である。結婚を躊躇するのもそのせいであるし、そもそも結婚の機会にも恵まれていない（羊泉社MOOK編集部［2011］、208-9ページ）。

　実際に、2007年の厚生労働省調査によると（厚生労働省「就業形態別にみた過去5年間に結婚した者（21-39歳）の割合」、『第6回21世紀成年者縦断調査結果の概要』、2007年、http://www.mhlw.go.jp/toukei/saikin/hw/judan/seinen09/kekka 1-1.html）、同世代で結婚した者の比率は、正規雇用の男性で24%、女性で28%、非正規雇用で男性12%、女性25%、無職で男性9%、女性28%と、非正規雇用の男性で結婚した者の比率は、

正規雇用の男性の半分程度に留まっている。

現在の20歳代後半-30歳代は、就職時期がバブル崩壊後の就職氷河期に当たり、多くの若者が非正規雇用を余儀なくされた世代である。彼らの不遇を修正できる施策はいまだ有効に施行されていない。

高齢単身女性には、「現役時代に非正規労働に従事していたために、公的年金の2階部分に当たる厚生年金や共済年金を受給していない人が多い。また、正規労働であっても賃金が低いことから年金の受給額が低い人も多い。高齢者男性でも1割程度が年金を受給できていない」(羊泉社[2011]、「単身急増社会・衝撃のデータ、藤森克彦へのインタビュー」、209-10ページ)。

老後に、所得が落ち、社会的孤立に陥り、孤独死の恐怖におののく。そうした社会が確実にくる。その到来を阻止することこそが市民社会を構成するすべての人の責務である。

2. 食の砂漠化

貧困と高齢化社会が、食に関する基本的生活をも壊しつつある。「食の砂漠化」の進行がそれである。「食の砂漠」とは、都市構造の変化による生鮮食料品店の空白地帯をいう。

米国で低所得者が多く住む地域において、もっとも近い生鮮食料品店まで1マイル(約1.6km)以上もある場所に住んでいる市民が2,350万人も存在する。とくに、東部・南部の住民の5%以上が「食の砂漠」下にある。ニューヨーク市でさえ、2-3万人程度がその圏内で生活しているという。

「米国の姿は、日本の近い将来を指し示している。米国では、家族形態の変化、所得格差拡大により、孤立する人の増加が目立つ。生鮮食品の購入が困難になった『食の砂漠』地域で生鮮食料品店の代わりに進出しているのが、ファストフード店。『食の砂漠』地域では偏った栄養状態によって肥満している住民が増加している」(西谷明子「『食の砂漠化』

問題が深刻化するアメリカ」、http://gendai.ismedia.jp/articles/-/28028)。

　2010-20年において、日本では、人口の減少率は、人口が少ない地域ほど高いと予測されている。全国の50万人以上の市町村における人口減少率はわずか0.8%だが、5,000人未満の市町村では14.9%も減少する見通しである。2020年時点で全国の50万人以上の市町村における65歳以上の老人の割合は27%程度だが、5,000人未満の市町村では41%である（西谷、ibid.）。

　大幅な人口減少は、財源不足の原因となり、医療・教育・交通インフラの機能を低下させる。そのことを危惧している経産省は、2009年に、大手流通業者をオブザーバーに、「地域生活インフラを支える流通のあり方研究会」を組織している。

　日本の高齢者世帯数は、2025年には1,267万世帯になるだろうと予測されている。東京23区の中心部でも、高齢者世帯はすでに4割を超えている。港区が2012年6月に公表した数値によれば、65歳以上の高齢者のうち、半数が200万円未満の年収であった。しかも、独居男性の過半数が安い賃貸住まいであった。板橋区の高島平団地（約1万戸）の65歳以上の高齢化率は、すでに4割を超え、3年後には5割、8,000人になる。

　これは、日本でも「食の砂漠化」が進行することを予測させる数値である。元気な高齢者が苦にならずに歩ける時間は、15分程度と言われている。距離にして7-800メートルであろうか。この圏内に生鮮食料店がなければ、その圏内は、「食の砂漠地帯」である。

　自動車の運転はできないし、公共交通機関もない。スーパーには、車なしでは辿り着けない。いきおい、そうした高齢者は、新鮮野菜を摂取せずに食事をすませてしまう。日本では、今や、70歳以上の4人に1人が新型の栄養失調に陥っていると言われている。「飽食」の反対の「貧食」の時代に私たちは入ったのではなかろうか？

　上述の西谷は、「食の砂漠」と並んで「SS過疎地」も進行しているとの警告を発している。SSとは、「サービス・ステーション」の略で、いわゆるガソリン・スタンドのことである。全国石油協会によると、「市

町村内のSS数が3か所以下で、今後さらに減少すると地域住民への石油製品供給が極めて問題となる地域」が、全国に200か所以上ある。すでに最寄りのSSが20km離れている地域もある。そもそも過疎地のSSは、価格面で多角経営をしている都市部のSSに負けて赤字を累積させて、この業界から撤退する傾向がある（西谷朝子、http://gendai.ismedia.jp/articles/-/28028）。

資源エネルギー庁が2013年4月10日に発表した「市町村別に見るSS（サービスステーション）過疎の状況」によると、同年3月28日時点のSS登録データを基に、全国の1,719市町村（東京特別区を除く）別にSSの数を調べたところ、SSが3か所以下の市町村の数が、西谷が示したように、257に達した。

内訳をみると、大阪府南河内郡千早赤阪村や奈良県磯城郡三宅町など、7つの町村についてはSSの数がゼロ。SSが1か所しかない町村の数は60、SSが2か所しかない市町村の数は81、SSが3か所しかない市町村の数は109だった。

こうした「SS過疎地」が目立つようになった最大の要因は、低燃費車の普及などでガソリン需要が減少し、収益が悪化したこと。さらに、2011年2月に施行された「改正消防法」では、給油所の地下に設けられたガソリンタンクで40年以上経過したものについて、2年以内に改修もしくは交換することが義務付けられた。その期限を2013年1月末に迎えたことで、これを機に廃業を決めた業者が増えたと見られる。

こうした事態に備え、政府はSS運営事業者がガソリンタンクの改修や交換をする場合、その費用の3分の2を補助する制度「地域エネルギー供給拠点整備事業」を実施してきた。しかし、低価格セルフ店の増加で競争が激化しているうえ、若者のクルマ離れで将来的な需要減少も見込まれるなど、車の低燃費化以外の経営圧迫要因もあり、補助制度を利用せずに廃業するケースが増えたのである（http://news.livedoor.com/article/detail/7687159/）。

消防法の改正は、ガソリンスタンドの地下タンクからの残油漏洩防止を強化した。漏洩させた場合は、土壌汚染の洗浄等費用に数億円とい

う単位で、高額な費用が掛かる。タンク本体の入れ替え費用は、1本当たり1,000万円、さらに塗装費用も700万円前後掛かる（http://note.chiebukuro.yahoo.co.jp/detail/n35179）。

3. デトロイト市の破綻

　市民の高齢化と貧困化の進行は、コミュニティそのものを崩壊させる危険性を生む。米国のデトロイト（Detroit）市の財政破綻は、そうした社会がいよいよ到来したのかと思わせるものであった。

　米中西部ミシガン（Michigan）州デトロイト市が、2013年7月18日午後（現地時間）、連邦破産法9条の適用を申請した。米公共セクターの財政破綻としては史上最大規模で、負債総額は、2011年に破綻したアラバマ（Alabama）州ジェファーソン郡（Jefferson County）の40億ドル強を大幅に上回る180億ドルであった（『日本経済新聞』、2013年7月19日付）。

　米国では、自治体の財政破綻が急増している。米破産協会（ABI=U. S. Bankruptcy Association）の調べによれば、米連邦破産法9条を申請して破産した自治体は、2012年1-9月合計で17件と、1980年以降、最多であった。

　リーマン・ショック前の07年会計年度（07年7月1日から08年6月30日までの期間）に27億ドル強であったデトロイト市の税収は12年会計年度に23億ドルにまで減少した。同日夜、記者会見したミシガン州のスナイダー（Rick Snyder）知事は、「ほかに選択肢はなかった」、同市の財政は「過去60年に亘って悪化を続けてきた」、「市の予算の38％は年金や債務処理といった『負の遺産』の整理に使われていた」と指摘した。

　2012年6月の時点で、市は、約20億ドルの債務返済を停止していた。再建計画では、負債を20億ドルにまで減らすことを目標としていた。市債の価値は大幅に下落し、市職員や退職者の年金も削減された。

　デトロイト市の人口は2000年に比べて28％も減少した。1950年には

人口200万人であったが、2013年現在では70万人台。失業率は、自動車大手ゼネラル・モーターズやクライスラーが相次いで経営破綻した2009年の27.8％に比べると改善したものの、ミシガン州の平均のほぼ2倍に当たる16.3％で高止まりしている。

公共サービス状況は悪く、同知事によれば、警察に通報して警官が到着するまでの時間はデトロイト市では58分で、全国平均の11分を大きく上回っていた。事件解決率もわずか8.7％で、全国平均の30.5％にはるかに及ばなかった。同市の街灯の約40％が故障し、稼働している救急車は3分の1に過ぎなかった。廃墟家屋は約7万8,000件に上っていた（CNN, Money. 19 July, 2013.『日本経済新聞』、前掲）。

デトロイト市の財政破綻は、景気回復から取り残された地方自治体の財政リスクを浮き彫りにした。基幹産業の衰退で空洞化し税収難を招く「負の連鎖」が名門都市を飲み込む「破綻ドミノ」の不安が米国を覆っている。

米国では、東部などの大都市圏と地方の財政格差が開いており、人口と企業の流出による税収不足から財政難に陥る自治体が続出している。とくにデトロイト市を含むミシガン州やオハイオ州など中西部は「ラスト（rust）・ベルト」（錆び付いた産業地帯）と呼ばれ、鉄鋼など製造業の衰退が著しい。

米国の地方債の格付けも近年急落し、格下げによる信用不安が自治体破綻の主たる引き金になっている。自治体支援に及び腰の州も多く、アナリストのメレディス・ホイットニーは「今後、50-100の自治体が債務不履行（デフォルト）に陥る恐れがある」と警告した（Meredith Whitney,"On The Future Of Muni Bonds", Forbes, 6 April, 2013.『産経新聞』、2013年7月20日付）。

スナイダー知事は、2013年3月1日、デトロイト市に対して、財政非常事態宣言を発して、企業再生で実績のある弁護士、ケビン・オーア（Kevyn Orr）を緊急財務管理者（emergency financial manager）に任命した。

市民向けのサービスは圧縮され、市職員の削減や年金などの「レガ

シーコスト」の一部カットが進められた。

　これに抗して、ミシガン州判事、ローズマリー・アキリーナ（Rosemarie Aquilina）は、デトロイト市の破産申告を撤回するように要請した。破産申告が、年金受給者の利益を保護する州法に違反しているというのである。しかし、州の司法長官（ビル・シュエッテ、Bill Schuette）は直ちにそれに抗議した（BBC, 19 July, 2013）。

　9条適用過程で、銀行や債券保有者が優先され、年金の保全は後回しになった。180億ドルの債務のうち、90億ドルが、1万人の市労働者、2万人の退職者の年金関連債務であった。

　デトロイト市の住民の多くは、民主党支持者であり、市民の8割を黒人が占める。彼らは、デトロイトの破綻は、共和党のミシガン州知事の陰謀だと見ている。事実、共和党のスナイダー知事によって緊急財務管理者に任命されるや否や、オーアは、破産申請をするようにずっと動いてきていた（*The New Yorker,* "Detroit Bankruptcy Filing Raises Big Questions," 19 July, 2013）。

　デトロイト市が破産申請する1年前（2012年半ば）も、カリフォルニア州の3つの市、ストックトン（Stockton）、マンモスレイクス（Mammoth Lakes）、サン・バーナーディーノ（San Bernardino）が相継いで連邦破産法9条の適用申請をしていた（*Financial Times,* 12 July, 2012）。

　以上、デトロイトの破綻は、失業による貧困が、自治体の財政破綻、コミュニティのインフラストラクチュアを破壊してしまうことを象徴的に示したものである。

4. 再生の芽が大きくなってきたデトロイト

　しかし、「やはり」というべきなのか、「まさか」という言葉が正しいのか？

　デトロイトには確かな再生の芽が育っている。たとえば、「シャイノーラ」（Shinola）というかつては有名ブランドであった会社が、デトロイト

の旧GMビル内に開設した工場内で自転車や時計などの製造を開始した。

　一代目のシャイノーラは、1901年に靴磨き用機材製造会社としてニューヨークで創業、第1次世界大戦中に急成長し、第2次世界大戦の頃には時計メーカーとして一世を風靡した。しかし、1970年代になると、多くの米国の製造業と同じく、一代目の会社はこの市場から衰退してしまった。

　二代目のシャイノーラは、近年、完全に米国製であること、高品位であること、の2つに徹底して拘った製品作りで注目を集めているメーカーである。同社は、中国など諸外国に流出してしまった製造業を米国内に取り戻すことを理念に掲げている。

　現在販売している自転車は、それぞれ「ランウェル」(RUNWELL)、「ビクスビィ」(BIXBY)、「ウィミンズビクスビィ」(WOMEN'S BIXBY)と名付けられた街乗り仕様の3モデルである。ウィスコンシン(Wisconsin)州の有名メーカー、「ウォーターフォード・プレシジョン・サイクル(Waterford Precision Cycles)製の最高品質のスチール合金製フレームを、デトロイトの工場で職人たちが丁寧に組み上げ、完成させていると同社は宣伝している。価格は1,950-2,950ドルと、通勤用自転車としては比較的高いが、品質の良さが売り物である。安価なものを使い捨てる消費傾向に抗い、高くても良質なものを末永く愛用するライフ・スタイルを、同社は提唱している。

　自転車以外に、腕時計、カバンや財布などの革製品と、リネンなどをカバーに用いた手帳やノートを生産している(「メイド・イン・アメリカ＆高品位にこだわる新鋭メーカー、Shinolaの自転車」、http://geared.jp/editors/2013/03/shinola.html)。

　同社を見学したレポートがある(WEDGE取材班［2013］)。同社は、2011年にデトロイトで生産を開始し、2013年6月、ニューヨークとデトロイトにモダンなアンテナ・ショップを開設した。販売するすべての商品に、"DETROIT"、"MADE IN USA"の表示を付けている。同社のマーケティング担当部長は、「この町には製造業をベースにした技術への尊敬が息付いているから」と、デトロイトに進出してきた理由を語ってい

る。超人気商品である時計の組み立て工場もデトロイトにあり、時計関係の従業員は、製造・販売部門併せて140人いる。

ミシガン州政府開発公社（MEDC=Michigan Economic Development Corporation）CEOのマイケル・フィニー（Michael Finney）はミシガン州を'Rust Belt'の１つに数えることはもう古い。今はそうではないと自慢げにシャイノーラの腕時計を取材班に見せた。彼は明言した。「自動車産業で培ってきた技術は、ミシガン州、そしてデトロイト市の強みなのです」と。

シャイノーラ社も、「デトロイト＝製造業の町」というイメージを廃れさすのではなく、「長年培われてきた技術を持つ誇りある町」というイメージを前面に押し出している。

「デトロイト商工会議所」（Detroit Chamber of Commerce）「経済開発部門」（Economic Development）担当副会長（Vice President）のマーレン・クラウス（Maureen Krauss）も言う。「自動車関連企業で働いていた人たちが、新しい事業を起こしています」と。カーナビなどの情報システムの開発、軽量化技術などを基礎にした新製品開発に取り組んでいると彼は指摘した。そのような起業家たちが集う施設をGMが提供した。この施設は「テク・タウン」（Tech Town）と名付けられ、24社が入居している。

デトロイトにも「ミシガン経済開発公社」のような組織がある。「デトロイト経済成長公社」（DEGC=Detroit Economic Growth Corporation）がそれである。企業誘致、起業支援、町の再開発などを担っている。このDEGCがシャイノーラに新ショップを提供したのである。この公社が力を注いでいるのが、市のダウンタウンの再開発で、2013年度には６棟のビルの大規模な改修工事（リノベーション＝renovation）に着手している（（WEDGE［2013］、26ページ、参照）。

米国の強みは、州政府がファンドと提携して、起業家たらんとする人たちに場所を提供してベンチャービジネスの芽を育て上げ、事業化の目処が立てば彼らを巣立たせるという風土があることである。

デトロイトもこの方向で地域の再生に取り組んでいる。

米国のヤフー本社（Yahoo）が2012年4月4日に従業員のうち、約2,000人に解雇または段階的な異動を行うと発表した（japan.cnet.com、2012年4月5日付）。この時点でヤフーは世界中で1万4,000人の従業員がいたので、この削減によって全従業員の約14%が影響を受けることになった。ところが、間髪を入れずに、レイオフされるヤフーの従業員に対し、デトロイトのベンチャー企業が共同でデトロイトで再就職をしないかと誘ったということを「マーケットウォッチ」というインターネット・メディアの1つが報じた（marketwatch.com, 9 April, 2012）。呼び掛けた企業は、クイッケン・ローンズ（Quicken Loans）やデトロイト・ベンチャー・パートナーズ（DVP=Detroit Venture Partners）、ロックブリッジ・グロース・エクィティ（Rockbridge Growth Equity）などであった。これら企業は、'www.ValleytoDetroit.com'という求人専用のサイトも起ち上げている。ここに履歴書や職務経歴書を送付すると、求人側が即座に面接し、最終候補者をデトロイトまで飛行機で招くという。デトロイト・ベンチャー・パートナーズCEOのジョシュ・リンクナー（Josh Linkner）は言う。「全米で秘密裏にテクノロジー、インターネット、モバイル関係の仕事をするには、デトロイトが急速にそれに相応しい町になってきている」、「ヤフーには才能を持った人が沢山いる。とくに、マーケティングとウェブ開発部門に才能ある人が多い。我々としては人員削減で衝撃を受けている方々に、次なるキャリアの受け皿をデトロイトに用意していますよと呼びかけることで励ましたい」、「我が社は、12社のベンチャー企業を世話している。起業する環境とコラボレーションがし易く、創造的な仕事をする興奮を味わえる魅力的な場を提供している」と。

　ベンチャービジネスが集う空間の建設に出資してきたことで実績のある「クイッケン・ローンズ（Quicken Loans）のCEO、ビル・エマーソン（Bill Emerson）も言う。同社は、「地域全体に影響を与えたいと望んでいる、若くてエネルギッシュで、創造的なプロ集団向けに、エキサイティングな都市の中核を作り出した」、「デトロイトはビジネスを始めたり育てる場として偉大な地であるばかりではない。偉大な米国の都市と

して再生や再構築の大いなる場となろうと数多くの選択肢を用意している」と。

「クイッケン・ローンズ」は、「コンピューター・ワールド」(Computer World)が選ぶ「テクノロジーにおける最良の働き場所」('Best Places to Work in Technology')というランキングで、過去10年に亘り10位以内をキープしている。同社は、全米最大のオンライン住宅ローン会社である。住宅ローンでは2011年時点で300億ドルの融資実績があった。事業拠点は3か所、その1つがデトロイトである（UNA-DON、2012年04月10日、http://blog.livedoor.jp/takosaburou/archives/50660688.html）。

クイッケン・ローンズは、ダン・ギルバート（Dan Gilbert）によって1985年に設立された新興会社である。ギルバートは一代で全米3位のオンライン住宅ローン会社に育て上げた。2013年時点で弱冠51歳の会長（Chairman）である。その彼が、2010年8月に、本社と関連企業60社をデトロイト市内のダウンタウンに移転させ、2011年以降、ダウンタウンの40件もの不動産に果敢に投資した。投資総額は10億ドル。同社の保有資産が約39億ドルであったことからすれば（*Forbes*推計）、全勢力をデトロイトに注ぎ込んだと言える。クイッケン・ローンズがビルを買収し、そのビルの運営を上述のデトロイト・ベンチャーズ・パートナーズ（DVP）が引き受けた。このDVPは2011年クイッケン・ローンズの出資によって設立された企業である。

クイッケン・ローンズが1,200万ドルで買収したビルのフロアには、「ツイッター」（Twitter）や「セールスフォース」（Salesforce）といった大企業もスペースを借りているが、DVPからの出資を受けているベンチャー企業が主力である。DVPはここに入居している22社に合計2,000万ドルを投資している。ここから事業化に成功した企業が巣立って行き、DVPは株式の上場によって報酬を得るという仕組みである（WEDGE [2013]、28ページ、参照）。

デトロイトの周辺には、「ミシガン大学」（University of Michigan）、「ウェイン州立大学」（Wayne State University）、「マーシー大学」（University of Detroit Mercy）、「ボーリンググリーン州立大学」（Bowling Green

State University)、「イースタン・ミシガン大学」(Eastern Michigan University)、「マリーグローブ・カレッジ」(Marygrove College)、「デトロイト・ジェスイット大学」(University of Detroit Jesuit)、「フェニックス大学」(University of Phoenix) など、非常に多くの大学がある。これまではこれら大学卒の若者をデトロイトは吸収できないでいた。それが近年、風向きが変わり、優秀な若者たちがこの地に残るだけでなく外部からも集まり出したのである。

　入居コストの安さ、製造業の町としてイノベーションを起こしてきたことに対する尊敬の念、新しい歴史を自分たちの手で作り直すことができるとの想い、これらが若者を引き付けているのであろう。繁栄していたデトロイトに対する彼らの両親の思い出もまた彼らを駆り立てている (WEDGE [2013]、29ページ、参照)。

5. 白川村民の高いコミュニティ意識

　岐阜県の白川村は、村民が高いコミュニティ意識を持ち、地域の力を維持・強化してきたことで知られている。
　その白川村には、歴史的に有名なダム建設反対闘争があった。
　1950年、「荘白川貯水池計画」というダム計画が政府から出された。その計画は、「日本発送電」が引き受けたが、「日本発送電」の分割・民営化後、関西電力が計画を引き継いだ。(5)
　ダム建設の予定地域は、白川村と大野郡荘川村にまたがっていた。白川村のある飛騨地方は、かつて「下下の国」(げげ＝最下級の国、律令制で、国を大・上・中・下の4等級に分けたうちの最下級の国。和泉・伊賀・志摩・伊豆・飛騨・隠岐・淡路・壱岐・対馬の9か国) と呼ばれ、コメの収穫がほとんど見込まれなかった。その地にあって、白川地域は、貴重な穀倉地帯であり、かつ木材運搬などで豊かな土地柄であった。ダム建設に伴い、174世帯、230戸が水没し、約1,200人の移転が計画されていたことから、水没予定地の住民は、猛然とダム建設計画に反対した。

1952年6月、水没対象となる230戸は「御母衣ダム反対期成同盟」を結成し、反対運動を激化させた。当時の第2次鳩山一郎・内閣は、1955年、電力行政を管轄する石橋湛山・通商産業大臣に、水没予定地住民の生活実態調査を指示した。

　「電源開発」初代総裁で第2次鳩山内閣の経済審議庁長官でもあった高碕達之助は何度も現地を訪れ、「御母衣ダム絶対反対期成同盟死守会」（「死守会」と呼ばれる強硬派）のメンバーと対談した。

　「電源開発」とは、国の特殊会社である。GHQの指示で作られた「過度経済力集中排除法」の指定を受けて、「日本発送電」が解体、地域電力会社に分割されたが、分割されたばかりの地域電力会社は資本的にも非常に貧弱で、復興のために必要となる電力を満足に供給できず、発電所新設の投資もままならない状態であった。そこで、国内での電力需要の増加に対応して制定された「電源開発促進法」により、1952年9月16日に国の特殊会社として設立されたものである（資本構成は66.69％を大蔵省、残りを9電力会社が出資）。

　高碕の住民との折衝は柔軟であった。当時、電源開発副総裁であった藤井崇治は1956年5月8日に現地を訪問し、「死守会」住民に対して「幸福の覚書」という補償交渉の基本姿勢を提示した。それは以下の内容である。

　「御母衣ダムの建設によって、立ち退きの余儀ない状況にあいなった時は、貴殿が現在以上に幸福と考えられる方策を我社は責任をもって樹立し、これを実行することを約束する」。

　「幸福の覚書」方式は、電源開発の補償交渉の基本的手法であり、高碕の理念に沿ったものであった。佐久間ダム（天竜川）や田子倉ダム（只見川）、手取川ダム（手取川）など、電源開発が携わったダム事業のほとんどでその方式が採用された。そのこともあって、大規模なダム計画であっても電源開発のダム事業は比較的短期間で事業を完了している。

　御母衣ダムを語る上で欠かせないエピソードとして「荘川桜」の移植事業がある。

　「御母衣ダム絶対反対期成同盟死守会」解散式の後、高碕は水没予定

地を元「死守会」書記長の若山芳枝たちと徒歩で見回り、光輪寺に差し掛かった時、推定樹齢450年のアズマヒガンザクラ（エドヒガン）が目に留まった。その見事な枝振りを見た高碕は同行していた電源開発社員にサクラの保護を指示した。さらに当時サクラ研究の第一人者として「桜博士」とあだ名されていた笹部新太郎にサクラの移植を依頼した。当初笹部は断ろうとしたが、高碕の熱意に折れてこの事業の総指揮を執ることとなった。

　1961年の春、サクラは移植場所に根付き（「活着」という）、蕾を付けた。翌1962年には移植された老木の傍に水没記念碑が建立され、500名の旧住民と高碕・笹部が集った。この時、高碕は、「計画発表以来移転を余儀なくされる住民の皆様の幸せを願いながらダム事業を進めてきました。皆様の犠牲は国づくりに大きく役立っております」という旨の挨拶を行い、途中感極まって涙した。笹部の証言である（http://www.sakura.jpower.co.jp/）。

　サクラは、電源開発の第4代総裁になっていた藤井崇治によって「荘川桜」と命名された。水上勉はこの荘川桜の顛末を『桜守』という小説に著している。

　ダム建設反対運動で名を馳せた白川村は、現在、岐阜県大野郡にある人口約1,700人（2013年4月1日現在）の小さな村である。元々、白川郷、五箇山の合掌造り集落で有名であり、1995年に世界遺産（文化遺産）に登録された。

　1933年、ドイツ人で世界的に著名な建築学者でもあったブルーノ・タウト（Bruno Taut, 1880-1938）[6]が、ナチスに追われて日本に上陸後、亡命した。日本での亡命後、彼は、日本の各地を訪れた。1935年に白川郷の合掌造りの論理性や合理性に感動し、『日本美の再発見』（篠田英雄訳、岩波新書旧赤版、1948年）の中で高く評価した。そのことによって、白川郷は世界中に知れ渡るようになった。

　白川村では、村内の小集落の集団離村をはじめとして、合掌造り家屋の減少が著しくなってきたことへの危機意識が高まり、1971年に「白川郷荻町集落の自然環境を守る会」が発足し、合掌家屋を「売らない」

「貸さない」「壊さない」の「三ない」原則の住民憲章が策定され、保存運動が活発に推進されるようになった。1975年、「文化財保護法」の改正により「重要伝統的建造物群保存地区」制定の考え方が打ち出された。翌年の76年、白川村は、「白川村伝統的建造物群保存地区保存条例」および「保存計画」を制定した。そして、国の「重要伝統的建造物群保存地区」に選定された。この年、全国で7地区が選定された。しかし、合掌集落保存には莫大な経費がかかる。そこで、87年、白川村は、「白川村伝統的建造物群保存地区保存基金条例」を制定、翌88年より第1次募集が開始された。95年12月、「白川郷・五箇山の合掌造り集落」が「ユネスコ世界遺産」に登録された。日本では6番目であった。97年3月、「(財)世界遺産白川郷合掌造り集落保存財団」が設立された。

　白川村は、荻町集落の伝統的建造物群の合掌造り家屋、その周囲の田畑、山林、道路、水路などのすべてを保存対象とし、農山村特有の歴史的景観を維持している。合掌造り家屋の多くは江戸時代末期から明治時代に建てられたもので、それほど古いものではない。もっとも古いと見られる建物でも、18世紀中期から後期のものと推察されている。

　合掌造り家屋の大きな特徴の1つは、柱や桁(けた)、梁(はり)で構成される軸組と扠首(さす)から上の小屋組が構造的にも空間的にも明確に分離されていることである。白川は、豪雪地帯にあることから、勾配が60度近くもある急傾斜の茅葺の切妻屋根であり、南北に流れる庄川に沿って棟を平行に揃えている(7)。同じ形態の建築が規則的に群となって並ぶ様子は美しく印象的な集落景観を形成している。このような形態は、南北に吹き抜ける風の影響を最小限にしたり、農作以外の産業である養蚕の作業場として、小屋内に広い空間の確保、切妻からの通風と採光が必要であったことから形成された。

　合掌造り家屋保存のために、かつては、50-60年に一度の茅葺屋根の葺き替えが行われていた。しかし、囲炉裏(いろり)の煙がなくなって、防虫・防腐の機能が失われたので、最近では、30年余りで葺き替えが必要になってきている。また互助の心が、「結(ゆい)」や「こうりゃく」(8)の労力提供になっていた。これも、村内の合掌家屋の減少と労災の関わりから、時代に対

第7章　貧困と孤独

応した制度に変化しつつあるが、日本の他の地域と比較すれば、まだこの美しい慣習は残されている（http://shirakawa-go.org/kankou/siru/bunka/651/）。

　白川村はまた、子供の数が減らない村である。昔から白川村では古いしきたりに若い女性が馴染めず、隣町の高山市などへ離れてしまうという流れがあったが、1970年代に入っての秘境ブームで、都会から若い女性が村へ嫁ぐケースも出始めた。岐阜県で初めて下水道を敷いて、水洗トイレを増設したり、有機農業や染物など都会の住民にとって価値あるものをどんどん取り入れ始めた。それにより、さらに都会から人が訪れ、家庭を持つという好循環が生まれ、山村地区では珍しく子供の数が減少していない。

　村内にある2つの小学校と1つの中学校の学級数は、1997年と2010年で比較すると、維持もしくは増加している。平瀬小学校は4学級のまま、白川小学校は6から7学級に1つ増え、白川中学校も3から5つに増えた。

　また、白川村は、人口1人当たりの教育費が飛び抜けて高い。似たような規模の全国の自治体（類似団体）と比較して、2000年度では類似団体が平均12万1,690円なのに対し、白川村は51万1,543円と約4倍以上であった。歴代の首長は教育委員会出身であった。

　また特筆すべきは、白川村は、以前から中学生を含めた一般住民を毎年、英国のナショナルトラスト[9]へ派遣していることである。

　「白川村第6次総合計画―基本構想編」には「子供たちから村への手紙」と題した作文が載せられている。一例を挙げると、「わたしは、はな、くさ、き、しぜんがいっぱいのたのしいむらにしたいです。にこにこわらうむらにしたいです」（小学1年生）。このように幼い頃から美しい自然を守る意識が育っていることが分かる。

　世界遺産に登録されてからは、それまで年間40-60万人ほどであった観光客数が150万人にも増え、のんびりとした風土にも変化が生まれた。主要産業が1次産業から観光産業へと移り、新たな交通問題が浮上してきているが、それでも、コミュニティを発展・強化しようとの村民意識

は健在である（大和田一紘「地域振興豊かな教育費を享受し、故郷を愛する子供が育つ村世界遺産登録には負の側面も～岐阜県白川村」、http://jbpress.ismedia.jp/articles/-/38212）。

いずれにせよ、以前からあった住民の高いコミュニティ意識が英国のナショナル・トラスト運動を日本の僻地で実現させていることは非常に高く評価されるべきである。地域再生の重要なヒントがこの村にある。

次節では、コミュニティの強化を労働の尊厳に求めた賀川豊彦について説明したい。

6. 賀川豊彦の労働の尊厳論

コミュニティを守るべく住民が連帯することの必要性を、1932年という早い段階で、貧民運動を組織化できた賀川豊彦［1932］が強く訴えていた。同書が刊行された前年の1931年は、満州事変が勃発した年である。東北と北海道では、冷害によって、人々は塗炭の苦しみの最中にあった。

賀川は、『神と苦難の克服』の「序」で、「今は日本の建直しの時である。臆病や逡巡は無用である。苦難を前にして怯まず、宇宙に溢れる霊気を渾身に覚えて、新しく精進すべき時である。朝日は昇る！いざ黎明とともに人生の門出に急ごうではないか！」（序、4ページ）と呼びかけている。

賀川は、貧乏人の連帯感に人生の希望を託した。金があっても、心の貧しい人は「金持貧乏」人であり、貧乏しても愉快に暮らすことのできる人は「貧乏金持」である。貧乏のお蔭で近所は仲よくなる。愉快に暮らすこととは、労働の尊厳を知ることである。それは、機械的反復とか模倣によって得られるものではなく、創作的労作においてのみ獲得できるものである。

営利のみを追求する社会では、労働者は人に使われ、労働の尊厳を奪われている。母の乳児に対する世話は、金銭づくで行われるものではな

い。母の労働は、無償の愛である。労働の尊厳の原型はここにある。

労働の尊厳を取り戻すには、人間の心の中にある力＝内なる生命力を高揚させなければならない。労働者は機械にこき使われている。しかし、人間は機械的な生活に甘んじることを拒否する。魂は、忌まわしい環境を破って、内から上に伸びるものである。

機械化された今日の社会は「貪欲社会」である。貪欲社会とは、労働せずにギャンブル的に金銭利得を実現させる社会を「よし」とするものである。結局、向上心のない怠け者が社会を支配するようになっている。

怠け者が支配する社会を打ち破る力は、協同組合である。賀川は19世紀末のデンマークの協同組合運動を賞賛していた。

先に進む前に、ここで、少し、賀川の著書から離れてデンマークの協同組合を説明しておきたい。

昭和初期、日本の農村部でデンマーク・ブームが起こった。日本では、農民が貧しく、虐げられているのに、デンマークでは、豊かな人間の生を実現する場として農村が機能していると、日本の農民はデンマークを理想と受け取っていた。

デンマークは、北海道の約半分程度の面積しかない小国である。1848-50年、1864年の２度に亘るプロシア、オーストリアとの戦争で、デンマークは、シュレスウィヒ（Schleswig）、ホルシュタイン（Holstein）の両州を失い、国土面積は史上最小となった。

しかし、デンマークは、1870年代に、従来の穀物生産から酪農へと農業形態を転換させ、協同組合活動などを通じてデンマーク農業の再生に成功した。

そうした農業振興に大きく貢献したのが、デンマークが誇る国民高等学校（フォルケホイスコーレ＝Folkehøjskole、Folk High School）であった。1844年、ニコライ・グルンドウィッヒ（Nikolai Grundtvig, 1783-1872）の創意によって設立された私立の国民高等学校が最初のもので、20年後には全国に普及した。それまでの知識偏重教育を反省し、人格教育を重視したのがグルンドウィッヒの教育姿勢であった。義務教育を終えて実社会に数年間出た20歳前後の青年が主な対象であり、多くは農村部出

身の子女であった。学習期間は男子が5か月間、女子が3か月間で、全寮制であった。授業は、2時間の休憩を挟んで、午前8時から午後6時まであり、週2回、夕食後に朗読・講演・体操等が実施された。この学校で、協同組合の思想が徹底的に教えられたのである。

当時のデンマークの主な生産品は、バター、ベーコン、鶏卵であったが、これらの製品はそれぞれの組合において、加工、規格の統一が図られ、英国を主としたヨーロッパに輸出されていた。こうした組合組織が発達していたことがデンマーク農業の大きな特色であった。

たとえば、酪農組合。この協同組合は、1882年に設立されて以後、著しく普及し、1920年代には、ほぼすべての農村に定着した。酪農組合が経営する村の製酪所が、組合員から持ち込まれた牛乳から、バター・チーズも生産していた。

バター製造の過程で出る脱脂乳を飼料とした養豚も盛んであった。養豚の組合は、1887年のホーセンス（Horsens）豚屠殺組合が最初のものである。その後、既存の屠殺業者からの妨害に会いながらも次第に発達し、1915年には、全国の85％前後の豚が、組合において、ベーコンに加工されていた。

鶏卵販売組合も、1895年に創立された。この組合は、それまで十分になされていなかった品質管理を徹底し、卵に一定のマークと番号を付けて責任の所在を明らかにした。この結果、ロンドンにおけるデンマーク産の卵の評価は一変し、最高の優良品とされた。

組合を発展させるべく、支払いは、組合を支援する信用組合の口座を通して行われていた。こうして、教育、農業、協同組合、信用組合が一体となっていたデンマークは、農村の理想像とされていた（http://www.katch.ne.jp/~anjomuse/exhibitions/nihon-den/namae02.htm）。

賀川に戻る。

賀川は、デンマークのような農業協同組合を重視するが、農村だけでなく、多くの分野で協同組合を結成すべきであると言う。たとえば、医療も協同組合化すべきであると。ドイツの医療の協同組合は、ドイツの死亡率を大きく低下させた。賀川によれば、日本では、約1万2,000あ

る農村のうち、2,909か村が無医村である。医療協同組合を早急に作って無医村地区の死亡率を低下させる必要があった。

賀川は、家庭労働を軽減させるべく、主婦組合も設立すべきであると言う。主婦組合によって、購買を協同にし、家事労働も協同にすれば、主婦労働は大幅に軽減されることになろう。炊飯も2軒で協同すれば、炊飯労働は半減する。1人1人が市場に行くよりも、それぞれが分担して、肉や米や野菜を一括購入して、それを分配すれば時間の大幅な節約になる。産業組合が、主婦組合の近くに野菜園や食堂、クラブを作ればなお良い。

貧困の蔓延を防ぐには、生産販売組合を徹底化させ、消費組合を強化し、人々を支える人民銀行とか労働銀行を設立すべきである。そうした銀行は、産業組合によって運営されなければならない。賀川は、人民銀行の原型を無尽頼母子講に見た。賀川がこの主張を行った1930年代の日本には、無尽頼母子講が全国の津々浦々に存在していた。

ふたたび賀川から少し離れる。

頼母子講とは、仲間が集まって、掛け金を払い、そのまとまった金を仲間内でもっとも困っている人に融資する仕組みである。この仕組みは、すでに鎌倉時代の中期には存在していた。

1905年に開講された泉北郡鳳村（現在の堺市）の頼母子講は、年末と年始の計2回開かれた。この講の「融通講規約」が資料として残されている。それによれば、1回の集金は、1株5円、総株数160、計800円であった。これを100円ずつ8つに分け、100円ずつ貸し付ける。借り入れたい人は入札をする。一般的には、入札の具体的な条件は利子の大きさである。経済原理からすれば、もっとも高い利子を約束した人に落札されるはずであるが、堺の頼母子講はそうではなかった。金をもっとも緊急に必要とする人に落札させたのである。この場合、利子は人間関係を基礎に置く道徳的なものであった。元利返済は、次回の講の時に行われた。

こうした講は庶民金融、庶民への一時的な融通システムであった。金銭的な相互融通システムのほかに労働の融通も行われていた（http://

www.tanken.com/tanomosi.html)。

　賀川に戻る。

　賀川は述懐する。

　「私は神戸の葺合新川に永くいたが、近隣者を救済するためにどれだけ多くの頼母子講が立ったか知れない。ある家族が主人の殺人的行為によって投獄された後、その家族を知る40人ばかりの者が、月掛け5円の頼母子講を起こして、200円の金を2回与え、合計400円の金によってその一家族の窮境を救ったことを私は覚えている。・・・こんなことは一度や二度でなかった。1つの路地内に3本か4本の頼母子講が立っていない所はない」（同書、230ページ）。

　周知のように、バングラデシュのムハンマド・ユヌス（Muhammad Yunus, 1940- ）は、ノーベル平和賞受賞者、バングラデシュにあるグラミン銀行（Grameen Bank）創設者、経済学者である。「グラミン」という言葉は「村」（gram）という単語に由来する。1983年に創設した。

　ユヌスの提唱によって始められた女性向け金融組織＝グラミン銀行は、日本の頼母子講の精神に通じるものがある（http://www.iima.or.jp/Docs/topics/2005/106.pdf）。

　賀川は、郵便局や信用組合のない所でも必ず頼母子講が存在するとして、この講を基礎とする人民銀行の設立を提案していた。こうした、日本独特の産業民主主義を発展させることが重要であって、いたずらに西欧的な資本主義組織の模倣はよくないと賀川は主張した。

　こうした信用組合を設立し、利益を積み立てて病院を経営するとか、農村技術者を育てるとか、教育施設を充実させて、労働者が学ぶことのできる環境を整えることができれば、日本は貧困から脱却できるであろうと賀川は言う。

　賀川は、資本主義がもたらす貧困の原因を4つに整理した。

①自由競争が行き過ぎた結果、生産機関が一握りの少数者に独占され、多数者がそれに従属している。

②分配制度が不完全なために、多くの者が収入不足に陥り、物価の変動についていけない。

③一部の特権階級によって蹂躙されてしまっている信用組織は、人格的に信用できる人に資金が融通されないという欠陥を持っている。
④消費組織が不完全であるために、生産されている財貨と、消費される財貨との間にズレが生じ、生産過剰と恐慌が相次ぐ。そのために、悪徳の仲買組織と悪質な小売商店が跋扈し、失業が増加する。近代の中でも、もっとも不自然な失業群の洪水が都市を包んでいる。

　従属性、生活不安、不信用、失業という上記の4つの呪いが現在の貧困を生み出している。こうした、呪いを克服するには、自由競争社会に経済を委ねてはならない。個人主義的社会事業ではなく、社会的組織運動を基調としなければならないと賀川は主張した。

　具体的には、以下の7つの処方によって、社会改造が実施されるべきである。
①無秩序な偽自由主義・利己主義経済組織を廃して、協同組合の組織に編成替えすること。
②協同組合の世界連盟を作って、無駄な関税競争を廃止すること。
③世界的浪費である戦争に絶対に反対すること。
④無駄な総選挙方式を止め、協同組合中心の委員選出方式を作ること。
⑤法科万能・文科偏重の教育を改め、実生活に即した協同組合適合的教育を行うこと。
⑥金融組織を協同組合的信用組織に改め、金融中心の経済を排斥すること。
⑦表面的富を得ようとする欲望を整理して、労働・生命・人格を尊重する人間中心の文化組織を作り出すこと。

　賀川は次の言葉で、『神と苦難の克服』を締めくくった。
　「蝶々でさえサナギの日のあるものを、どうして憂鬱のマユが、私の胸を縛る日のないことを望み得ようぞ。‥‥私は、私の周囲に自らが造った小さい自分の捕縄を食い破って、永遠の日の曙に強い翼をもって飛び上がろう！」（同書、362ページ）。

おわりに

　社会全体が競争型から共生・協同型にシステムの変換を迫られている時代の認識を共有することこそが、現在の苦境を克服できる正確な道である。

　物資の共同購入・輸送の協業化・適正価格の収受・品質保証・安定供給・教育の充実を手段とした協同組合事業は、もっともっと進化させられなければならない。

　多くの解決すべき難題を含みながらも、労働組合の協力なしに、社会の安定を維持することは難しい。未曾有の大地震と津波という自然災害で苦しんでいる東北・関東の人たちに多くの手を差し伸べよう。心をつなごう。人類社会の終末を予感させるようになった福島原発事故という人災の原因を徹底的に究明し、被害を最小限に抑える手段を一刻も早く発見しよう。

　世界では、石油メジャー支配からの脱却に成功したアラブの革命児たちが、抽象的な「民主化」の錦の御旗の下で抹殺され、原始資本主義的なものに抗していこうとする社会体制がずたずたに引き裂かれている。独裁は犯罪である。しかし、他国を「民主化」の名の下に武力侵攻することは、はるかに大きな犯罪である。

　現在の理不尽な戦争の仕掛け人たちの傲慢な行動を阻止する良識が各国の市民には求められている。

注

（1）「療養病床」とは、病状は比較的安定しているが、長期療養が必要な高齢者などが入院する病床のこと。医療保険が適用される「医療療養病床」（医療型）と、介護保険が適用される「介護療養病床」（介護型）がある。高齢者1人にかかる1か月当たりの費用は、老人保健施設の約32万円と比べると、医療型で約17万円、介護型で約10万円も高く付く。療養病床は、医師や看護職員の配置が一般の介護施設より手厚い。しかし、2005年の厚生労働省の調査では、どちらも入院の必要性が低い患者が約半数を占め

た。
　このため、2006年の医療制度改革で、当時の自公・連立政権は、約12万床あった介護型を2012年3月までに廃止することを決めた。約26万床あった医療型も削減する方針を示した。主に介護が必要な人が入院している普通の病院には、交付金を支給するなどして、老人保健施設などの介護施設への転換を促すことにした。しかし、病院側は、「医療が必要な患者の転院先探しが困難」、「建物の改修が必要になる」などの理由から、厚労省の要請に応じなかった。そこで、2009年に誕生した民主党政権は従来の削減計画を凍結した。とくに、介護型は2010年末時点で8万床以上も残っていたため、2011年の通常国会で、廃止の期限を6年延期することが決まった(『讀賣新聞』2011年11月8日付)。
　この問題を審議しているのは、政府の社会保障制度改革国民会議(会長・清家篤・慶応義塾長)である。2012年末に発足した安倍政権下で、2014年4月から消費増税が施行されることになった。この国民会議が目指している医療・介護改革とは、増税で得られる新たな財源を元に病院・介護施設を再編成することである。入院期間を減らし在宅療養・介護にシフトすることで、きたるべき高齢化のピークを乗り切るという方針が固まった。
　日本の医療は、国際的に見て人口1人当たりの病院・病床数が突出している反面、病床当たりの医師・看護師数は少なく、過重労働が常態化している。
　医療・介護の受け入れ能力と高齢化の度合いは地域で大きな差があり、このままいくと北海道などでは能力がダブつく反面、埼玉県和光市や愛知県岡崎市をはじめとした大都市圏では受け皿が不足し、医療・介護難民が発生することが予測されている。
　増税の使い道を巡って提示されたのが、補助金を用いて自治体や病院等に医療・介護の自発的な再編を促すという案である。増税財源の一部を使って基金を創設。医療・介護資源の再配分に向けてシンクタンク機能を担う専門チームを国に組織し、政府の方針に従う意志のある自治体を資金と知恵の両面で支援する。
　さらに、医療法を改正し、医療機関の指定・取り消し権限を与えるなど、都道府県の役割を拡大。医療法人の統合を促すための仕組みとして持ち株会社制の導入や、高齢者住宅の整備に向けた資金調達手段としてのヘルスケアREIT (Real Estate Investment Trust＝不動産投資信託)など、各種の規制改革策も組み合わせて改革を促す方向が提示された(『週刊東洋経済』2013年5月18日号)。
(2)　死体の検案とは、医師が死体に対して死亡を確認し、死因、死亡時刻、

異常死の識別などを行うことをいう (http://www.med.nagoya-cu.ac.jp/legal.dir/lectures/newest/node17.html)。
(3)「異常死」というのは、自殺、事故死、死因不明の死を指す。それに対して亡くなった時点で最初から病死と分かっている場合を「自然死」という。孤独死はほとんどの場合に病死であろうが、いつ亡くなったのかの確定は難しいし、確定できても、病死と断定することができないために、異常死に分類される。厳密には、自宅外でなくなったケースも孤独死に含められるべきなのだろうが、この場合は異常死ではあっても「一人暮らし」と確定することができないので孤独死の分類に入れられない（同報告、1ページ）。孤独死と区別された分類で「孤立死」というのもある。これは、「社会から孤立した結果、死後長時間放置された事例」と定義されている（厚生労働省「高齢者等が一人でも安心して暮らせるコミュニティづくり委員会報告書、『孤立死』ゼロを目指して」、http://www.mhlw.go.jp/houdou/2008/03/dl/h0328-8a_0001.pdf）。孤独死発生率の計算には、国勢調査による人口数が確定されなければならないので、5年ごとの集計にならざるを得ない（同報告、12ページ）。
(4) 城北地域とは、北区・豊島区・板橋区など。城東地域とは、荒川区、台東区、足立区、葛飾区、江東区、墨田区、江戸川区など。城南地域とは、目黒区、大田区、品川区など。副都心とは、新宿、池袋、渋谷、上野・浅草、錦糸町・亀戸、大崎、臨海、の7個所を指す。ただし、厳密に線引きがなされているわけではなく、感覚的なものである（http://tokyo-ritti.jp/region/ui72b20000001v5e.html; http://tokyo-ritti.jp/region/ui72b20000001v5u.html）。
(5)「日本発送電」は、戦時経済下で政府によって1939年に設立された国策会社である。明治以降、日本では民間の電灯会社が群雄割拠し、大正時代からは「電力戦」と呼ばれる市場競争を繰り広げていた。結果的に、松永安左エ門(1875-1971)率いる東邦電力（名古屋）などの5電力が生き残っていた。昭和に入り、軍事色が強まる中、電力の国家管理が進んだ。叩き上げの実業家で電力界の長老であった松永の猛反対を押し切って、政府は1939年、発電と送電を一本化した巨大な国策会社、「日本発送電」（日発）を発足させた。これに抗議した松永は財界から引退して、埼玉県所沢市の有名な庵、柳瀬荘に引き籠ってしまった。戦争が終わり、電気事業が再編されることになった。政府は審議会を設け、引退していた松永を会長に起用した。70歳過ぎにも拘わらず、松永は辣腕を振るった。松永案は、日発を分割し、発送電一貫・地域独占の民間会社を全国に9つ設立するというものであった。一方、日本製鉄（新日鐵の前身）社長の三鬼隆委員は、

日発存続論を展開、鋭く対立した。審議会は難航し、三鬼案が賛成多数で答申されたが、少数意見として松永案も併記された。そこで、松永は連合国軍総司令部（GHQ）や池田勇人・大蔵大臣を説得、ついに松永案が政府案として国会に提出された。だが、この案は旧日発系から猛反発を受け、審議未了、廃案になってしまった。一向に進まない電力再編に業を煮やしたGHQは1950年11月、いわゆる「ポツダム政令」を発し、松永案による再編を命じた。翌51年、民営で、9電力（後に沖縄電力が加わり10電力）に分割、発送電一貫、地域独占の戦後の電力体制が発足した。松永は、政府から独立した公益事業委員会の委員長代理を務め、強引に9電力役員人事を決めた。このため「電力の鬼」と評された。しかし、講和条約後、占領体制が終了するや否や、政府はこの委員会を廃止し、電力行政の所轄を通産省に取り戻した（「昭和史再訪、昭和26年（1951年）、9電力体制発足、老翁の卓見、高度成長の足場」『朝日新聞・夕刊』、2013年6月15日付）。

（6）　タウトは、東プロイセンのケーニヒスベルク（Königsberg）生まれの建築家で表現主義の建築家として知られていた。1924年にベルリンのゲハグ（GEHAG）という建設会社に勤務中に設計した住宅団地ジードルンク（Siedlung）で国際的な評価を受けた。第1次世界大戦の敗戦国であったドイツのベルリンの労働者住宅は劣悪なものであった。タウトは、主任建築家として労働者の健康を考慮した集合住宅を設計し、1924-31年の間で12,000軒の住宅建築に関わった。1930年、ベルリンにあるシャルロッテンブルク工科大学（Technische Hochschule Charlottenburg、現在のベルリン工科大学、Technische Universität Berlin）の教授に就任した。ロシア革命を達成したソ連に憧れていたタウトは1932年にソ連に旅立つが、現地の建築界の理解を得られずに失望して翌年の1933年に帰国した。しかし、彼の帰国直前にナチスが政権を掌握してしまっていた。ナチスから、「ボルシェヴィキ主義者」という烙印を押されたタウトは職を奪われ、ドイツに帰国してわずか2週間後にスイスに逃れた。さらに、フランス、ギリシャ、イスタンブールを通過し、黒海を渡ってソ連に入り、シベリア鉄道でウラジオストックに到達し、1933年5月、海路で日本の敦賀に上陸し、ドイツに家族を残したまま、日本に亡命した。

　京都大丸当主の下村正太郎、群馬県高崎の井上房一郎の世話になりながら、日本の各地を歴訪し、桂離宮をはじめとする日本建築に対する深い理解を示した。1936年に近代化を目指していたトルコのイスタンブールの芸術アカデミー（State Academy of Fine Arts）からの招請により、イスタンブールに移住した。1938年12月24日、長年患っていた気管支喘息のため死去した。最後の仕事は彼自身の死の直前に死去した大統領ケマル・

アタテュルク（Mustaf Kemal Atatürk）の祭壇だった（http://trarch122.blogspot.jp/p/bruno-taut.html; http://encyclopedia2.thefreedictionary.com/Bruno+Taut; http://japanartsandcrafts.com/brunotaut.html）。

（7）日本の伝統的木造建築の骨組みは、柱、桁、梁で構成される。柱は垂直に立てられた木材を指し、桁は天井部分の横に長く渡された角材、梁はそれに直交して渡された丸太材であり、そうした木材で構成された骨組みを軸組という。屋根の頂上に張り渡された横木を棟木(むなぎ)という。その棟木を支えるために、切妻屋根の両端に、縦に合掌型に組み込んだ丸太が扠首である。切妻屋根とは、開いた本を、背表紙を上にして水平な面に置いた形の屋根のことである。屋根を支える構造物を小屋組という（http://www.polaris-hs.jp/zisyo_syosai/munagi.html）。

（8）「こうりゃく」は「手伝う」という意味である。「結」は全国共通語であるが、「こうりゃく」は富山、飛騨の方言である。「こうりゃく」に当てる漢字はない。

（9）「ナショナル・トラスト」（National Trust）とは、歴史的建築物の保護を目的として英国において設立されたボランティア団体で、正式名称は「歴史的名所や自然的景勝地のためのナショナル・トラスト」（National Trust for Places of Historic Interest or Natural Beauty）。1895年にオクタヴィア・ヒル（Octavia Hill, 1838-1912）、ロバート・ハンター（Robert Hunter, 1844-1913）、ハードウィック・ローンズリー（Hardwicke Rawnsley, 1851-1920）司祭の三者によって設立された。世界から募金を受け入れ、歴史的建造物や名勝を保存している。世界からボランティアを受け入れている（http://www.nationaltrust.org.uk/what-we-do/who-we-are/）。

参考文献

WEDGE取材班［2013］、「デトロイトから見える日本の未来―破綻なくして再生なし、集う起業家たち」『WEDGE』12月号。

賀川豊彦［1932］、『神と苦難の克服』實業之日本社。

総務省統計局［2007］、『平成16年・全国消費実態調査・第5巻（世帯分布編）』日本統計協会。

羊泉社MOOK編集部［2011］、『無縁多死社会―データでわかる日本の未来、団塊の世代が死に絶えるとき！』羊泉社。

日本の強み・弱み（7）―統計に表されない局面

　「日本の強み・弱み―その仕分け―研究会」における議事録から。
　国際経済労働研究所ワーキンググループ、関西大学社会学部准教授（当時）・小川一仁、京都大学経済研究科院生（当時）・加賀美太記、国際経済労働研究所準研究員（当時）・一言英文による報告「日本の強み・弱みのリスト化―国際比較統計データ」2011年9月29日、於：UIゼンセン同盟（東京都千代田区）
　「日本の強みは、機能性化学品のように、市場規模は小さいが、欠くことのできない分野に見出せる。町並みは美しい、光化学スモッグもない。店員の接客態度が非常に良い。しかし、そうした強みは、個別データにすら出ていない。悪い集計データばかり見せられていると、人々が『日本は弱っている』と思わされてしまうのは無理もない。この研究会としては、何としても日本の強みを発見して、より望ましい状況を実現させる方向に持っていかねばならない。私たちはもっと現場の意見を取り入れた提言をしたい」（小川）。
　「今回は広くデータを集めた。日本の強みを見るために、各種の国際データを、全体で1,300くらいの項目・指標から集めた。基本的には60か国を対象とした。主たるデータは、世銀『世界経済・社会統計』、OECD『FactBook 2010』、総務省統計局『世界の統計2010』である。しかし、大きな集計データから日本の強みを見出すのは難しいことが分かった」（加賀美）。
　「比較文化心理学の観点から、多文化社会になっていく日本社会を考えたい。文化の違いとは、たとえば、英国が99年間香港を租借するようになった時、英国は99年間を『永久に返さない』と言うつもりであったのに、中国は『99年くらいすぐ経つ』という理解であったという点に見出される。
　これはジョークではあるが、時間感覚1つ取っても、民族によって価値観に 大きな違いがある。そうした時間感覚の差異が、企業社会の差異を形成していると思われる」（一言）。

第8章　災害社会

はじめに

　2011年3月11日に生じた悲惨な東日本大地震、大津波、福島原発の原子炉の破壊は、災害社会の到来を予防することがいかに難しいかを私たちに思い知らせた。
　巨大にして一見堅固で高い防波堤が脆くも津波によって崩されてしまったことは、加速度的に進行させられている巨大建設事業がいかに災害防止の戦略から大きく外れてしまっているかを指し示している。
　中央集権国家であることを反省して、日本では、地方に政策立案・施行、大規模な財源の委譲を図るべきだとして道州制の導入が叫ばれてきた。しかし、道州制論議が活発になればなるほど、都市の大規模再開発が推し進められてきたのが実態である。その意味で、道州制とは、都市再開発を遂行させることに真意があるのではないかとも勘ぐりたくなる。以下、地方分権を求める声が大きくなると同時に、大規模都市再開発が進められてきた経緯を追って行きたい。

1.「自治体財政健全化法」

　2007年6月に成立した「地方公共団体の財政の健全化に関する法律」が、第三セクターをはじめ、自治体病院のような公的な住民サービスを危機に追いやった。
　この法律によって、地方自治体は、2008年度の決算から、第三セクターや、自治体病院などの公営企業の赤字や借金を、自治体会計として公表させられることになった。これまでは、自治体病院や第三セクターなどの運営費は特別会計に計上され、一般会計には計上されていなかった。そのために、特別会計で赤字が計上されていても、自治体の財政状態を判断する指標が一般会計である限り、赤字の自治体病院でも存続できていた。自治体病院や第三セクターの赤字は顕在化せず、自治体の「隠れ

赤字」とか「隠れ借金」とか非難されてはいたが、それでも、このことが自治体の一般会計を直撃することはなかった。

しかし、これによって、自治体が、真の赤字には鈍感で、第三セクターや公営事業の赤字の解消を先送りしてきたのは事実である。その結果、夕張市のように、事実上の破綻に追い込まれるまでは、自治体の財政危機の実情は外部には知らされなかった。

07年の法律は、こうした隠れ赤字や借金を浮き彫りにし、手遅れになる前に財政再建に向けた取り組みを自治体に促すべく、1955年に制定された「地方財政再建促進特別措置法」（再建法）に代えて、じつに52年ぶりに新たに制定された法律であった（伯野卓彦［2009］、24-25ページ）。

この法律は、「実質赤字比率」と「借金比率」の2つの項目を判定規準として、自治体を「財政健全化団体」に指定するか、それよりも厳しい「財政再生団体」に組み入れることを目指すものであった。

「財政健全化団体」に指定されると、自治体は、健全化の具体的計画を総務大臣に報告しなければならなくなる。そして、目標達成が困難であると判断された時には、総務大臣から改善の具体的な勧告を受けることになる。「財政再生団体」に指定されると予算の変更、財政再生計画の変更などの措置を講ずることを総務大臣から勧告されることになった (http://www.soumu.go.jp/iken/zaisei/kenzenka/exm/pdf/080604_1_3.pdf)。

しかし、この規準は、赤字比率を算定する際に、分母になる標準財政規模が、地方交付税の多寡で大きく左右される点に難点があった。地方交付税は総務省が所管しているために、地方分権の流れに逆行し、ますます国の関与が強まる。地方交付税が減額されると標準財政規模が小さくなり、赤字の規模が変わらなくても実質赤字比率などの数字は上昇することになる。

胸3寸で、国は、恣意的に自治体を「財政健全化団体」や「財政再生団体」に陥れることもできることになった。

伯野卓彦の上記著作では、「こんな法律が、絶対にそのまま施行できるはずがない。そんなことになったら、日本の地方自治は崩壊してしま

う」と吐き捨てるように表現した地方自治体職員を紹介している（伯野［2009］、28ページ）。

　総務省が発表した調査結果（07年9月時点）によれば（http://blogs.yahoo.co.jp/hatahata 8 /53407101.html；および、伯野［2009］、33-34ページ）、「5億円以上の債務超過に陥っていることが判明した第三セクターと公社（自治体が100％出資）」の数は全国で97社あった。大阪府関係では10社あり、1,135億円もの債務超過であった。件数は、東京都よりも多かった。

　全国の第三セクターの債務超過額は、東京都だけで全国の21％、大阪府は16％、東京都と大阪府を合わせると、じつに全国の37％も占めていた。さらに、全国の地域・土地開発事業の債務超過比率は、総債務超過額の75％を占めていた。つまり、07年の数値の公表は、第三セクター方式によるリゾート開発事業の継続は許さないとの国の方針を全国の自治体に示すことを意図したものであった。しかし、事態は、「進むも地獄、退くも地獄」（伯野［2009］、32ページ）の様相を呈していた。

2. 逃げ道としての道州制

　第三セクターの財政危機が、東京都や大阪府などの巨大自治体の破綻に結び付きかねないと見なした国は、より強力な自治体を創り出すという方向に向かっている。

　まず、第三セクター関連の「損害補償契約」の見直しの指針を、政府は08年に打ち出した。総務省が出した「第三セクター、地方公社および公営企業の抜本的改革の推進について」がそれである（http://www.soumu.go.jp/menu_03/shingi_kenkyu/kenkyu_saimu_chousei_20/pdf/081205_1_1.pdf）。

　個条的に総務省の見解を紹介する。

　①第三セクターの債務処理を容易にすべく、必要となる経費について、時限的に地方債の特例措置などを講じる。

②第三セクターの経営責任者に関して、自治体の長による名誉的なポスト就任は許されない。

③「損失補償」は自粛すべき。

④恣意的な会計は許されない。

⑤財政健全化との関係で公営企業も第三セクターに準じる。そのための時限的な地方債発行は認める。

⑥第三セクター整理の先送りはさせない。

⑦国は、第三セクターに積極的に関与する。

以上、見られるように、第三セクターや公営企業の運営・処理において、国がこれまで以上に関与するための指針であることは明らかである。

そして、国はさらに、財政基盤の弱い自治体を追い込む法律を付け加えた。

2000年4月から施行された「地方分権一括法」(2)がそれである。この法律は、中央と地方の関係を、これまでの上下・主従関係から対等な関係へと改める方向を目指すものと一般には理解されていた。しかし、地方自治体を、限りなく道州制に向かわせようとしていたのが、この法律である。平成の大合併はそれを示した。

憲法第92条には、地方自治に関する事項は「地方自治の本旨に基づいて、法律でこれを定める」となっている。しかし、実際には、地方行政の多くは、国の下請け機関と化し、都道府県においては日常業務の70-80％が国の機関委任事務で占められていた。また、人事面においても、地方自治体の幹部は自治省からの出向組で占められることが多く、そのため、地元採用の職員の士気を低下させ、地方自治を確立する妨げとなっている (http://sakura.canvas.ne.jp/spr/h-minami/note-tihoujiti.htm)。

「地方分権一括法」によって、従来の機関委任事務の半分以下の45％ではあるが、この分がなくなり、地方の負担は大幅に軽減されると喧伝された。しかし、実際には、財政面での国の介入はいささかも縮小されなかった。補助金を通じた国による支配構造には何らの変化もない。

地方財政を支える地方税は、住民税、固定資産税、事業税からなる。しかし、これだけだと、自治体の必要経費の3分の1程度にしかならな

い。そのため、地方自治は3割自治と言われてきた。

　残りの7割の財源を地方自治体は、国から得てきた。それは2つのルートを通じて交付されてきた。1つは国庫支出金。これは国が地方自治体に金の使い道を指定して与えるものである。もう1つは、地方交付税。これは地方公共団体間の格差をなくすために交付されるものである。過疎地域には多く、財政の豊かな大都市圏には少ししか交付されない。地方交付税の使い道は、国によって指示されず、地方の自由になる。「地方分権一括法」と「三位一体改革」(3)によって、国から地方自治体に財源移譲が行われると謳われたが、実際には、巨大開発事業の遂行を促すという構図になってしまっている。

　今後、小さな自治体では対応しきれない巨大開発需要が出てくる。自治体の財源だけで巨大開発需要を賄わなければならなくなる。しかも、小さな自治体が分散したままでは、統一的な巨大事業を営むことはできない。ここに、地方の時代を云々する三位一体の現実的意味がある。小さな自治体は放置されてしまうのである。

　政府は、「平成の大合併」直前には3,232あった（1999年3月31日）全国の市町村の数を「平成の大合併」により1,719（市の数789、町の数746、村の数184）にまで減少させた（2013年12月11日現在）。内訳を見ると、市の数は119増、町の数は1,248減、村の数384減であった（http://www.8toch.net/gappei/）。自治体を遮二無二大きくする政策が遂行されたことは明らかである。これは、明治の大合併（1889年）、昭和の大合併（1956年）、に続く3回目の大きな合併である（「南英世のバーチャル政治・経済学教室」、http://sakura.canvas.ne.jp/spr/h-minami/index.htm）。

3. 道州制論議の系譜

　日本の近代的な地方制度は、1889年の「帝国憲法」と並んで準備が進められ、1888年に市制・町村制、1890年に府県制・郡制が布かれた。しかし、戦前の地方制度は、府県が国の下部組織、府県知事を国が任命

するというように、基本的に国が国民を支配する中央集権システムであった。

戦後、日本の地方制度は大きく変化した。1947年5月3日、「日本国憲法」と同時に「地方自治法」が施行され、知事、市町村長は、住民の直接選挙で選ばれることになった。建て前的には、国と地方自治体とは対等であるというのがこの新制度であった。強大な権限を付与されていた戦前の内務省は解体され、新しい「警察法」の制定によって自治体警察が置かれ、市町村公安委員会が管理権を持つことになった。教育制度も公選の教育委員会が設置された。

しかし、1948年には早くも「地方自治法」に「法律またはこれに基づく政令に特別の定めがある時はこの限りではない」との但し書きが挿入された。以後、政府・中央省庁は、次々と法令を制定し、この但し書きによって機関委任事務を拡大し、指揮監督権を握って自治体を事実上の下部機関にした。さらに国庫補助金を拡大して、資金面からも自治体に対する支配力を強めた。

1954年までに自治体警察は完全に廃止され、教育委員会の公選制も1956年に廃止された。こうして、中央集権システムが再構築された。

1955年の保守合同で誕生した自民党は、補助金行政を通じて、地方の農民、商店主、中小企業家などに政治的影響力を強めた。

地方自治体は、政府が配分権を握っている国庫補助金を獲得するために、予算編成時には大挙して上京し、各省庁に陳情しなければならなかった。地元選出の自民党議員への陳情を欠かせなかった。官僚も政権党の議員の要請に配慮していた。こうして「うちの先生のお蔭で補助金が付いた」となり、補助事業で利益に与る企業や団体は、選挙で「うちの先生」を当選させるために奔走した。

こうして、自民党、財界、官僚は、互いに癒着を深めながら、全国を統治する体制を作り上げてきた。地方自治の実態は、地域の少数の支配層たちが「地方自治」を牛耳り、地域の利益と称して特定の階層の利益を図ってきたものであった。

しかし、産業構造の変化、都市化の進行とともに住民の政治意識も変

化し、農村を重要な基盤の1つとしていた自民党は後退した。政府も自治体も、意識を変化させた住民運動への対処を迫られた。自治体の中には、中央政府の意向に従わず、法律の範囲を超える条例や指導要綱を定めるところも出てきた。公害防止、老人医療の無料化、情報公開などでは、自治体がまず条例を制定し、それが全国に広がって、政府も後追いで制度化せざるを得なくなった。国民の中に地方自治は当然の権利だとする認識が広く形成された。新潟県巻町(4)、岐阜県御嵩町(5)の住民投票など、「地方自治を住民の手に」取り戻す闘いがさまざまな形で現れた。

こうした住民運動に危機感を抱いた自民党の中曽根康弘（首相在任期間：82年11月-87年11月）は「ウイングを左へのばす」と農村型政党から都市型政党への転換を主張していた。金丸信は「自民党も社会党も2つに割ってガラガラポン」の政界再編を主張した。だが、自民党自身が個々の議員の政治生命に影響する政治改革をなし遂げるのは容易でない。行財政改革も権益を侵される中央官僚が抵抗する。

そこで、財界が、マスコミ、与野党議員を巻き込んで、91年12月に「政治改革推進協議会」（民間政治臨調）の準備会を発足させ、政治改革に乗り出した。会長は国鉄の分割・民営化を推進した住友電工会長で日経連副会長の亀井正夫であった。また、元・日経連会長の鈴木永二を会長とする「第3次行革審」も1990年10月に発足していた。

亀井は「政治家に政治改革をやれというのは、泥棒に刑法を改正しろと言うのに等しい」、「政治改革が進まないと行政改革も進まない。行政改革のほうは鈴木永二さんが行政改革推進審議会（第3次行革審）で頑張っておられる。私は政治改革、鈴木さんは行政改革ということで二人三脚でいこうということになっている」（『週刊東洋経済』1992年11月28日号）と述べた。

しかし、しばらくの期間、自民党の一党支配はなくなっていた。93年8月、細川護熙・連立内閣（新生党・日本新党・新党さきがけ・社会党・公明党・民社党・社会民主連合・民主改革連合の7党1会派）、94年7月に村山富市・連立内閣（自民党・社会党・さきがけ日本新党の2党1会派）が誕生した。この時に、中選挙区制の廃止、コメ市場の開放、規制緩和

などが進められた。

　「第3次行革審」は、行革と地方分権が一体のものであり、国際化に対応する国家体制作りのために地方分権の推進が必要であるとして、91年7月の第1次答申を皮切りに、「国際化対応・国民生活重視の行政改革に関する答申」を次々と行った。これを受けて、衆参両院は93年6月、「地方分権の推進に関する決議」を採択した。「第3次行革審」は、93年10月の最終答申で、地方分権に関する立法化の推進を求めた。

　94年5月、細川・連立内閣は、「行政改革推進本部」を設置し、その中に「地方分権部会」を置いた。村山・連立内閣は同年12月に「地方分権の推進に関する大綱方針」を閣議決定し、95年5月に「地方分権推進法」を公布した。

　「地方分権推進法」によって、95年7月に諸井虔(もろいけん)・日経連副会長を委員長とする「地方分権推進委員会」が発足した。「地方分権推進委員会」は中央集権型システムから地方分権型システムへの転換、機関委任事務の廃止などを打ち出して、96年12月から98年11月にかけて5次に亘る勧告を行った。これに沿って、99年7月に小渕恵三・内閣の下で、上述した「地方分権一括法」が成立するに至った（2000年4月施行）。

　この地方分権改革は、地方が立ち上がって勝ち取ったものではなく、国という上から、下の地方自治体へと中央集権型で進められたものであった。

　「政治改革推進協議会」（民間政治臨調、会長・亀井正夫、1992年12月の提言）では、事務事業の地方自治体への移行が主張された。それによれば、国内政治・行政構造の分権化こそ、中央政府の国際社会への対応能力を高める手法である、政府は外交・防衛・司法と国土の根幹に関わる予算・立法などに限定した部面を受け持ち、それ以外の各省庁の事務事業を都道府県と市町村に委譲すべきである、とされた（http://www.secj.jp/s_library/seiji_chronology.htm）。

　行革論議が高まった流れの中で経済同友会は、すでに（93年5月の提言）道州制を打ち出していた。

　「我が国の行政は、法令の明文規定に基づかない行政指導が頻繁に行

われ透明性に乏しく、また、民間の個別分野に広範囲に介入している。・・・その一方、外交、安全保障等、本来うべき重要な役割を十分にはたしていける状況とは言えない。・・・中央行政の役割の重点を、国内全般に関わり、かつ、市場機能に任せられないものと、外交や安全保障など、広く世界に目を向けたものに置く一方、道州制の導入の検討を含めて、地方分権を推進する必要がある」(http://www.doyukai.or.jp/policyproposals/)。

小沢一郎（93年『日本改造計画』）も道州制を提言していた。内容的には次のように要約できる。日本はこれまで、欧米に追い着き付き追い越せを旗印に中央統制的な方法で国を発展させてきたが、大国になった今、中央政府がすべてを抱え込み、なおかつ権限の強化を図るのはそもそも無理である。国政改革の第一歩は、国民生活に関する分野を思い切って地方に一任することである。その結果身軽になった中央政府は、強いリーダーシップの下に国家として真剣に取り組むべき問題、たとえば国家の危機管理、基本方針の立案などに全力を傾けて取り組めば良い。現行の市町村制に代えて、全国を300ほどの自治体に分割する基礎自治体の構想を提唱したい。将来は、いくつかの県にまたがる州を置くことも考えられよう（http://akiz-e.iza.ne.jp/blog/entry/244054）。

ただし、この本には小沢の直筆であることへの疑いの声もある。日頃の小沢のボヤーッとした雰囲気と異なり、この本は歯切れが良すぎるという理由からである（Amasonに寄せられた感想の1つ）。

2002年日経連を統合して日本経済団体連合会になる前の経団連が1994年10月に出した声明「地方分権の実現に向けた政治的決意を期待する」も、公的規制緩和の必要性に絡んで、小沢と同じ見解を述べていた。

「本格的な地方分権を進めるに当たっては、まず行政のあり方そのものを抜本的に見直し、国・地方を通じた簡素で効率的な行政を実現する必要がある。このため、国民・企業の自由な活動を制限している公的規制の廃止・緩和、行政組織のリストラを徹底的に進めるべきである。・・・国は、国家の存立に直接関わる政策、国内の民間活動や地方自治に関し

て全国的に統一されていることが望ましい基本ルールの制定、全国的規模・視点で行われることが必要不可欠な施策・事業を重点的に担うこととし、それ以外の行政は地方に移管すべきである」(http://www.keidanren.or.jp/japanese/policy/pol014.html)。

4. 形を変えた中央政府指令

しかし、実態を見誤ってはならない。地方に権限が委譲されたのではない。中央政府による地方自治体への支配のあり方が変わっただけのことなのである。

たとえば、国庫補助金。国庫補助金は、配分の基準が法令で定められている地方交付税と異なり、政府・中央省庁の判断で配分され、その使途も細部に亘って指図される。国庫補助金を配分してもらおうとすれば、自治体は政府に従わざるを得ない。つまり、国庫補助金は政府・中央省庁が地方自治体を支配するための強力な武器である。

名護市を例に取ろう。1996年12月、「沖縄に関する特別行動委員会」(SACO = Special Actions Committee on Okinawa、1995年11月に設置) が、普天間飛行場の代替施設として海上施設を沖縄本島東海岸沖に建設することなどについて合意した。候補地に挙げられたのが周知のように名護市であった。

97年1月21日、那覇防衛施設局の嶋口武彦・局長（当時）が、名護市役所に比嘉鉄也・市長（当時）を訪ね、普天間飛行場返還に伴う代替ヘリポート問題で、移設候補地のキャンプ・シュワブ水域での調査実施に協力するよう正式に要請した。これに対し、比嘉市長は、日米間で合意したシュワブ水域への海上ヘリポート建設に基本的に反対の立場から、新たな基地建設に繋がる候補地調査への協力を拒否した。

しかし、97年12月6日、村岡兼造・官房長官が名護市内で北部12市町村の首長らと懇談、普天間代替海上基地の建設予定地となっていた名護市を中心とした北部振興策を提示した。海上基地建設が前提となる振

興策は、名護市の市街地再開発、名護湾の港湾整備が目玉となった。また、基地交付金を活用した小中学校におけるプール、体育館、空調設備など学習環境の整備、デイ・サービスセンターなど高齢者向け社会福祉施設、女性・高齢者・青少年の社会活動を支援する北部コミュニティー・センター（仮称）設置、名護市大浦湾における公共施設整備等々が約束された。海上基地関連で投資される振興策の事業規模は2,000億円以上が内々に提示された。その額は、通常数百億円と言われる原発など国策に対する見返りの地域振興と比べても、異例の規模であった（『琉球新報』1997年12月7日付）。

　さらに、99年12月17日の「第14回沖縄政策協議会」[6]で、青木幹雄・内閣官房長官が、10年間を目途として、1,000億円の「特別の予算措置」を確保、さらに「北部振興事業制度」を創設し、500億円が充てられることになった（http://www.pref.okinawa.jp/hokubutop/topdeta/keii.pdf）。

　沖縄における基地反対運動を阻止するために、政府が、沖縄の地方自治体への国庫補助金を餌にしてきたことは否定できない事実である[7]。

　国庫補助金は、政権政党の政治基盤を維持するための手段であり続けた。「地方分権一括法」でも、国庫補助金の廃止や縮小についてはまったく触れられていない。

　すべては、都市の巨大開発に向かう体制作りに向けられたものである。しかし、それは、都市を住み易くするためではなく、むしろ、災害社会を増幅させる危険性をはらむものである。以下、この点について説明しておきたい。

5. 防災に無防備な日本の大都市

「ミュンヘン再保険会社」（Munich Reinsurance Company）という災害保険を扱っている会社がある。この会社グループ（Munich Re-Group）は、世界の地震被害の大きさの予想ランキングを発表している。2003年の年報（Annual Report）では、世界でもっとも危険な地域は東京、その

次がサンフランシスコ湾沿岸、第3位が大阪湾沿岸であった。そして、東京は際だって危険であるとされた（http://www.munich-re.com/en/ir/agm/archive/2004/documents.aspx）。

　海溝型巨大地震の可能性が大きく、活断層が数多くあるという「危険因子」、さらに湾岸地帯の2、3キロメートルもある分厚い軟弱堆積層の存在といった「増幅要因」、住宅密集、老朽化したライフライン、超高層ビルの乱立等々、「地震に対する人為的な脆弱性」といった複合的な要因が集中しているので、東京、大阪が危険であると指摘されたのである。これを『災害社会』の著者、京都大学教授・川崎一朗は、「海溝型地震の危険因子が社会の脆弱性に出会う場所」と表現した（川崎一朗［2009］、第2章のタイトル）。

　静岡県沿岸50キロメートル沖、紀伊半島・四国沿岸から100キロメートル沖を南西に走る、深さ2キロメートルほどの南海トラフ（深海峡谷）に向かって、年間3-5センチメートルの速度でフィリピン海プレートが沈み込んでいる。この沈み込みによって、南海トラフの日本寄りの上盤が北西方向に引きずり込まれている。それが限界に達する時、上盤が南東に向かって一気に跳ね上がる。これが海溝型巨大地震を引き起こす。2011年3月11日の悲惨な東日本大地震はその発現であった。東海地震や南海地震が予想されているのもこの理由である。

　歴史を振り返ると、1707年10月28日（宝永4年10月4日）に、日本史上最大の地震が起こった。駿河湾沖から四国沖までの500キロメートルものプレート境界線が一気に裂け、マグニチュード8.6、最大10メートルの大津波が太平洋岸を襲ったとされている。宝永地震である。

　1854年12月23日（安政元年11月4日）には、同じ地域にマグニチュード8.4の安政東海南海地震、30時間後の12月24日に同規模の安政南海地震が起こった。

　1944年12月7日、遠州灘から熊野灘にかけてマグニチュード7.9の昭和東海地震が発生した。濃尾平野の飛行機製造工場が大打撃を受け、敗戦を早めたと言われている大災害であった。5メートルを超す津波によって約1,200人の死者が出た。

そして2年後の1946年12月21日、潮岬沖から四国沖にかけてマグニチュード8.0の昭和南海地震が起こった。
　すでに発生してしまった悲惨な東日本大地震が、東海、南海地震への人々の心配を増幅した。今後、30年以内に同規模の東海地震が起きる確率は60-70％、南海地震は50％であると計算されている（川崎［2009］、24-27ページ）。発生確率の大きさを実感するには、1人の人間が今後30年以内に交通事故で死ぬ確率が0.02％、自分の家が火事になる確率が2％。ガンで死ぬ確率が7％であるという数値と比較すれば良い。50％超というのはとてつもなく大きい確率なのである（同書、48ページ）。
　1995年1月17日の阪神淡路大震災の時には、数日も待てば救援がきた。しかし、想定されている東海・南海地震では、西日本全体が被災地となって、何週間も救援が到着しないという事態が考えられる（同書、32ページ）。事実、広大な地域を壊滅させた東日本の大地震、それによって押し寄せた大津波の悲惨さはその危惧が現実のものであったことを示している。
　南海地震が恐ろしいのは、その振動が長周期だからである。
　時計の振り子は、長さ25センチメートルで往復に1秒かかる。これを物体の「固有周期」という。この振り子に0.5秒間隔や2秒間隔で力を加えて大きく揺らそうとしてもほとんど大きく揺れない。ところが、1秒間隔で外部から力を加えると振り子は大きく揺れる。これが「共振」という現象である。
　高さ150メートルの超高層ビルの固有周期は25秒である。しかし、免震構造が採用されているので、固有周期は3‐4秒に大幅に短縮されている。固有周期3秒の超高層ビルに周期3秒の地震が襲うと、ビルは大きく揺れることになる。
　軟弱地盤の共振が、特定の長期周期の地震から巨大な被害を与えることを示したのは、1985年のメキシコ地震であった。
　メキシコの太平洋岸では、南海トラフと同じく、ココス・プレート（Cocos Plate）が年間約4センチメートルの速度で東に向かって沈み込んでいる。1985年9月、首都メキシコ・シティから400キロメートルも

離れたミチョアカン（Michoacan）州の浜辺でマグニチュード7.9の地震が起こった。400キロメートルというのは、駿河湾から大阪湾に至る距離である。震源地から遠く離れたメキシコ・シティが大被害を受けた。6階建てから15階建ての中層ビルが100棟前後倒壊し、約9,500人の死者が出た。メキシコ・シティはアステカ（Azteca）湖を埋めて造成された軟弱な堆積地盤の上に作られた盆地の椀状の都市である。ここに、周期2-3秒の地震波が繰り返し襲った。盆地の外での揺れは大したものではなかったのに、盆地内では大きく揺れ、1-2分もの間、揺れ続けた。中層ビルの倒壊は、この2-3秒の地震周期にビルが共振したためである。同じ型の被害が東海・南海地震では予想される（同書、84-85ページ）。

にも拘わらず、東京にせよ大阪にせよ、日本を代表する2大メガポリスで、こうした地震被害への認識を無視した超高層ビル建設ラッシュが国策として称揚されている。

しかし、地震が起きて、倒壊しないまでも内部が破壊されれば、放置されるマンションが大都市圏では数多く生まれることになるだろう。川崎一朗は言う。

「痛恨の思いがするのだが、日本が超高層ビル・バブルに浮き足立っている間に、ライフラインは老朽化し、格差が拡大し、生活保護受給者数は急増し、国民健康保険の納付率が90％を切るまで下がり、セイフティネットは痩せ細った」（同書、135-36ページ）。

1962年、「第1次全国総合開発計画」が策定された。その第2条第2項では、「適切な産業立地体制を整える」とあった（http://r25.jp/b/wp/a/wp/n/）。この年、「建築基準法」が改定され、1923年の関東大震災の教訓から設定されていた建築物の31メートルの高さ制限が撤廃され、代わりに容積率と建坪率（けんぺいりつ）が採用された。

日本で最初の超高層ビルは、官庁が入居する霞ヶ関ビルである。高さ147メートル、1965年起工、68年完成したものである。

1968年には1918年の旧「都市計画法」が改正され、新しい「都市計画法」として、土地の用途別に全国一律の容積率、建坪率が設定された。その際、外国に比べて容積率を大きくして、以降の高層ビル建設を促進

させた（川崎［2009］、116ページ）。

　1982年、中曽根内閣の下で、「規制緩和による民間投資の推進」をスローガンに、大都市への投資の集中を謳う「アーバン・ルネッサンス」が提唱された。それに応えた東京都は、副都心構想を公表した。実際に、品川駅東口の国鉄跡地（品川超高層ビル街に変貌）、紀尾井町の司法研究所跡地（城西大学紀尾井町キャンパスになる）、新宿西戸山公務員宿舎跡地（西戸山タワーガーデンに変貌）等々、公の土地が民間に相次いで売却された（同書、120ページ）。

　94年、「建築基準法」が再度改訂され、空中権売買が可能になった。容積率を使い切っていないビルの容積率を隣に建てるビルが買い取って使えるという制度である。これによって、さらに超高層ビル建設が可能になった[9]。

　97年には、橋本龍太郎・内閣によって、「新総合土地政策推進要綱」が出された。これによって、「優良事業の容積率の割り増し」などが制度化された。都市大規模再開発には容積率を大きくすることが認められたのである（http://tochi.mlit.go.jp/w-new/tocsei/shinyoko.html）。

　2000年、堺屋太一・経済企画庁長官の提唱で、「経済戦略会議」が設立された。この会議の提案によって、「都市再生推進懇談会」（東京圏）は、「東京都の都市再生に向けて—国際都市の魅力を高めるために」、同じく「都市再生推進懇談会」（京阪神地区）は、「住みたい街、訪れたい街、働きたい街」と題する報告書を作成した。要点は土地の高度利用と都市基盤への集中投資であった。

　2001年には、小泉純一郎・首相を本部長とする「都市再生本部」[10]が、公共工事の大都市への集中、環状道路体系の整備を打ち出した。

　2002年には、10年の時限立法として、「都市再生特別措置法」が制定され、「都市再生緊急整備地域」の事業に対して大幅な基準の緩和が図られた。同年7月に閣議決定された「都市再生基本方針」の第1条1項には、紋切り型のスローガンの末尾に「都市再生は、土地の流動化を通じた不良債権問題の解消に寄与する」というキーワードが配置されていた。つまり、1990年代に進行したバブルの解消策として、超高層ビル

建設が推奨されたのである（同書、127ページ）。

川崎一朗は警告する。

「次の東南海・南海地震の時には、長周期地震によって多くの超高層ビルの内部は破壊されるであろう。そのため倒産する企業が続出すると、地震被害で疲弊している日本経済に対する直撃となるであろう」（同書、134ページ）。

2008年1月、兵庫県三木市のE・ディフェンスで、超高層ビルの30階（ほぼ150メートル）を想定した振動実験が行われた。最大加速500ガル、最大1.5メートルの揺れ幅で、ビルの増幅効果を試した結果、3分間に亘って家具が床を走り回った（同書、131ページ）。

1998年、ロンドン市の「都市諮問委員会」（Advisory Committee）が、ロンドンは、世界都市であるために必ずしも超高層ビルを必要としない。必要としているのは、権威付けのための2等の都市である、との報告書を出した（田村明［2005］）。

ところが、東京と大阪は超高層ビル建設が国際化のシンボルとなってしまっている。しかも、大阪府は、堺市沖の埋め立て地を防災拠点にしている。「堺泉北広域防災拠点」がそれである。じつに、地盤が劣悪で孤立化の恐れのある場所に防災拠点が作られているのである。

「民間大企業への国有地の払い下げと超高層ビルの建設を強引に推し進める政治や行政の動きは、『公』が先頭に立って社会の災害脆弱化を加速していると言わざるをえない」（川崎［2009］、144ページ）。

6. 再燃し出した道州制の大合唱

自民・公明党の連立政権が民主党政権に取って代わられる前までは、道州制、とくに関西州論議は活発であった。しかし、民主党政権ではそうした声は小さくなった。大阪都構想を掲げる橋下徹の存在は確かに大きいが、それでも民主党政権の成立後、道州制論議は陰を潜めた。しかし、自民党の衆参両院での圧勝によって、道州制論議は再度活発に浮上

するだろう。年譜的にその声を整理しておこう。

　2008年7月30日、「関西広域機構」(秋山喜久会長)が、関西広域連合(仮称)の設立準備を進める方針を示した。

　08年9月23日、自民党の麻生太郎・総裁と公明党の太田昭宏・代表との党首会談で、道州制を目指す「道州制基本法」(仮称)制定に向けて内閣で検討することが合意された。

　08年9月29日、麻生首相は臨時国会の所信表明演説で地域の再生を強調。「国の出先機関の多くには、二重行政の無駄がある。国民の目に届かない。これを地方自治体に移す。最終的には、地域主権型道州制を目指すと申し上げる」と表明した。

　08年10月2日、麻生首相が衆議院での代表質問で、都道府県をブロックごとに再編するための「道州制基本法」(仮称)制定に向け、内閣に検討機関を設置し、法案の作成に乗り出す方針を正式に表明した。

　08年11月13日、「自民党道州制推進本部」は、その総会で、「道州制基本法」制定に向けた「道州制基本法制定委員会」を設置、骨子を08年度内にまとめることを決めた。

　08年11月17日、政府の「ビジョン懇談会」の江口克彦・座長は、「ビジョン懇2010年」に「基本法原案」を示す予定だったが、政府・自民内での動きが加速してきたため取りまとめを前倒し、08年度内の通常国会での成立を政府に促す方針を示した。

　その翌日、日本経団連は、道州制導入で明治以来の中央集権体制から地域の実情や地域の経済戦略に基づき立案・実施する地域自立体制へと国の姿が変わると主張した。

　2009年1月26日、作家の堺屋太一と政府の「道州制懇談会」座長の江口克彦・PHP総合研究所社長が発起人代表となり、道州制実現に向けた国民運動を展開する「地域主権型道州制国民協議会」が発足した。

　09年1月29日、政府の地方分権委員会の丹羽宇一郎・委員長と江口克彦・座長が会談、道州制を目指し、連携していくことが確認された(http://www.kansaishu.net/pages/doukou.html)。

　キーマンである堺屋太一の道州制構想の特徴は、以下の点にあった。

①国と道州の住み分け。国は皇室、外交、防衛、通貨、通商政策、移民政策、大規模犯罪、国家プロジェクト、大規模災害、高等司法、究極的なセーフティーネット、全国的な調査統計、民法商法刑法等の基本法に関すること、市場競争確保、財産権、国政選挙、国の税制、など、17業務に限る。それ以外を道州に移管する。

②道州内の地域の調整は道州が行う。道州間調整は「道州間調整委員会」が行う。道州間調整のための財源として、租税の一部を「道州調整基金」に入れる（国税または地方税から出すのではない）。

③国の行財政には道州の意見が、道州の行財政には国の意見が反映されることが望ましい。このために「国・道州協議会」を設ける。

④国は市町村に直接命令や指導は行わない。

⑤国家公務員の規模は、自衛官を除き現行の4分の1程度とする。道州公務員の国への出向と国家公務員の道州への出向は同数同級を原則とする。

⑥道州の起債は市場において自由に行う（自由金利制でデフォルトの可能性もある）。

⑦租税、社会保険などの徴収は、道州に一元化する（http://www.cas.go.jp/jp/seisaku/doushuu/dai4/4siryou1.pdf）。

全国知事会の動きも活発であった。道州制関係だけで、2009年以後の取組は以下の通り多い。

2009年3月、「第6回・道州における組織・自治権に関するPT（プロジェクト・チーム）」会合。
09年7月、「第17回・道州制特別委員会」開催。
2010年3月、「第7回・道州制における組織・自治権に関するPT」会合。
2011年7月、「第18回・道州制特別委員会」開催。
2013年1月、「道州制に関する基本的考え方について」の改訂版を取りまとめた。
13年2月、「道州制推進知事・指定都市市長連合・第2回総会」開催。「道州制に関する懇談会」（仮称）の開催決定。道州制推進知事・指定都市市長連合が総務大臣に対して「道州制の早期実現と制度設計を担う会議

に地方代表を多く配置すること」などを要請。

13年3月、関西広域連合が「道州制のあり方研究会」を設置。道州制推進知事・指定都市市長連合が「道州制推進フォーラム」を開催。

13年4月、「道州制基本法案（骨子案）について」、自民党道州制推進本部に対して要請。

13年5月、「地方団体と自由民主党道州制推進本部との意見交換」。

13年6月、「道州制推進知事・指定都市市長連合・第3回総会」開催。日本経団連と道州制推進知事・指定都市市長連合が「同株制を推進する国民会議」を共同開催。

13年7月、全国知事会が「道州制の基本法案」について取りまとめ。

13年8月、「道州制の基本法案について」の要請。

13年9月、「道州制の基本法案について」の2回目の要請。

13年10月、「道州制の基本法案について」の3回目の要請（http://www.nga.gr.jp/news/ugoki-doushu.html; http://www.pref.okayama.jp/uploaded/attachment/165793.pdf）。

　ちなみに、2013年10月24日の要請は、上田清司・地方行政体制特別委員会委員長（埼玉県知事）が、13年7月8、9に開催された全国知事会議において取りまとめた「道州制の基本法案について」を公明党に対して出したものである（http://www.nga.gr.jp/news/2013/post-1062.html）。

　ここで、「道州制の基本法案」というのは、「自由民主党・道州制推進本部」が2012年9月6日に発表したものである（https://www.jimin.jp/policy/policy_topics/pdf/pdf077_1.pdf）。内容的には、新規なものはなく、過去、財界団体が主張してきたことの骨子をなぞっただけのものであるが、道州制に冷淡な民主党政権に圧力を掛ける狙いがあった。

　その前には、2012年4月17日には、「経済同友会・地域主権型道州制委員会」（委員長・池田弘一・アサヒグループホールディングス相談役）（当時）が、「地方議会の改革について」を提言している（http://www.doyukai.or.jp/policypropos）。そして、2012年12月、第2次安倍政権が誕生した。ただちに、総務大臣兼務の道州制担当大臣が置かれた。

　経団連も、2013年3月14日に「道州制実現に向けた緊急提言」を発

表している。

　このように、道州制論議が再度活発になった背景には第2次安倍政権発足が後押ししている。上述のように、鳩山由紀夫・民主党政権時代には、道州制論議は政権から遠ざけられていた。たとえば、当時の平野博文(ふみ)・官房長官は、2012年の衆院予算委員会で、公明党の稲津久(いなつひさし)・議員への答弁において、2007年1月から道州制導入に向けた課題を検討してきた政府の「道州制ビジョン懇談会」について「近々、廃止手続きに入る」と述べた。「ビジョン懇が2010年3月に提出を予定していた最終報告も「求めるつもりはない」と突き放した。ビジョン懇は、第1次安倍政権下で、道州制担当相の懇談会として発足したものであった。PHP総合研究所の江口克彦・前社長を座長に、2008年3月に、「2018年までに道州制に完全移行すべきである」とした中間報告をまとめていた。しかし、鳩山・政権は基礎的自治体である市町村を重視する「地域主権」の実現を優先し、自民党からの政権交代後、道州制担当相は任命されず、ビジョン懇は1度も開かれないまま活動を事実上、休止していた（共同通信、http://www.47news.jp/CN/201002CN2010021201000897.html）。

　2010年2月に廃止された「ビジョン懇談会」的な組織の再建が第2次安倍・政権下で進められている。民主党政権の末期には、財界の勢いに押されたのか、2012年11月30日に民主党内閣で閣議決定された「地域主権推進大綱」では、「いわゆる『道州制』については、様々な議論がなされている中で、地域の自主的判断を尊重しながら、その検討も射程に入れていく」とそれまでの頑な姿勢を民主党政権は修正するようになっていた。そして、自民党の上述の「道州制基本法案」が再度浮上することになったのである。活発な動きをしているのが、先に見た全国知事会である（http://www.pref.nagano.lg.jp/bunken/kensei/soshiki/bunken/doshusei.html）。

おわりに

　道州制は、確実に地方公務員の人数を削減する。その弊害は、東日本大震災の避難住民を支える自治体職員が圧倒的に不足していることを見ても分かる。財界は、道州に振り向けられることになる財源を大規模公共工事に利用できることになる。

　しかし、その一方で、過去の公共建造物のメンテナンスがおろそかにされている。すでに2009年11月の時点で、全国で崩落寸前の橋の数が121あった（『朝日新聞』2009年11月4日付）。

　2015年には、建設後40年を経過して通行が危険な橋の数は6万を超えるとされている（国土交通省道路局・道路橋の予防保全に向けた有識者会議「道路橋の予防保全に向けた提言」(2010年5月16日)。

　また、地方に権限を委譲するといっても、国に残された権限について地方は口を挟めなくなる。原子炉再稼働についても、エネルギー政策が国の一元支配に入ってしまえば、国の一存で推進することもできる（http://www.jlaf.jp/iken/2013/130415_01.pdf）。

　道州制に関する堺屋構想を忠実になぞるのが、大阪市長・橋下徹の政策である。大規模な教育・福祉関係予算の削減、医療費の自己負担増、文化施設の廃止、大阪府内の市町村への補助金の大幅削減等々で浮かした財源を「ベイエリア開発」に注ぎ込み続けている。

　地方自治の確立を謳う道州制の中身は、地方が独自の財源で遂行できる大規模都市再開発である。しかし、それは、確実に「災害社会」に向かう施策である。災害に強い社会とは、今も昔も強固なコミュニティの存在なのに。

　注
（1）　地方自治体における一般会計とは、福祉・教育・土木・衛生などの市町村の基本的な施策を行うための会計であり、主な歳入には、市町村税・地方交付税・国庫支出金などがある。
　　　特別会計とは、法律で特別会計とすることが決められている国民健康保

険会計や老人保健会計などの事業会計や、市町村が独自に設けている交通災害共済事業会計、土地取得会計など。公営事業会計も特別会計の1つである。

　公営事業会計とは、法律の規定により、いずれの団体も特別会計を設けてその経理を行わなければならない公営企業や事業に関わる会計をいい、以下のように分類される。①地方財政法施行令第37条に掲げる事業に関わる公営企業会計、②国民健康保険事業、老人保険医療事業、介護保険事業、収益事業、農業共済事業、交通災害共済事業および公立大学附属病院事業会計、③上記①および②の事業以外の事業で地方公営企業法の全部または一部を適用している事業に関わる会計である。

　公営企業会計には、病院事業や上水道事業などがあり、これらの会計には一般会計と同様の経理を行っているものと、地方公営企業法を適用し、民間企業と似た経理を行っているものがある（http://www.pref.hiroshima.lg.jp/www/contents/1205301696632/files/0.pdf ）。

（2）「地方分権一括法」とは通称で、正式名は、「地方分権の推進を図るための関係法律の整備等に関する法律」である。地方自治法を主とした地方分権に関する法規の改正に関する法律であり、既存の457の法律（一部勅令を含む）について一部改正または廃止を定めた改正法である。地方自治法改正を中心とした大半の施行は2000年4月1日だが、一部法律については施行が前後している。

（3）「三位一体改革」は、日本において国と地方公共団体に関する行財政システムに関する3つの改革、すなわち①国庫補助負担金の廃止・縮減、②税財源の移譲、③地方交付税の一体的な見直しをいう。三位一体改革は、2001年に成立した小泉純一郎・内閣における聖域なき構造改革の目玉として、「地方にできることは地方に、民間にできることは民間に」という小さな政府論を具現化する政策として推進されたもの。公式文書としては2004年11月26日の政府・与党合意「三位一体の改革について」が初出とされる。

（4）巻町は、新潟県西蒲原郡に属していた日本海に面した町。町域にあった三根山藩は、長岡藩に米百俵を送ったことで有名。2005年10月10日に新潟市に編入合併された。1996年、角海浜への巻原子力発電所の建設の是非を問う住民投票が行われ、原発反対派が大差で勝利した。これは、その後の日本全国の反原発運動や住民運動に大きな影響を与えた。角海浜は、巻地区の海岸部に所在する、三方を山で囲まれた海岸線50メートルほどの小さな砂浜海岸である。1960年代半ばまでの角海浜には、鳴き砂があった。鳴き砂は、原理的には砂に含まれる石英粒相互の衝突と摩擦によって

音を発するもので、角海浜の砂には鳴き砂海岸として有名な京都府京丹後市琴引浜（ことひきはま）に次いで格段に高温石英（水晶よりも高温で結晶した石英）の含まれる割合が高いという。角海の鳴き砂を復活させようという運動が起こっており、「角海の鳴き砂をよみがえらそう会」が活動している。角海浜は、1982年に東北電力より原子炉設置許可申請がなされ、原子力発電所の建設予定地となっていたが、1995年に建設賛成派の佐藤莞爾・町長のリコールを請求する署名活動が始まり、佐藤・町長が辞職、反対派の笹口孝明が町長に当選して、巻原発建設の是非を問う住民投票が行われた。これは、条例制定に基づく住民投票であった。その結果、建設反対が約6割を占めた。1999年、笹口・町長が巻町の町有地を議会に諮ることなく反対派へ売却した。これについて原発推進派町議らが所有権移転登記の抹消を求めていたが、2003年には最高裁が上告を受理せず、推進派の敗訴が確定した。同年、東北電力より発電所計画が撤回され、翌2004年には原子炉設置許可申請は取下げられた（http://www.nippyo.co.jp/download/SHINSAI/PDF 2 /housemi_503_p22.pdf）。

（5）　御嵩町は、岐阜県可児郡（かに）の町である。岐阜県中南部木曽川南岸に位置し、町内には一級河川の可児川が流れている。かつては石炭の一種である亜炭の一大産出地であった。1869年に炭脈が発見されて以後、1947年頃をピークに100を超える炭鉱が開山、最盛期には全国産出量の4分の1以上を占め、炭鉱の町として栄えたが、1968年にはすべての炭鉱が閉山された。御嵩町では、1991年以降、産業廃棄物処分場計画で大きく揺れ動いた。95年2月、町と寿和（としわ）工業が、住民への説明なしに振興協力金名目で35億円の支払を盛り込んだ協定を締結。同年2月、町が県に出していた建設反対への意見書を「やむを得ない」に変更。同年4月、町長選で、処分場反対派の元NHK解説委員・柳川喜郎が初当選。同年9月、町が県に許可手続きの一時凍結を要請。96年10月、柳川・町長が襲撃され、一時意識不明の重体となる。そして、96年12月、住民請求により処分場建設の賛否を問う「住民投票条例」制定の直接請求。97年1月、御嵩町議会が「住民投票条例」案を可決。97年6月、産廃処分場計画を争点に住民投票を実施。投票率87・50％で、反対79・65％。97年6-7月、柳川・町長宅電話盗聴容疑などで岐阜県警が興信所所長らを逮捕。後に、寿和工業会長より興信所所長に対する金銭の授受が発覚（ただし、一連の事件との関連は不明）。97年7月、町が県に「住民投票の結果を尊重する」と伝える。98年6-7月、別の盗聴グループを岐阜県警が逮捕。98年11月、町などの呼びかけで「全国産廃問題市町村連絡会」設立。2005年4月、古田肇・岐阜県知事が、柳川・町長と会談（知事と町長の会談は10年ぶり）。

2008年3月、古田・知事、渡辺公夫・町長（柳川・前町長の後継者）・清水道雄・寿和工業社長が県庁にて三者会談。寿和工業が県に提出していた処分場建設の許可申請を取り下げることで合意。なお、御嵩町では市街地の約4割に廃亜炭鉱の空洞が広がっていて、近年、空洞を支える柱の劣化により町の至る所で陥没事故が発生するようになった。大規模地震が発生した際には、町全体が陥没する可能性があり、町は対策に追われているが、予算不足などもあり、抜本的な解決には至っていない。資料として、伊藤達也 [2005]、ましこ・ひでのり [2008] がある。

（6）　首相官邸のホームページによると「『沖縄政策協議会』は、1996年9月10日に閣議決定された『内閣総理大臣談話』に基づき、米軍施設の区域への集中により負担を抱える沖縄の地域経済としての自立や雇用の確保など県民生活の向上に資するよう、沖縄に関連する基本政策を協議することを目的としています」とある。構成員は閣僚と沖縄県知事からなる（http://www.kantei.go.jp/jp/singi/okinawa/index.html）。これは、SACO設置に関連した会議である。

（7）　2008年12月5日放映のNHK特別番組「基地とカネ」では以下のことが説明された。沖縄に基地関連で国から落ちる予算は年間約2,000億円。うち、軍用地主への借地料が約1,000億円、基地に勤める軍雇用員への給料が約470億円、残りが沖縄県や市町村への補助金である。そして、新たなヘリポート建設に合意したことから、名護市は、国庫補助金10億円を、防衛施設庁事業、郵政省事業、北部振興策事業費用として得た。関連企業が建設され、約800人の雇用が創出されたが、地元商店街は寂れる一方で、空き店舗率は17％、建設業でも54億円の負債を抱えて倒産が増加し、生活保護世帯も1.7倍に増えたという。

　　また、2006年4月4日に発表された名護市職員労働組合の論文「基地と振興策」は、次のような見解を出した。

　「2006年2月7日、任期満了で退任する岸本建男・市長は集まった職員や市民に『人口を増やし、定住条件をつくりあげる。この2つが重要だ。人口の拡大がなければどんな計画も始まらない。この点を目標にすえて頑張ってほしい』と語った。岸本市長が条件付きで米軍普天間飛行場の代替施設の受け入れを表明したのは、1999年12月。その前後から地域振興策の名目で名護市にマルチメディヤ館や国立沖縄工業高等専門学校（国立高専）など、さまざまな施設が建てられた。『毒を飲んでまでも地域の発展を目指した』のか、岸本・市長はその翌月に死去した。名護市には、北部振興策や国立高専の設立などを含め約400億円の巨費が投入された。人口は約2,500人、新規雇用も情報関連分野を中心に100人以上増えた。一方

で市の財政指標は悪化の一途を辿る。経常収支比率が95％という硬直した財政構造である。国への依存度は一層深まり、自立への展望は見えにくくなった。『箱物ばかりが増えた』。政府に頼りきった地域振興はいずれ行き詰まる」(http://www.jichiro.gr.jp/jichiken/report/rep_okinawa31/jichiken31/4/4_4_r_02/4_4_r_02.htm)。

（8）「建築基準法」（1950年5月24日法律第201号）は、国民の生命・健康・財産の保護のため、建築物の敷地・設備・構造・用途についてその最低基準を定めた法律。前身は「市街地建築物法」（1919年法律第37号）。

（9）　空中権売買が認められる制度を「特例容積率適用区域制度」という。これは、都市計画区域内のある一定の区域を定めて、その区域内の建築敷地の指定容積率の一部を、複数の建築敷地間で移転することができる制度である。この場合、一方の建築延べ面積は指定容積率を超過し、もう一方は指定容積率未満となるが、それらの合計延べ面積は現に定められている各敷地の指定容積率に対応する建築延べ面積の合計を超えることはできない。制度的には、日本では「容積率移転」、米国では「移転開発権」（TDR=Transferable Development Rights）、開発事業的には「空中権売買」と呼ばれる。

　容積率の移転については、特定街区制度、地区計画制度、高度利用地区制度、団地認定制度、総合的設計制度などによって、原則として隣接する建築敷地間で実質的に行うことができるが、特例容積率適用区域制度では、その区域内ならば隣接していない建築敷地間で実施できることが特徴である。ただし適用により交通やライフラインなどに問題が生じないように地区全体の道路率や公共交通機関の整備率が極めて高い地区に限定される。この制度の最初の適用は、2002年に指定した東京都千代田区の「大手町・丸の内・有楽町地区特例容積率適用区域」である。東京都は東京駅周辺地区の都市開発・整備・保全を誘導・制御するために、大手町・丸の内・有楽町地区（116.7ヘクタール）に「特例容積率適用区域」および「地区計画地区」を都市計画として定めて、この区域内では一定の制限（容積率や高さの上限など）の下に、東京都の許認可によって、各建築敷地間で容積率の移転ができることとした。

　この制度を活用して、JR東日本は東京駅丸の内側の赤レンガ駅舎（1914年建設、1947年修復）の復原的保全（2013年完成）を行ったのである。赤レンガ駅舎を戦前の3階建てに復原しても、その建物規模は敷地の指定容積率に対応して建設可能な床面積の上限からすれば余裕があったので、残余容積率相当分の床面積を分割して他の敷地に移転することで、保全の資金調達を図った。その方法で売られた土地に建築されたのが、丸の内側

の「東京ビルディング」、「新丸ビル」、「丸の内パークビルディング」、八重洲側の「グラントウキョウ」などの各超高層ビルである。その移転先ビルにJR東日本は、床を所有して経営している。
(10) 首相官邸のホームページにある「都市再生本部」の説明によれば、「都市再生本部は、環境、防災、国際化などの観点から都市の再生を目指す21世紀型都市再生プロジェクトの推進や土地の有効利用など都市の再生に関する施策を総合的かつ強力に推進することを目的として、2001年5月8日、閣議決定により内閣に設置されました。・・・その後、2002年6月1日、都市再生特別措置法が施行され、都市の再生に関する施策を迅速かつ重点的に推進するための機関として、法律に位置付けられました。・・・2007年10月9日、地域の再生に向けた戦略を一元的に立案し、実行する体制をつくり、有機的総合的に政策を実施していくため、地域活性化関係4本部を合同で開催することとし、4本部の事務局を統合して『地域活性化統合事務局』を新たに設置しました」と説明されている（http://www.kantei.go.jp/jp/singi/tosisaisei/index.html）。

参考文献

伊藤達也［2005］、『検証岐阜県史問題―なぜ御嵩産廃問題は掲載されなかったのか』ユニテ。
大橋博明他［2008］、『地域をつくる』勁草書房。
川崎一朗［2009］、『災害社会』京都大学学術出版会。
田村明［2005］、『まちづくりと景観』岩波新書。
伯野卓彦［2009］、『自治体クライシス―赤字第三セクターとの闘い』講談社。
ましこ・ひでのり［2008］、「『岐阜県史』問題再考―産廃行政に関する『県史』等の記述の政治性―」、大橋博明他［2008］、所収。

日本の強み・弱み（8）―地域活性化について

「日本の強み・弱み―その仕分け―研究会」における議事録から。
　兵庫県立大学・教授・池田潔の講演「地域活性化の担い手―労働組合への期待―」2013年8月1日、於：近畿労働金庫（大阪市西区）
　「地方都市では、高校や大学に進学する学生が他都市に流出している、卒業後は若干名が地元に戻っているが、ほとんどは流出したままである」、「大学生を受け入れている神戸市ですら、大学卒業後に他の都市に流出する」、「大阪府でさえそうである」、「若者を吸収するのは東京のみである」、「とすれば、地方で定住人口を増やすにはシルバー世代に期待するしかない」、「大都市に住む団塊世代の26％が地方に住みたいという」、「ところが、シルバー人材センターに集う人が年々減少してきている。これは、生きがいをセンターが与えることに失敗しているからである」、「地元を活性化させる力としてCB（コミュニティ・ビジネス）というものがある。多くの種類の地元活性化活動をビジネスとして受け持つ組織のことである」、「兵庫県では1つのビジネスに100万円の補助金を出している」、「成功例は道の駅『淡河』（おうご）である」、「この地域は酒米の生産地域であったが、国の減反政策によってソバに転作した」、「そのソバを地域活性化に活かそうと、地元の主婦がボランティアで立ち上がり、そば処『淡竹』が道の駅で評判の店になった」、「今では時給800円であるが、働きたいという主婦が増えている。働きやすいように、時間は2交代制で自己申告制である。早く起きられて働きがいがあるというのが主婦たちの感想である」、「徳島県の上勝町の『葉っぱビジネス』も成功例である。人口2,000人のうち65歳以上の高齢者比率が50％もある」、「飲食店向けに山の紅葉を大きさや色ごとに区分けしたパックにして出荷して、中には年収1,000万円を超える人も出てきた」、「雇われる意識よりも主体的に関わる意識が支えている」。

終 章　アソシエのモラル

はじめに

　「グローバリズム、IT化の荒波に適応できない者は、自らに能力がなかったものとして、職場から去れ、去りたくなければ、新しいアイディアを持ってこい」という、過酷な競争を経て生き残ったカリスマ的経営者や彼らに擦り寄る著名評論家から発せられる脅迫的言辞が、多くの市民に焦りだけでなく恐怖を与えている。ごく少数の企業のみが生き残り、多くの優良企業がばたばたと倒産していく惨事を多くの人々が見ている。それは自然災害ではなく現代社会が作り出した人災である。人々は、この惨事に怯え、「生き残るためにはもっと働かなければならない」との強迫観念に駆られて、日々悪化する労働環境の下で、明かりも見えない暗いトンネル内を走り回っている。自らは前進しているのか、後退しているのかさえ分からないまま、「もっと創意工夫を凝らして働け」という経営陣からの恫喝にさらされて、人々は、心を萎えさせ、次第に追い詰められている。

　そうした惨状が日常的なものになっている現在の政治・経済・社会システムを、カナダ籍のジャーナリスト、ナオミ・クライン（Naomi Klein, 1970-）は「惨事便乗型資本主義（Disaster Capitalism）と名付け、人々の心を萎縮させ、そして懸命に働かせる支配者の理論を「ショック・ドクトリン」（Shock Doctrine）として糾弾する著作を刊行した（Klein, Naomi [2007]）。

　新保守主義者（＝Neo Conservatives—本山注、本山美彦 [2007] 第7章「『宗教ビジネス』に走る超大国の末路」参照）たちが、「新自由主義」というイデオロギー装置を開発し、グローバリズムのドクトリンとして世界を支配するようになって以来、確実に見える社会は、極限にまできた各産業の寡占化と、信じられないような所得格差の拡大である。新自由主義が勝利した地域は、どこでも、「判で押したように貧富の格差が拡大した」、新自由主義者は、「富裕層をさらなるスーパーリッチに仕立てる一方で、組織労働者階級を使い捨て可能な貧者へと追い」やっている。「ア

ルゼンチンでは1970年に上位10％の富裕層が貧困層の12倍の所得を得ていたのに対し、2002年にはその比率が43倍に拡大した」（Klein, Naomi ［2007］，邦訳，下、649ページ）。

　新自由主義の唱道者、ミルトン・フリードマン（Milton Friedman, 1912-2006）は、2006年11月16日に逝去したが、その1か月後、国連の調査報告が、「世界の成人人口の上位2％の富裕層が、地球上の世帯財産の半分以上を所有している、と述べた」（Klein、同、649ページ）。

　中でも、米国社会の所得格差は著しい。ロナルド・レーガン（Ronald Reagan, 1911-2004）大統領が、新自由主義路線を採用した1980年、企業のCEO（Chief Exective Officer＝最高経営責任者）の平均年収は、一般労働者の43倍であったが、2005年になると411倍に跳ね上がった（同ページ）。しかし、そのツケは大きかった。「その勝利のツケは、『分配される富の拡大』という自由市場経済の約束への不信感の広がりとなって返ってきた。中間選挙の選挙戦中にウェブが訴えたように、『トリクルダウン効果など起きなかった』のである」（同ページ）。

　「トリクルダウン効果」（Trickle Down Effect）とは、「富める者がもっと富めるようになると富が下層にも浸透して（トリクルダウン）、貧しいものも豊かになる」という効果である。豊かになった者は、増大した所得を消費に回す。それによって、購買力が増えて、貧困層の雇用が増えるという理屈である。しかし、グローバリズムの世界では、富裕層のカネは世界を駆け巡るので、国内の貧困層が潤うことはなく、新興国の富裕層を新たに作るだけである。神野直彦などの「トリクルダウン効果」への批判点はここにある（http://www5.sdp.or.jp/event/branch/080222_youthseminar_jinnno03.htm）。私は、若干、異なった見解を持っている。食糧などへの欲望には限界があるが、カネに対しては欲望は無限である。これまで2,000万円の収入があった人が1億円に激増した収入を生産財市場で費消してしまうわけではない。より投機的な金融商品に向かうか、不動産投資に向かうかして、増大した収入を生産的な投資に回すことなどしない。ここに現代の金融主導経済の落とし穴がある（詳しくは、本山美彦 ［2008］）。

終章　アソシエのモラル

クラインが触れたウェブというのは、「ユナイテッド・フォー・ア・フェア・エコノミー」(United for a Fair Economy) という市民団体のウェブである（www.faireconomy.org）。
　この組織は「富と権力の偏在が、経済を傷つけ、民主主義を破壊し、人種差別を増長し、コミュニティを引き裂いている現状を認識して、より公正な社会を建設することを目指している」と謳っている（http://faireconomy.org/about_ufe）。
　いずれにせよ、こうした惨事が横行しながらも、その不合理を民主主義によって阻止する力を人々が蓄え出したことに、私たちは希望に満ちた新しい社会が到来しつつあることを感じられるようになった。自然が人類に示した摂理を私たちは見ることができる。
　これが、「アソシエ社会」、「共生社会」なのである。これこそ、イマヌエル・カント（Immanuel Kant, 1724-1804）の真摯な道徳論が謳えてきた摂理そのものである。

1. 思考回路の自由を大前提とするアソシエ

　実務で成功した企業家には、理論家を机上の空論家として軽蔑している人が多い。経営とは、経験の積み重ねによるものであるのに、抽象的な理論などは何の役にも立たないと言う実務家は昔から多かった。「現実は理論が想定するように単純なものではない。よしんば正しい理論であっても、複雑な現実に対応できるものではない」と言うのがそういった人たちの常套語であった。
　カントは、政治家がそうであるとして、彼らを揶揄しているが、政治家を企業経営者に読み替えれば、それはそのまま競争に勝利した企業家批判にも適用できる。
　「実務にたずさわる政治家は、理論的な政治学者とは仲が悪く、並外れたうぬぼれをもって政治学者を机上の空論家と蔑視し、国家はもともと経験の諸原則に基づくはずのものであるから、政治学者が無内容な理

念を説いても国家にはどんな危険ももたらすことはないであろう」
(Kant, Immanuel [1795], 邦訳、11-12ページ)。

　先人の血の滲む努力によって、既存の権力者に異論を唱えても生命を奪われる心配のない現代の民主主義社会に住む私たちには、カントのこの揶揄が、それこそ命を懸けた発言であったことをすぐには理解できない。しかし、カントが尊敬し、当時の宗教権力を批判したルソー（Jean-Jaques Roussoau, 1712-1778）が国外追放された時代にあって、カントは、堂々とその時代の権力者を揶揄したのである。カントが説いた道徳は、きれい事で実現性のない代物のように見える。しかし、何事も敵に勝つことというリアリズムに還元してしまう類いの権力者に対抗できるのは、反抗する人間が身につけた高い道徳であると信じたカントの姿勢を私たちはもっと真摯に考えるべきである。カントの同時代で、米国の独立戦争を支持し、アイルランドの反英闘争に理解を示し、プロシアにとって敵方のフランスの革命を評価した人はどれだけいただろう？

　企業にとって、競争というのは神聖なルールである。このルールに則って勝ち抜くことが至上命令であるとの発言を企業人は良くする。しかし、実際には、いかなる手段を用いても、拡大に継ぐ拡大路線を推し進め、市場支配力を不断に増大させるというのが経営者の名誉である。大きく企業を成長させ、さらに世界一を狙う企業経営者が賛美される。勝ってしまえば官軍である。勝つためには人に言えない悪辣なことをしていたとしても、それは問われない。問われるのは、敗者に対してである。水に落ちれば、敗者は寄ってたかって叩かれる運命にある。その意味で競争は残酷である。たとえば、パソコンのOS開発。ビル・ゲイツ（William Henry "Bill" Gates）は、この分野で世界をほぼ完璧に支配した。彼はOS帝国の君主となり、世界から賞賛を浴びた。実際には、他国の先行者たちを排除するための様々な駆け引きが行われたが、勝者は非難されることはなかった。日本には政治的な圧力がかかり、日本のソフト開発者たちは、この分野の競争から降ろされ、敗北した。敗北した企業は、嘲笑の対象にされてしまった。そして、IT革命が進行した。多くのコンサルタントが勝者に擦り寄っている。そうして、自らは競争における

終章　アソシエのモラル

勝者でも何でもないのに、自称コンサルタントたちは、時代の解説者たらんとしている。一方で、競争面における勝者たちは、自らが勝ち抜いてきた土俵である「市場」を、神の座に持ち上げたがる。コンサルタントたちだけでなく、理論家までもが、彼らに媚びて「市場万歳論」を競って打ち出す。現在の世界は、産業界の競争で勝ち抜き、帝国を築くことが企業家の資格であると見なす価値観で染め上げられている。

　カントは、この点についても厳しく批判している。戦争に勝ち抜いた統治者と、彼の膝下にある大臣を批判している。

　「事態をあるがままの姿で判定すれば、これは統治者の品位を汚すことであるし、またかれの大臣がこうした理由づけに追従することも、その品位を汚すものだろう」（同書、14ページ）。

　競争の修羅場を勝ち抜くことを使命と考える経営者は、企業を大きくする際の限界を設けない。ひたすら巨大化を追求して止まないのが彼らである。その姿勢を批判する理論はリアリズムを理解しない空想的なものとして一蹴される。この点もカントは強く批判する。それは、国家を企業に言い変えても通用するものである。

　「国家の真の名誉は、どのような手段を用いるにせよ、権力の増大にあるとされるから、さきの判定（あるがままの姿を判定すること―本山注）がいかにも形式的で杓子定規に見えるのは当然であろう」（同書、14ページ）。

　権力者の姿勢と違って、理論家は、自らの理論にモラルを盛り込もうとするものである。過去の経済学者は、自身の研究をモラル・サイエンス（Moral Science）たらんとしてきた。古典派の経済学者たちの多くは、体制批判者でもあった。

　カントは、『永遠平和のために』（この言葉にカントは揶揄を込めている。この言葉は墓石に彫られた決まり文句で、英語で言えば、R.I.P.のことである。つまり、Rest in Peace＝永遠に平和であれという意味である。揶揄というのは、死者なら良いが、現実の国家間の仮の休戦協定に「永遠」という言葉を使ってはならないということをカントは訴えたかったからである―本山注）の第２予備条項で次のようなことを断言している。

「独立しているいかなる国家（小国であろうと、この場合問題ではない）も、継承、交換、買収、または贈与によって、ほかの国家がこれを取得できるということがあってはならない」（同書、15ページ）。

　現在の企業を国家になぞらえるとカントの主張の激しさが理解できるだろう。M&A（Merger & Acquisition＝企業の買収・吸収合併）の横行が、いかに労働の尊厳を損なってきたか、否、今も損なっているか。企業は、重役たちの個人財産ではない。人間社会に不可欠な存在である企業を、そこで働いている生きた人間がいるにも拘わらず、物のように売り飛ばす。社員の道徳的人格は無視されて、単なる物として扱われる。吸収された企業の社員、とくに技術者たちは、容赦なく、無用な物として企業から追い出されてしまう。これがどのように大きな災害を社会にもたらしたかは、M&Aが何の良心の呵責もなしに進められてきた米国社会の惨状を見ても理解される。ところが、皮肉にも、市民が銃で自らの身体的安全を守らなければならないような冷酷な社会を、日本における勝者たちは、日本人たちに模倣せよと迫る。しかし、労働者は単なる賃金で雇われる存在でしかなくなる。社員は、単に消費される対象でしかない。若者は非正規社員の不遇さから引き上げられるチャンスをほとんど掴めない。

　カントは、現代社会の惨状を予見していたかのごとく次のように嘆いた。

「つまり国家は、（国家が場所を占めている土地のようなぐあいに）所有物（財産、patrimonium）ではない。国家は、国家それ自身以外のなにものにも（独立している国家は、自らの意志に反して他国から―本山注）支配されたり、処理されたりしてはならない人間社会である。ところがそれ自身が幹として自分自身の根をもっている国家を、接ぎ木としてほかの国家に接合することは、道徳的人格である国家の存在を廃棄し、道徳的人格を物件にしてしまうことで、（ある。―本山注）したがってこうした接合は、民族についてのいかなる法もそれなしには考えられないような（いかなる民族にも根源的契約という法に守られているいも拘わらず、そのような―本山注）根源的契約の理念に矛盾する」（同書、15ページ）。

終章　アソシエのモラル

企業は、公の物であるべき土地や他の企業を吸収してしまう。吸収された企業で働く社員の人格などお構いなしである。かつて資本主義の黎明期には、農地の囲い込み運動が平然と行われていた。本来、地元住民全員の占有であった入会地が、特定の権力者の私物に変えられてしまった。今でも、囲い込み運動のようなことを平気で大規模に行っている新興国がある。日本も例外ではない。元来、国有鉄道の財産は国民全体の占有物であった。それが民営化されてJRになると、不動産はJRの私有物になり、金銭を対価に売却されている。公の管理に委ねられるはずの国民の資産が、民営化というスローガンの下で私物化されている。JRは鉄道業に止まらず、あらゆる事業を展開している。ホテルや大規模店舗を兼業して、大規模駅舎の外の自営業者を駆逐している。そのことに、多くの市民は無関心で、ワンストップで用を足せるようになったと事態を歓迎している有様である。カントが、上記の引用個所で、そのような行為は、「根源的契約の理念」に矛盾すると言ったのは、法治社会における社会的契約を無視していることを批判したかったからである。「根源的理念」とは、カントの概念を用いれば「純粋理性の理念のことである」(訳者、宇都宮芳明の解説、同書、120ページ)。カントは怒りを込めて国家による併合を批判した。

　「こうした取得方法についての誤った考え、つまり国家もまた互いに結婚できるといった考えは、ヨーロッパ以外のほかの諸大陸ではまったく知られていなかった考えであるが、この考えが現代のわれわれにいたるまでヨーロッパにどれほどの危険をもたらしてきたかは、だれもがよく知っていることである。これは企業の新方式で、資力を費やさないで家族の縁組みによって強力になる仕方であり、また同じ仕方で土地の所有を広げるやり方である」(同書、15-16ページ)。

　家族の縁組みに並んで、現在の企業は自社株を買収相手の株と交換することによって、金銭を費消せずに資産を拡大させている（株式マネー）。しかし、企業は他を買収したい欲望を持つが、自らは他から買収されたくないという思いも強く持つ。いきおい、企業は雇用を増やすよりも内部蓄積を増大させることに努める。金力だけが、自分を買収しようとす

る外敵から逃れる上での最高の武器だからである。同じように、国家にとっても、金力は武力よりも威力がある。他国を支配するのに、軍事力を用いるよりも、カネを貸し付ける方が大きな力を発揮できる。

「兵力と同盟力と金力という3つの力のうち、金力がおそらくもっとも信頼できる戦争道具であろう」（同書、17ページ）。

M&Aに傾く企業経営者が、理論を軽蔑するのは、理論には自分たちを戒める棘が用意されていることを見抜いているからである。そのためにこそ、彼らは、執拗に理論家たちを空理空論を弄ぶ存在であると決め付けたがっているのである。

しかし、彼らが総じて見落としているのは、理論と実践との間にあり、両者を媒介する中間項の存在である。中間項とは人間が社会的に結合するに当たって、社会の構成員たちが暗黙の了解の下で交わす契約のことである。本書が、懸命に訴えようとしている点はこの中間項である。これこそが、本書でいう「アソシエ」である。

理論を軽蔑する経験至上主義者は、自分たちの成功が永遠に続くものと錯覚して、将来待ち受けている社会からの反撃を無視してしまう傾向を持つ。1つの世代の成功が、次の世代にも受け継がれるべきであると思い込む。次世代の若者が自分よりも前の世代の成功物語を聞かされ続ける。企業社会に所属する際の契約として、成功者は、自分の判断基準を若者に押し付ける。短い期間なら一定の判断力を誇示しても許されるかも知れない。しかし、ひとたび設定された規範＝判断力を長期に亘って維持することを次世代に強要することは、常に啓蒙を目指す人間の本分を傷つけることである。たとえば、最近の日本の学術の権威者たちに、経済学原論をシカゴ学派流のマクロ・ミクロ論に限定しようとする動きがある。百年の計を考えなければならない教育現場で、科学の名の下に、特定の狭いイデオロギーが押し付けられ、それがグローバリズムに叶うものだと、時代の権威者なるものが大学に圧力を掛けている。

カントは、狭く底が浅く、即効的実利のみを重視する教育システムを軽蔑していた。

「人類が改善に向かって進むべき時期をいわば台なしにし、従ってま

たこの時期を空しく過ごして、後代の児孫までも不利ならしめるようなことは絶対に許されない」(1784年、邦訳、篠田英雄訳『啓蒙とは何か』岩波新書、15ページ)。

　カントはさらに言う。「人間の自由」な営みが織りなす様々な事象を歴史的に「全体として考察すると」、現代人は「人間意志の自由が規則正しく発展」してきたことを知る、「個々人にあっては驚くほど無規則で混乱に見える現象も、全人類について見れば、人間に本具の根源的素質が、たとえ緩慢にもせよ絶えず発展している様子を認識できる」と(「世界公民的見地における一般史の構想」1784年、上掲、『啓蒙とは何か』所収、岩波文庫、23ページ)。

　個々人がてんでんばらばらに自分の自由意志に基づいて行動してきたのに、類としての人間全体人間の理性が、自然の素養に則って発現していることを私たちは見る。個々人に規則性はないが、類としてならある(同書、26ページ)。個々人は短命である。しかし、自然によって何世代も作り出された人間は、類として、前の世代の知識と経験を受け継ぎ、啓蒙の芽を限りなく発展させてきた。カントは強く主張する。

　「自然が人間に関して欲しているのは、次の一事である、すなわち──人間は、動物的存在としての機械的体制以上のものはすべて自分自身で作り出すということ、また人間が本能にかかわりなく、彼自身の理性によって獲得した幸福、或いは成就した完全性以外のものには取り合わないということである」、「自然は、人間に理性とこれに基づく意志の自由とを与えた」、「自然が人間に欲したのは、──彼が本能によって指導されたり、或いは生得の知力に教えられて生活にいささかも不自由しないということではなくて、むしろいっさいのものを自分自身で作り出すことである」、外部からの危害から身を守る手段として、「自然は人間に、牡牛の角も獅子の爪も、また犬の歯も与えないで、両手だけを与えた」(同上、28ページ)。

　「動物の一類としての人類が理性をもつと、個々の理性的存在者はことごとく死滅するが、しかし、類としての人類は不死である。そこで人類の自然的素質は、完全な発展をとげることになる、という事実である」

(同、29ページ)。

　私が、理論と実践との中間項にアソシエとしての契約があるとしたのはカント的な類の考え方を受け継ぎたいからである。眼前の勝った、負けたという意識を超え、具体的な実践に役立つには、理論は高尚すぎ、抽象的すぎるという理論軽視の悪しき風潮、それがもたらす労働の尊厳の破壊に抗するためにも、人間が社会的に組織するアソシエの契約、そのモラルを重視することが喫緊の課題である。それは、個人のものではなく社会の契約、共に生きるアソシエの契約である。機械以上の存在であるところの人間を、その品位にふさわしく遇することこそ人の輪＝アソシエの基本的なモラルでなければならない。個々人が切り離されてしまっては実現できない高尚な精神は、個々人がアソシエの輪に参画することによって実現できるものである。カントの力説していたことを私たちは真摯に受け継ぎたい。

　カントが重視した「金融力」について、次節で検討する。

2. 金融のモラル

　1975〜79年にイタリアの中央銀行（Banca d'Italia）の総裁であったパオロ・バフィ（Paolo Baffi、1911-1989）[1]を記念したイタリア中央銀行主催の第1回講演で[2]、アマルティア・セン（Amartya Kumar Sen）は金融経済学の倫理観を鋭く批判した（Sen, Amartya［1991］）。

　センは、講演の冒頭で、1990年3月のイタリア中央銀行の総会での当時の総裁、カルロ・チアンピ（Carlo Ciampi）の発言、「(パオロ・バフィは)『透徹した論理と博識、そして道徳的な強さを、並外れて兼ね備えた人物』で、『才能豊かな経済学徒であるだけでなく、コモングッズ（公共財）のために断固として行動した人物であった』」を引用して、バフィの真摯な倫理観への強い共感を表明した（Sen, *ibid,* p.23）。

　しかし、金融を倫理面から論じることに、経済学はことごとく失敗してきた。その試みの躓きの石は、金融界のモラルが低いのに、金融が果

たしてきた社会への貢献度が高いという事実を整合的に理解することである。金融界のモラルの低さを批判することは容易である。事実、その種の糾弾には、人の心に訴えるプロパガンダとしての一定の効果がある。しかし、現実には、金融経済が、モラリストの戒めに従うことは皆無に近かった。貸付という金融の最大の機能が、経済的には不可欠で重要なことであり続けたからである。

　貨幣を貸し付けるという職業は、何千年もの間、厳しい懲罰を受けてきたとセンは言う。イエスは、金貸しを寺院から追放し、予言者の命令や、ユダヤの行動規則は高利（usury）を批判し、イスラムは、さらにそれを禁止した（ibid., p.26）。

　周知のように、アリストテレスは、利子とは、貨幣から貨幣を生み出す不自然で不当なものであると述べたが、彼の批判は、何世紀にも亘って学者や倫理学者に影響を及ぼした。その影響下で、スコラ哲学者もまた、利子で生計を立てることへの不道徳さを糾弾していた。ソロン（Solon）は、ほとんどの債務を無効にし、様々な種類の貸付を、法律で全面的に禁止した[3]。そして、同じことが、5世紀後のジュリアス・シーザー（Julius Caesar）の治世で再現された。

　貨幣を貸し付けることによって裕福になった人々に対する社会的な信認は、近年に至るまで侮蔑的に低かった。とくに、英国において、銀行活動は、英国上流階級から遠ざけられ、これも、周知のことであるが、そのような取引きは、外国人やユダヤ人に委ねられた。また、今日でも、イングランド銀行をロンバード街に設置したことが、近年の英国の金融における外国人の決定的役割を作り出した原因であると非難されている。ロンバード街とは、イタリアのロンバルディア平原を本拠としていたフィレンツェの金融業者たちが、集住していたシティの中心街である。外国人が主役であった地区に英国の中央銀行が置かれたのである。シェイクスピア劇「ヴェニスの商人」に登場するシャイロックについての記述は、エリザベスⅠ世時代の英国で広まっていた金融業者に関する社会的態度の特徴を示している。

　こうした、侮蔑の対象であった金融界の成功者が、金融権力を掌握で

きた背景には、営利を人生の最高の目標とするようになった倫理観における大転換があったことは否めない。しかし、そうした大所高所論ですますのは、金融の宿痾の重大さを軽視してしまうことである。事実は、すべての権力がそうであるように、金融権力もまた、絶えざる覇権争いの過程で、栄枯盛衰を繰り返してきた。その権力配置の変化によって、現代社会は安定を確保できないでいる。

3. 倫理と現実

　A.K.センは、次のような問題を提出した。金融が、社会の進歩に果たした非常に大きな貢献にも拘わらず、長い歴史を通して罵倒され続けてきたのはなぜなのだろうかと（Sen, Amartya［1991］, p.27）。

　確かに、「歴史的にみて、産業革命だけでなく、ルネッサンスも、金融の手助けがなければ、極めておぼつかないものとなっただろうし、おそらくは不可能であっただろう」。「現代の豊かさの多くは、世界がポロニウス（Polonius）の忠告(4)に従っていたとすれば、あり得なかっただろう。また文化と科学という問題においても、金融の創造的な役割は、十分に強力なものである」（*ibid.*, p.27）。

　社会的にも不可欠な存在であり、歴史的にも目覚ましい成果を挙げて社会に貢献してきた金融が、道徳的にいかがわしいものであると、どうして断罪されてきたのだろうか？センは、このような問いを発した。

　実際、金融には、否定できない負の側面がある。新しい価値を生まず、一方の利益は他方の損失からなるというゼロサム・ゲームの手段を、金融機関は次々と開発してきた。ゲームの手段とは新しいギャンブルを金持ちに提供することである。各種ギャンブルを開発して多くの顧客を集めることに成功すれば、金融機関は、莫大な利益を稼ぐことができる。しかし、ギャンブルは所詮ギャンブルであり、失敗者が必ず続出する。

　そもそも、何らの新しい価値を生むことのない状況の下で、金融機関が莫大な利益を生むということは、膨大な数の投機家たちが没落するこ

とを意味する。金融機関の莫大な儲けの裏で、破産者たちが累積した。

　こうした金融機関による金融に関する素人を収奪してきた歴史を憂う人たちが、人間の尊厳性を踏みにじるギャンブル的金融活動を強く取り締まるべきであると主張し続けてきたのは当然である。このことから、金融機関そのものを悪の巣窟として排除しようとする過激な倫理観もしばしば登場してきた。しかし、この過激な倫理は、「角を矯めて牛を殺す」ことにもなりかねない。金融に勢いがなくなれば、企業は資金繰りに困り、失業が続出してしまう危険性がある。結果と無関係に絶対的なものであるとする倫理絶対主義が、社会を混乱させてきたのは確かである。規制を基本とする倫理は、人間活動を妨害しかねないという主張が出てくるのも、また自然なことである。

　経済学には、学派間の様々の哲学の対立がある。対立とは、まさに倫理か結果かという対立である。

　このことは、軍需生産拒否論になぞらえることができる。

　人を殺戮する戦争は絶対的に悪である。いかなる場合でも戦争をしてはならない。戦争に政治家を追い立てる軍産複合体は悪である。軍需生産は即刻止めねばならない。これが、軍需生産否定論者の主張である。

　こうした主張は、総論的には崇高である。そして、戦争拒否論は世界の人々の共通の認識になっている。これは、歴史の進歩として受け止めるべきではある。しかし、世界の各地で戦火はいまだに消えていない。殺戮武器は、天文学的数値で増大し続けている。

　金融も同じである。金融には倫理が重要であると声高に叫ばれる一方で、金融の肥大化は止まるところがない。

　戦争と金融との関係を糾弾した哲学者がカントである（Kant, Immanuel［1795］）。国家をして戦争を起こさせないためにも、戦費調達を目的とした国債発行は禁止されるべきであるという有名な提案をカントは行った。この *Zum Ewigen Frieden*（『永遠平和のために』）が「バーゼル和約」（Peace of Basel）の直後にケーニヒスベルク（Königsberg）で書かれたことは、後世のEC（Europian Community）結成に繋がった点で、歴史的に非常に大きな意味を持つ。このことについては、注（5）で詳

述する。[5]

4. ジャン・ジャック・ルソーの道徳への尊敬

　金融の世界では、道徳的な義務が繰り返し語られてきた。しかし、歴史的には、金融界における道徳意識は、現実社会に適合すべく、常に、機能停止に追いやられてきた。倫理とか道徳は、実践するのが当然のものであり、実践した結果がどうなろうと特別に意に介さないというイマヌエル・カント的な厳しい倫理観（Kant, Immanuel [1785]）は、一般に「義務主義」(deontology) と呼ばれているが、こと金融の倫理においては、義務主義は、歴史的に劣勢に立たされてきた。結果を重視することによって、闇雲に義務主義を押し通すことは差し控えられるべきだとの考え方は、「結果主義」(consequentialism) と呼ばれてきた。

　そもそも、最高の学問体系であると学問の世界で崇められてきた哲学が追い求めてきたのが、人間の義務＝道徳である。

　その典型は、周知のようにカントである。そのカントに決定的な影響を与えたのが、ジャン・ジャック・ルソー（Jean-Jacques Rousseau, 1712-1778）であった。そのことについては、カント自らが告白している。[6]

　カントがルソーからいかに多くの影響を受けたかを追っておこう。

　軽々に道徳とか倫理を説く人たちは、かなり胡散臭い輩が多い。とくに、権力者が執拗に高尚な道徳的演説をする国ほど、庶民が享受すべき普通の人権を護らず、専制的な体質を持つことは歴史的にも証明されている。権力者でなくとも、いたずらに徒党を組んで、やたらと道徳的原理を振り回す集団は、多くの場合、原理主義者（ファンダメンタリスト）と呼ばれてきた。

　とくとくと道徳的信念を説き、その道徳観によって権力を批判する人たちの多くは、往々にして現実の厳しさを軽視している。陰湿で、権謀術策に満ちた現実社会の力学を無視し、社会の幸福な行方を夢想する道徳漢たちは、リアリズムを重視するニヒリストたちの軽蔑の対象であっ

たし、今なおそうである。

　しかし、このような危険性があっても、道徳は人間社会で追い求められなければならないものである。もしも、この世の中で道徳を説く人たちが皆無になり、リアリストでニヒリストでもある人たちばかりが横行してしまうようになれば、この世は闇に支配されてしまう。嘲笑の的にされても、究極の道徳は唱え続けられなければならない。そのことは、人間社会の不可欠の原則である。過去、人格の高尚な人たちが、世間の冷笑を十分に認識しながらも、道徳を人間社会の究極の規範にしてきたことは、人間史に燦然と輝く光である。

　あえて付言しておきたい。リアリストにしてニヒリストである人々の多くは同時代の体制への追随者であった。夢想家の道徳主義者を攻撃する場合に、ニヒリストたちは体制派の権力を擁護する姿勢を示してきた。

　しかし、夢想家と冷笑されてきた道徳主義者の中には、既成の価値観に裏付けられた権力者の道徳を敢然と批判し、権力的な道徳論に対して自らの道徳哲学を対峙させてきた人もいた。それゆえに、彼らは権力者たちから容赦なく生命を抹殺されてきた。歴史的には、道徳漢を侮蔑するニヒリストたちの方が、モラリストたちよりも身の安全を保ってきたのである。

　その意味で、余りにも厳しい道徳を唱えたために、ジュネーブから追放され、流浪のあげく憤死したルソーの道徳論から本書を始めるのも大事な手続きであると思う。

　ルソーは、それが元でジュネーブから追放されることになった著書『エミール』(7)(Roussaeau, Jean-Jacques [1762]) の冒頭で次のように宣言した（邦訳、上巻、22ページ）。

　気位の高い哲学者たちによって、効用があるとされる著作が数多く刊行されてきた。しかし、もっとも効用があり、有用であるはずの「人間を創る技術」に関する著作はほとんどない。そうした技術は忘れ去られている（同書、上巻、22ページ）(8)。

　教育とは、教育を授けるものの人格が高尚であることを条件とする。教育者は、権威を持ち、人々から愛され、すべての人から尊敬される人

でなければならない。そのためにも教育者は、美徳を尊敬する人でなければならない。金をバラ撒けば尊敬を集められるものではない。金銭によって人から愛を受けた人を私は見たことはない（同書、上巻、175-76ページ）。ルソーはこう言った。美徳への尊敬。これがルソーのキーワードなのである。

　続いて、ルソーは、美徳への尊敬に至る道筋について述べている。その際、感覚の持つ正しさと、感覚の限界を超えて推論される誤りの危険性が対比される。

　水が光を屈折させることを教えるために、透明なグラスに水を張って、その中に真っ直ぐの棒を入れる。棒は、グラスの中を覗き込む観察者には、当然、曲がって見える。ここで、子供が、「棒が曲がって見える」と言った時、大人は、「君の感覚は正しい」と誉めると良い。しかし、子供が「棒は、実際に曲がっているのだ」と言い募れば、それは誤った主張であることをたしなめるのが教育の基本である。それは、一般人の常識である。

　ところが、抽象的で高度なものに対する感覚、そしてそこから導かれる推論が、庶民感覚から離れてしまえば、推論の結果は、とんでもないものになりかねない。

　学者たちの知識は、庶民とは比べものにならないくらい豊富である。しかし、その豊富な知識が正しい結論をもたらさず、逆に正しさからますます遠去かったものになる場合の方が歴史的には多かった。学者たちは、知識を得るべく邁進するのだが、邁進すればするほど真実からずれてしまう。

　それには、学者の虚栄心が大きく影響している。獲得した知識から一見正しそうな判断を数多く打ち出せば打ち出すほど学者の虚栄心は満足させられるからである（同書、上巻、477-78ページ）。

　学者の判断力の間違いが、人々の学習能力を退化させてしまっている。何の意味を持たないことを学問であるかのように社会の人々の脳裏に埋め込んできたのが学者たちであった（同書、上巻、223ページ）。

　博学だといっても、学者たちの判断は多くの観念から生じたものにす

終章　アソシエのモラル

ぎない。それは、映像から作りだされた観念である。それらは記号化されている。学者はその記号を覚えてきただけである。ここ数世紀でもてはやされた学問はほぼそういうものであった（同書、注32、上巻、502ページ）[9]。

5. ルソーの自己愛論

　知識の限界を指摘したルソーは、次に自己保存の情念の検討に入る。自己保存の情念こそが、正義・善と言われる道徳的判断が形成される基礎であることを示すためである。

　自己を保存する情念の中のもっとも奥底に座っているのが、自己愛である（Rousseau, Jean=Jacques［1762］、邦訳、中巻、10ページ）。情念には色々な種類があるが、もっとも基礎的で自然に生まれてくるのが自己愛である。自己愛が、自分を愛してくれる人に対して愛情を感じ、危害を加えてくる人に対して嫌悪感を抱くようにさせる。そうした感情の繰り返しの中から人間関係を子供は知るようになる[10]。人間関係のからまりが道徳感情を生み出すのである（同書、中巻、14ページ）。

　自己保存の情念が愛を生み出すが、人間の成長過程においては、愛は異性に対するものより、友人に対するものの方が先に生じるものである（同書、中巻、30ページ）。

　自然が、青年の友を愛する友情という情念を育ててくれる。そして、青年に他人の不興を買うことの恥ずかしさも教えてくれる。青年は、自分が他人に与えた苦痛を見て涙を流すようになる（31ページ）。

　「人間を社会的にするのはかれの弱さだ。わたしたちの心に人間愛を感じさせるのはわたしたちに共通のみじめさなのだ。人間でなかったらわたしたちは人間愛など感じる必要はまったくないのだ。愛着はすべて足りないものがある証拠だ」（32ページ）。

　哀れみの心は、自然の秩序では最初の段階の感情に属する（37ページ）。この感情が、人間の心の中で道徳への尊敬の気持ちを育み、正義と善を

理解する理性を確立させてくれる（73ページ）。逆に言えば、理性による裏付けがない限り、正義とか善とかといった道徳は生まれてこない。

このように主張した後、ルソーは、カントに決定的な影響を与えることになる通俗的な道徳理解に対する批判を展開した。

それは、余りにも有名な「マタイによる福音書」（Katά Matθaíov Ευαγγέλιον, Evangelium Secundum Mattheum, Gospel according to Matthew）の理解についてである。[11]

「人にして貰いたいと思うことは何でも、あなたがたも人にしなさい。これこそ律法と預言者である」という「マタイによる福音書」の一節は、古代からずっと信じられてきた道徳律であった。これにルソーが疑問を挟み、カントがこれまで人々から無批判に受け容れられてきたこの道徳律で暗黙裏に前提されてきた条件を吟味したのである。

ルソーは、この格率を忠実に履行する人間が他人にもこの格率を護らせることが実際に可能なのか？他人にそれを護らせる保証はどこにあるのか？を問うた。

ここで、格率という哲学の門外漢には耳慣れない翻訳造語が使われているが、英語ではmaximである。ゴットフリート・ライプニッツ（Gottfried Wilhelm Leibniz, 1646-1716）の頃までは、証明しなくても正しいことが自明である命題とか公理のこととされていた。

カントは、これを普遍的な道徳法則ではない個人の主観的規則と理解した。ルソーも同じく、カントに先行して、このマタイの道徳律を個人の主観的原則と理解していたようである。つまり、カントは、ルソーの理解を踏襲している。

ルソーによれば、悪人は正しい人をだまして不正な利得をむさぼるものである。悪人は、自分以外の世間の人たちのすべてが善人であることを望む。その方が、人をだまして得られる自己の利益が大きくなるからである（ルソーによる注4、同書、中巻、404ページ）。

つまり、この格率が有効であるためには、行為者が、自らの好意を裏切られてもあえて「人にして貰いたいと思うことは何でも」しなければならないし、「他人のことなど知ったことではない」という心など存在

終章　アソシエのモラル

しないということを前提とする必要がある。後に見るように、無条件にこの格率は成立し得ないと言ったカントは、ルソーのこの問題提起を全面的に受け止めたのである。

ルソーは、この格率を成立させるものは、「人間の正義の原理」であるとした。善人には溢れ出る豊かな魂の力がある。人が苦しんでいる姿を見ることは、自分を苦しくさせる。自分が苦しくならないために、人は他人に優しく接する。それが自然の掟である。それは理性を超えるものである。自己愛から生み出される他人への愛が、人間としての正義の原理である。倫理学はここに存在根拠を置かねばならない（同書、中巻、405ページ）。

自然の掟は、人間の悟性や理性を超えた次元の領域に存在しており、人間の心に住んでいる自然そのもの、つまり人間の崇高な心のことである（76ページ）。

人の心の本質を見極めるには、歴史をひもとけば良い。歴史を知るといっても、書かれた歴史書に頼るしかない。ところが、歴史書は、何らかの思想を基盤として書かれている。すべての歴史書がそうである。中立的な立場で事実のみを淡々と描くという歴史書は皆無に近い[12]。歴史書の多くは、人間の悪い面の叙述に傾き、人間の良い面を描くことがきわめて少ない。歴史書は革命とか大変動に興味を寄せ、平安な温和な政治が支配し、安定していた時代にはそれほど力点を置いてこなかった。そのために、歴史を調べる人たちは、検事的告発者の立場を取りがちである。とはいっても、歴史をすべて肯定的に理解してしまうことも行き過ぎであろう。したがって、歴史を理解するには、告発と弁護の中間を行く裁判官的立場が必要になる（78-79ページ）この姿勢は、対立する２つの命題のどちらも正しい時、その間に判断の基準を置かねばならないとするカントに受け継がれた。

宗教に対するルソーの懐疑もカントに受け継がれている。フランスからルソーが追放される理由とされた『エミール』第４篇「サヴォワの助任司祭の信仰告白」でのカトリック教会批判に関する叙述もカントに大きな影響を与えた。影響を与えたというよりも、カントはこと宗教理解

においては、完全にルソーと一体化している。同じ主張をしても、ルソーが追放され、カントが名声を博したという差異は、環境や時代の差であるのだろうが、宗教批判に関してはカントがルソーそのものであったことは重視されて良い。

6. ルソーの自由論

『エミール』第4編「サヴォワの助任司祭の信仰告白」(Rousseau, Jean=Jacques [1762]、邦訳、中巻、156-406ページ) の司祭は、真実を明らかにするためではなく、聖職者などの高い地位を得るためであったという告白も（同書、中巻、157ページ）、カントの「覚書」に通じるものである。

後のカントがルソーの考え方を忠実に踏襲するのであるが、ルソーは、自由こそが究極の根源であると断言していた。あらゆる行動の根源には自由である存在者の自由な意志がある。自由とはそれより奥には何も存在しない究極の規律である。自由という言葉には人間の主体的な意思が込められている。しかし、必然という言葉には意味がない。そこには人間の主体的な意思の関わりがないからである（同書、195ページ）。

自由とは何をしても良いということを意味しているのではない。自由は、人間社会全体との位置付けを明瞭に意識して実施される行為の意思のことである。善人と悪人の違いは、前者が全体の見取り図の中で自らの位置を判断するのに対して、悪人は自分をすべての中心に置いて判断するということである（227ページ）。悪人の行為は自由の発露とは言えない。自由とは自律の裏付けがなければならないものである。

つまり、人間の行動の根源には自由があるとするルソーの主張は、自己を律するという面で、かなり厳しい姿勢を堅持したものである。その厳しさが自省を欠いた既成宗教への批判にまで結び付く。

現実の社会には色々な宗教が並立している。それぞれの宗教には、他

とは異なる自分たちだけの啓示がある。それは、神の啓示を伝えるとして、神の代理人と自称する者たちが、自分が語りたいことのみを信者たちに説いたことの結果である。あらゆる民族が、自らの流儀で、神の代理人の告げる啓示を受け取っている（239ページ）。

それぞれの宗教は、自らの正当性を言い募り、他の宗教を攻撃する。神がそう語ったと言われていることがその根拠である。信者は、神が語ったと言う司祭の言葉に従う。信者は司祭を信じている。だから、信者が信じている宗教のみが正しい。信者はそう主張する（241ページ）。

しかし、その啓示はどこまでさかのぼっても人間の言葉であって、神の言葉ではない（244ページ）。

神は人間に対する嫌悪を示すのか？神は恐怖心を駆り立てるのか？怒り狂い、嫉妬し、復讐を好み、戦争と破壊を行い、威嚇し、責め苦を与えるのが神なのか？初めにただ1つだけの種族を選び、他の種族を追放する神を人間共通の父として信じるべきなのだろうか？私の理性が示す恵み深い神はどこにいるのか？（249ページ）

ヨーロッパには、周知のように、ユダヤ教、キリスト教、イスラム教という3つの宗教がある。それらが互いに罵倒し合っている。しかし、これら宗教の聖なる書は、いずれも現在の信者たちが読めない言語で書かれている。ユダヤ教の聖典はヘブライ語で書かれているが、現在のユダヤ人はその言語を解さない。キリスト教徒も、聖典の言語であるヘブライ語も古代ギリシャ語も読めない。イスラム教徒について言えば、トルコ人はもとより、アラビア人ですらマホメット時代のアラビア語を話してはいない。それぞれの聖典は、現代語に翻訳されているといっても、原典そのものを多くの人が読めない以上、その翻訳の正しさを証明できる人はいない（259ページ）。

ユダヤ教の内容を調べる人は、キリスト教の世界にあっては、ユダヤ教を誉める書物を入手できない。入手できるのは、ユダヤ教を非難する類いの書物だけである。ユダヤ教を誉める文献がないのは、ユダヤ教を誉めた書物を書いた人が例外なくキリスト教世界から追放されてきたからである。そもそもユダヤ教を誉め讃えたキリスト教徒の書物など、存

在できないのである（260ページ）。事実、このような激しいキリスト教批判をしたルソーは国外追放された。

　キリスト教徒たちは、ユダヤ人がキリスト教に改宗しないことをもって彼らを批判する。あるいは、イスラム教徒のトルコ人は同じ理由で間違っていると言う。キリスト教徒はマホメットを崇拝してはいない。トルコ人たちがキリスト教徒に対してイスラム教への改宗を要求すれば、トルコ人たちは間違っているとキリスト教徒から非難されるべきなのだろうか？（262ページ）。

　宗教が異なっても、人々が、互いに愛し合い、兄弟と考え、あらゆる宗教を尊敬して平和に暮らせる社会を作るべきである。生まれて後、ずっと信じていた宗教を棄てるように人を説得することは、悪事を勧めることである（278ページ）。

　あらゆる種類の美しいものに感動し、愛することを学び、それを自然の欲求とすること、自然の欲求が変質して富を求めるようになることを阻止すること、教育の目標はここに置かれなければならない（372ページ）。ここでも、カントが刺激を受けて、自らの著作に『美と崇高との感情性に関する観察』というタイトルを付けたことが想起される。

7. カントの「根源的な誤謬」

　道徳（Sitt）とは「真善美」（Truthahn, Güte, Shönheit）の実行に他ならない。しかし、「真善美」という言葉は、その反対の「偽悪醜」（本山造語）を前提にしていて、これがカントの道徳論の基本的立脚点であると、私は思う。

　その理由を比喩的に述べよう。[21]お世辞にも清潔とは言えない町角に「街を美しく」、「川をきれいに」、「ゴミは持ち帰りましょう」というステッカーが貼られている光景を私たちはよく見受ける。このステッカーを見て、私たちは「この町は清潔な所で、住民に公衆道徳が行き渡っている」とは、まず思わないだろう。そもそも、このようなステッカーが貼られ

ている町は、例外なくと言って良いほど汚い。塵一つ落ちていない町にこの種のスローガンは見受けられない。町が清潔か、清潔でないかの差は、自治体の財政力によっても幾分左右されるのであろうが、けっして豊かではない田舎のたたずまいの美しさに対比させれば、あるいは、江戸時代の町屋通りの清潔さを思い起こせば、基本的には、財政力による差違というよりも、公衆道徳の不足している住民が多数住んでいる町ほど汚いと言えるだろう。公衆道徳のなさが、美しいスローガンを多用してしまうのではなかろうか？晦渋なカントの道徳論は、気恥ずかしくなるような美しい言葉で作られている。しかし、道徳の必要性を語ったカントの背後には、既成社会の醜さに対するカントの強烈な怒りがあった。私のこの文章を、町の美化を訴えるスローガンの比喩から書き出したのは、カントの姿勢を強調したいためである。

　カントは、冒すべからずとされてきた人間の「純粋理性」（reinen Vernunft）を批判することに生涯を懸けたといっても、言い過ぎではない。

　理性によって人は正しい判断を下せると断定してしまうのは誤りである。理性には、「根源的な誤謬」（Erbfehler）が根付いている。これは、キリスト教の教義にある「原罪」（Erbsünde）を意識してカントが使用した言葉である。「原罪」は人間が誕生した直後に人間が冒してしまった「根源的な悪」（radikales Böse）である。同じように、「根源的誤謬」は、人間が自然から離れて「理性」に最終的な価値を委ねるようになって冒してしまった結果から生み出されたものである[22]。

　理性は、しばしば人間の判断に致命的な誤りをもたらしてきた。天動説はそうした理性の誤謬の典型例であった。あるいは、「努力をすれば報われる」という道徳観に従って努力した結果、報われた成功者たちがしばしば弱者に対して非人道的に振る舞うようになることも、そうした道徳を推奨してきた理性の誤謬である。競争社会で生き延びてきた成功者たちは、ともすれば、他人よりも優位に立とうとする心情を大きくしてしまう。そうした事例を私たちは日常的に見聞きしている。

　理性における「根源的誤謬」だけが問題なのではない。人間には悪事を冒すという根源的な悪の心があると、カントは、「真善美」の反対側

の存在に論を進める。

　人間には、「してはならない。それは悪いことである」との意識はあっても、ついついその悪いことをしてしまうという性癖がある（石川、同上書、222ページ）。これが根源的悪である。

　根源的悪の存在を示す明白な事例として、「努力をすれば報いられる」といった素朴な道徳観がもたらす競争社会の結果がある。確かに、人間社会は競争原理から成り立っている。競争原理が人間の素質や才能を開発してきた。その事実は否めない。しかし、競争社会の行き着く先は、傲慢な成功者とひ弱な脱落者の二極分解であり、「万人に対する戦争状態」（bellum omnium contra omnes, the war of all against all）が支配するトマス・ホッブズ（Thomas Hobbes, 1588-1679）の世界である[23]。

　しかし、競争に勝ち抜いてきたからといって、人は幸せになるものではない。それは、他国民を征服してきた権力者の末期の悲惨さを思い起こせば良い。国内で権力を掌握してきた俗物の身辺に渦巻く数々の不幸を想起すれば良い。今でも世界の至る所で殺戮が繰り返されている。権力者自身が自ら冒した悪によって必ず襲いかかってくるであろう破滅の瞬間に怯えている。成功者といえども、自らが冒した悪の存在は充分知っている。

　悪を冒したからといって、良心に痛みが走らない人間はいない。人間の悪が究極的・根源的なものであるほど、「善」を求める気持ちが人間には強く根付く。そうした意味において、人間には多くの「善への素質」（Anlage zum Güte）がある。

　こうした根源的な悪を根絶することは不可能である。しかし、克服しようという心情は必ず根源的悪の中から生み出されるものである。これがカントの道徳論である。

　カントの道徳論の真髄は、神を詰問してはならないという『宗教論』（Kant, Immanuel［1793］）に見られる。神（＝道徳）は各自の心の中に存在しているものであり、自分の外にある絶対者によって自らの「自由」な心が支配されてはならないとカントは強く主張する。

　神に啓示[24]を求めてはならない。神は内なる存在であって、「見えざる

教会」である。「見える教会」など意味がないのに、人間はこれを転倒させてしまい、壮大な教会を神の現れだと錯覚して、これに跪いてきた。しかし、大事なことは内なる神を見つめ、少しでもそれに近付くことである。そうした行為が道徳を実行することである。宗教もこうした道徳の上に成り立つものである。

　このカントの主張は、教会の権威に真っ向から挑戦するものであった。当時の雰囲気からすれば、カントは、絶対者としての神の存在までも疑う無神論であると受け取られかねないものであった。事実、カントは、啓蒙君主として名高かった第3代プロイセン王（在位、1740-1786）のフリードリッヒ大王（Friedrich II der Groß, 1712-1786）が1786年に死去した後を継いだ、啓蒙主義に反対する君主のフリードリッヒ・ヴィルヘルム２世（Friedrich Wilhelm II, 1744-1797）の逆鱗に触れ、1794年、カントの『宗教論』（Kant, Immanuel [1793]）は発禁処分を受け、公職追放寸前までいった。王の生前中には宗教に関する一切の著述はしないと誓うことでカントは公職追放処分を免れた、その3年後に王が逝去するや否や、カントは宗教批判を再開した（石川文康［2012］、229-30ページ）。

　その『宗教論』は、「人間における悪」（根源悪）を起点に据えた著作である（石川文康［2012］、221ページ）。道徳という考え方が成り立つのは、悪という前提があってこそである。人間には、「善きもの」が何であるかをよく知っている。「根源悪」を根絶することは不可能であろう。しかし、「悪への性癖」を一定程度克服することなら可能である。善への道を目指す「漸進的改革」（Almaliche Reform）こそが道徳である（石川文康［2012］、221-25ページ、参照）。道徳を追求しても、人はそれで幸福になれるわけではない。そうではなく、幸福を受けるに値する人になることを約束するのが道徳である。それが「最高善」（höchst Gut）である。

8．カントの「創世記」理解

　論理を展開するには、もっとも単純で基礎と成りうる抽象物を出発点

として、抽象物にそれより少し具体的な次元の物を付け足し、さらに次元を具体化させて、最終的に具体的・複雑物（現実を映し出す真理）を描き切るというのが原則である。しかし、そうした論理展開の前には、出発点となる物を発見するために複雑な現実を区分けしなければならない。この区分け作業が下向（抽象化）過程といわれるものである。そして、出発点から具体的な真理を叙述する過程が上向（具体化）過程と呼ばれるものである（http://www.iwanami.co.jp/moreinfo/3412480/top.html）。

　ここには、論理的な継起（論理を展開する順序）はあっても、物理的な時間的継起はない。抽象化過程にしろ、具体化過程にしろ、思考の回路で物理的な時間は流れない。あるのは、論理展開の順序だけである。

　こうした論理的継起を時間的前後関係として語るのが神話である。カントはこの点に注目した。カントは、人間が護るべき道徳律を、旧約聖書の創世記との対比で語ったのである（Kant, Immanuel [1793]）。

　先述のように、カントの道徳論の基礎には「悪に傾斜する人間の性癖」認識があった。しかし、「悪に傾斜する」と表現する限りは、人が悪に染まる前の「無垢の状態」（Stand der Unschuld）（Kant, ebd., S. 41、本論文のカント『宗教論』の引用ページ数は、アカデミー版『カント全集・第6巻』、Werke, Band, Ⅵのものである）を前提にしなければならない。「無垢の状態」は、物事の論理展開に必要上（＝本性上、der Natur der Sache nach）、まず最初に想定される事態である。

　旧約聖書の創世記には人間が神によって創造された直後の「無垢の状態」が描かれている。つまり、思考回路における論理的出発点を、創世記は時間上（der Zeit nach）（ebd., S. 41）のはじめに置いているのである。そして、無垢の人間であるアダムとイブに神は、「善悪を知らせる」木の実を食べることを禁じた。それは、善悪の存在を知ってはならないという禁止令である。道徳法則は神の禁止令として与えられている。これは、カントが道徳律を神という人間の心の外の絶対者によって外部的に押し付けられたものであると主張したことを示すものではない。逆である。神を人間が心の高みで等しく持っている崇高な心情であると理解するカントからすれば、禁止令は人間の心の外部に存在する神ではなく、

人間が根源的に持っている内なる神の命令である。つまり、道徳律は、人間が人間であろうとする限り、逃れることができない崇高な原則なのである。カントの道徳律はこの一点に集約される。

創世記には、人間は誘惑に負けやすい「弱い」存在として描かれている。無垢の人間が蛇にそそのかされて禁断の木の実を食べてしまう。その結果、人間は悪の世界に落ち込んでしまった。カントはこの状態を「堕罪」(Sündenfall) (S. 42)と表現した。

カントは言う。人間が神の戒律（＝道徳律）に無批判に服従することに躊躇して、数々の口実を設けて、神の戒律以外に自分の「自由な行動」を正当化できる動機がないかと、戒律から逃れる動機を探すようになると。それは、人間が根源的に持っている自由意志のせいである。ここで、カントは、悪も善と同じく、人間が自由意志で選択したものであることを力説する。神に盲従したくないという人間の自由意志が、神の戒律を守ることに条件を付けるようになった。戒律からの逃避衝動は、感覚的衝動でしかないが、人間の「自由意志」の発露であるには違いない。こうして、神の戒律（＝道徳律）は貶められ、人間は罪の世界に転落したのである（S. 42）。カントは、このように解釈して、論理的継起における「悪への傾き」と創世記の「堕罪」とを同一視した。

カントは、人間が生まれながらにして保持している根源的な素質を重視し、それを３段階の心の発展段階に分類している。第１段階が「動物性」(Tierheit)、第２段階が「人間性」(Menschheit)、最後の第３段階が「人格性」(Persönlichkeit)である。

第１段階の「動物性」は「物的で単に機械的な自己愛」であり、単に自己保存の素質である。この種の自己愛はエゴイズムそのものであり、悪が接ぎ木され易い。

第２段階の「人間性」は「物的であるが、他人と比較する自己愛」であり、他人と比較して (vergleichend) 平等 (Gleichheit) でありたいという素質である (S. 26)。「人間性」には、自己だけでなく他者の存在に対する意識がある分だけ、精神的な要素が強くなっている。それでも、まだ物的な欲望から出た性情から抜け切ってはいない。この段階に人間

が留まる限り、人間の心の中に悪が忍び寄る可能性は依然としてある。

　第3段階の「人格性」の素質が「道徳的感情」である。この感情は、道徳法則を尊敬する感受性を持つ（S. 27）。この段階になると、いかなる悪も接ぎ木されることはない。この素質こそが、「われわれの内なる道徳法則」（das moralische Gesetz in uns）である（S. 27）。

　カントは、心の発展過程を、自己に限定する感情から、他人を認知する感覚に進化し、そして、人間社会全体との調和を図る人格性を獲得したい意欲を持つ境地への達成という3段階に区分けしたのである。

　ただし、こうした道徳的感情が内から形成されたものではなく、外から押し付けられたものである限り、道徳を遵守する本当の根拠（主観的根拠）にはならない。心の底から思い込まなければ、道徳への感情は悪への傾斜にすり替わりかねない。これが「人間の心の倒逆」（Verkehrtheit）である（S. 30）。

　人間の思考方法は、「その根において」（in ihrer Wurzel）堕落している。人間は常に悪に傾斜する。その意味で「人間は本性上悪である」（Der Mensch ist von Natur böse）（S. 32）。

　悪への逆転も3段階ある。第1段階は人間の心（＝心情、Herzen）の「脆さ」（Gebrechlichkeit）である。これは、善を遂行したいという意志を持ってはいるが、ついつい悪に手を染めてしまう段階である。この第1段階ではまだ善への負い目が残っている。道徳律を遵守したいという気持ちはあるが、それを果たすだけの気力が自分にはない。自分は善（道徳）の規律を自分の格率（自分ながらの公理）として採用したいが、守ることができないという嘆きを持つ段階である。

　第2段階は心の「不純さ」（Unlauterkeit）である。これは、第1段階をさらに悪に傾斜させた段階である。自分は道徳律を守るよりもそれを守りたくないという別のもっと強い動機を持っているが、それでもまだ善への郷愁が残っている。「義務に適った」（pflichtmäß）行為を遂行したいし、対外的な配慮から義務を遂行することもある。しかし、他の道徳的ではない動機に第1段階よりも強く傾斜するのがこの第2段階である。これは「自由意志」の過失（＝罪責、Schuld）である。

そして、第3段階が「悪性」(Bösartigkeit)である。これは上述の「人間の心の倒逆」状態である (S. 45)。第3段階の「悪性」は、悪を悪として意識的に選択されたものである。この第3段階こそ、すべての格率を腐敗させ、人間を悪に突き落とす根本原因である。人間は、道徳法則を自己の律法として持つ性癖もあるが、他方で、幸福になりたい、自分を他人より大事にしたいという性癖も持つ。それは自然なことである。そして、それは経験的によく見られる。しかし、道徳律よりも自己愛の方をより徹底して優先してしまうと、もはや道徳律に背いたという自責の念すら失いかねない。それは意識して(故意に)選択した悪の心情である。

悪の性癖は、行為からすれば道徳に適っていることが往々ある。「他人を助けたい」という行為がそれである。しかし、自己愛が次第に道徳の規律を冒すようになる。自己の見栄、自己の満足感、周囲から賞賛されたいという俗物性、そうした自己欺瞞に悪性は人を誘導する。[26]

創世記は、人間のはじめを悪に置いた。しかし、その悪は人間の心の外(=蛇)によってもたらされたものであるとして、創世記はまだ人間に悪からの脱却の希望を残している。つまり、悪は人間の心の中に巣食っているもので、悪からの脱却など思いもよらないという構図を創世記は示しているわけではない。悪は、根絶できないかも知れないが、人間の力によって一定程度は克服できる。カントは、蛇の存在をそのように読み解いた。

カントは、人間にはより良き人格を持つべきだとの希望が「われわれの魂の内に鳴り響く」(S. 35)と情緒的に語っている。人間は「根源的な道徳に傾く性向」(urspurünglich moralische Anlage)を持つ。人間は「善の胚種」(Keim des Guten)を心の底に残しているものである。人間は自由意志から悪に傾斜したが、それでも、善に復帰したいという「心的素性」(göttlich Abkunft)を手放さず、道徳法則の「神聖さ」(Heiligkeit)を保持しているのである(SS. 49-50)。

善なるものへの復帰力、心の中の革命、思考方法の変革、等々、カントは道徳に復帰する人間の回復力を信じた。演繹的証明はなく、数々の

情緒的な造語を多用するという詰めの甘さがカントにあることは否めない。しかし、人間が意識変革を行い、道徳律という「新たな根拠」(der neue grund) (S. 51) を獲得して「新しい人間」(ein neuer Mensch) (S.47) となるべきであるという、人間らしくあろうとするカントの姿勢は、感動に値する。哲学をやたら晦渋なものにしてしまう演繹的なそれまでの哲学者とは異なり、人間の生き方を提示して見ようとするカントには気品と気高さが感じられる。

カントは、道徳を実行した結果、自分が期待していたこととはまったく異なるものに行き着いてしまったとしても、つまり、正しいと信じて行ったことが自分を傷付ける結果になったとしても、道徳を遵守するという義務だけは果たされるべきであると主張した（S. 3）。

人間は、神からの「恩寵獲得」(Gunstbewerbung) (S. 51) を願いながらも、それを当てにせず、良き善なるものに近付くべく、自己の根源的素質を駆使すべきである。人間は、神からの助力を受けるのに相応しい者になるために、自らできることをなさねばならない。このように、人間の心を革新させることを目的とする宗教が、カントの言う「道徳宗教」(moralische Religion) である。

晦渋なものとされているカントの哲学は、このように分かりやすい道徳論の確立を目的としたものである。その根底には、人間の自由の尊厳を重視するカントの確固たる信念がある。

経験的なものに依存せず、自然の必然性に盲従せず、道徳法則以外の何物にも「依存しない」(Unabhängigkeit) 意志が、カントの言う「自由意志」なのである。[27]

9. 「哲学」と「形而上学」

「形而上学」という言葉は分かりにくい。「哲学」と言えばすむはずなのに、わざわざ難しい表現を使うことに何の意味があるのか？しかし、考えて見れば、「哲学」というのも、分かったようで分からない言葉で

ある。すんなりと理解できるものではない。

　そもそも、「哲」の意味は何か？国語辞典、『大辞泉』（小学館）では、「哲」は、道理に明るく、知恵があるという意味であると説明されている。「哲」は名前によく使われる字である。「さとし」、「さとる」、「あきら」と読まれていることにも表されているように、「哲」には仏教的色彩の強い「悟り」の意味がある。とすれば、「哲学」とは、「ものの道理を悟る学問」ということになろうか？

　古代ギリシャ語の「フィロソフィア」」(Φιλοσοφία, philosophia, philosophy) は、知を愛する賢人たちによって追求される学問一般を指す言葉であった。「フィロ」は「愛」、「ソフィア」が「知恵」だという。[28]

　「フィロソフィー」(philosophy) に「哲学」という訳語を当てたのは西周(あまね)(1829-1897)であると言われている。[29]西の盟友に津田真道(まみち)(1829-1903年)という人がいた。1861年の津田の著作『性理論』に西は序文（祓文）を寄せて、「フィロソフィー」に「希哲学」という訳語を当てた（西周[1960]、13ページ）。ここでの「希」はギリシャを意味する語ではなく、「のぞむ」という意味合いである。つまり、「希哲学」は「哲」（さとり）を「希望」（のぞむ）学問というニュアンスの言葉である (http://www.ff.iij 4 u.or.jp/~yyuji/yakuji.html)。

　「希哲学」という言葉は、中国北宋時代の儒学者、周敦頤（Chou Tun-i, 1017-1073)の『通書』（周敦頤 [1938]）所収の「志学」第十にある「士希賢」（士は賢（知恵）を希(ねが)う）から採られたようである。「賢」を同じ意味の「哲」に置き換えたのだろう（于崇道 [2008]、142、44ページ）。

　西は、また、オランダに留学する（1862年9月）直前に書いた『西洋哲学史の講案断片』の中で、'philosophy' を「ヒロソヒ」とカタカナで表記し、その用語がソクラテスによって用いられたことを記し、それは「知恵を愛する人」という意味であるとして「希哲学」という語を再度用いている（西周 [1960]、16ページ）。

　西は、オランダのライデン大学（Universitent Leiden）で指導して貰う予定のシモン・フィッセリング（Simon Vissering, 1818-1888）教授に宛てた手紙の中で、あらゆる学問を学びたいと訴え、あらゆる学問の中[30]

に 'philosophy' を含めている。そして、帰国後に発表した『百一新論』（1866-67年執筆、1874年に山本覚馬・蔵版として京都で出版）の中で、天道、人道を解明する学問が 'philosophy' であり、'philosophy' を「哲学」と訳すと書いた（西周 [1960]、289ページ）。以来、「哲学」という用語は、中国でも使用されるようになった。

以上で、'philosophy' の意味とその日本語訳「哲学」ができた流れを説明した。次に「形而上学」（μεταφυσικα, metaphysica, metaphysics）の説明に入ろう。「形而上学」という訳語は、まことに違和感のある小難しい用語である。

形而上学の「形而上」は、原語は古代中国語で、『易経』の「繋辞伝」（上）から採られた言葉である。(31) そこでは、「形而上者謂之道 形而下者謂之器」という記述がある。ここで使われている「形而上」の「上」、「形而下」の「下」は、時間的な「前後」を表すものである。つまり、「形になる前の（五感で捉えることができない）ものが道であり、形になった後の（五感で捉えることができる）ものが器である」という意味である。もっと分かり易く表現すれば、「心の中で思い描いた道は、やがて大きな器となって形に現れるようになる」ということになる（舩山俊克のブログ、http://toshikatsu.blogspot.jp/2010/02/blog-post_16.html）。(32)

'metaphysics' の訳語として、当初は「性理学」が当てられていたが（薩摩英学生編 [1869]）、1882年には、「形而上学」という用語が初めて使われた（柴田昌吉・子安峻 [1882]）。この「形而上学」の訳語は、更に1884年、後に東京帝国大学哲学担当教授という権威者になる井上哲次郎（1856-1944）(33)（井上哲治郎・有賀長雄 [1884]）においても現れ、以降、この訳語が日本で定着したと考えられる（http://oshiete.goo.ne.jp/qa/5858942.html）。

それにしても、開国後、西欧の近代的な学問を、その真髄を掴んで早々と日本に導入できた背景には何があるのだろうか？明治時代の先駆的思想家たちの、古代中国の漢学に関する豊かな素養がそれを可能にさせたことは間違いない。雄藩だけでなく弱小の藩からも抜きん出た一群の俊秀を輩出させた江戸時代の学問体制への研究はもっと進められるべきだ

ろう。

　「形而上学」という言葉は、和語としてしっくりとこないものではあるが、以下で説明する「メタフィジクス」(metaphysics) の精神を見事に体現した訳語である。黎明期の日本で誕生した訳語が、漢語の本場の中国に大量に採用されたことの経緯もまた研究されるべきだろう。

　しばしば誤解されているが、「形而上学」と邦訳されている「メタピュシカ」(μετα ψυσικα) は、アリストテレス (Ἀριστοτέλης, Aristotelēs, Aristotle, B.C.384-B.C.322)(34)の造語ではない。アリストテレスが「メタフィジカ」という言葉を使用したこともない。ギリシャ語の「自然」(ピュシカ)から生まれた「メタピュシカ」がラテン語表記で「メタフィジカ」(metaphysika) になったことも、アリストテレスには与り知らぬことである。古代ギリシャ語で表記される「メタ」は「後ろ」という意味であり、「メタ」は現在でもそのまま使われているが、「ピュシカ」は、ラテン語で「フィジカ」になり、英語で「フィジクス」に転化した。つまり、日本語で表現される「形而上学」は、「自然」の「後ろ」にある学問を指す。確かに、後世になって、「自然を形創るが、自らは形を持たない」、「経験的自然を超えたより高次のもの」を追求する学問が「メタピュシカ」であると理解されるようになった。しかし、誕生時の「メタピュシカ」という言葉は、そのような哲学的内容を持ってはいなかった。真相はもっと単純なところにある。

　それは、アリストテレスの著作が、アリストテレスの死後、180年以上経って編集されるようになった時(35)、世界の根本原因を扱う哲学の一分野を扱ったアリストテレスの著作 (『第一哲学』、protephilosophia) が、編集の順序として、自然を扱った一連の著作 (『自然哲学』、physika) の後に置かれたからである。つまり、アリストテレスの『形而上学』という著作の題名は、著者のアリストテレスによって付けられたものではなく、後世の編纂者が、「この書は、自然学の後で編集されたものである」というメッセージを出しただけなのに、そのメッセージが、現在の『形而上学』という名称として生き残ったのである。自然を超えた理性の領域の学問に名を付けることは困難であったので、西欧ではそのまま「メ

タフィジクス」の名称が使われ、わが日本で「形而上学」という大袈裟な名称になったのである。

10.「形のあるもの」と「形のないもの」

　ものを考える方法には2種類あるとカントは理解している。形のあるものに拘り続けて考え抜く方法と、形には拘らず考え方そのものの道筋を追う方法である[36]。

　形のあるものに拘り続けるものとして、カントは物理学を挙げている(Kant, Immanuel [1785]、邦訳、5ページ)[37]。物理学は自然の法則を考える学問である。自然は形があるのでそれを研究する物理学がこの部類に入れられるのも当然であろう。物理学が自然学とも呼ばれてきたのもそのためである。

　ところがカントは、倫理学をもこの部類に入れている。倫理とは形がないのではないか？それなのにカントはなぜ倫理を形のあるものとして理解したのであろうか？

　カントは、形の中に経験を含めている。経験とは現実世界を生きていく際に出会うことなので、現実世界の産物として形があるものと位置付けられるのであろう。経験から人の意志が生成されてくる。その意味で意志は形を持つ。意志を研究する倫理学は形を持つ領域の学問である(同、5-6ページ)。

　ただし、意志は自然とは異なる。自然は物理的な法則に従っているという点で自らの意志を持たない。つまり、自分の外に存在する法則によって拘束されている。人の意志は自然の法則に拘束されていない「自由な」存在である。この意思の「自由」がカント哲学では最重要の位置を占めている。

　人の意志が自由な存在であるといっても、自由があらゆるものから拘束されていないというわけではない。人の意志には、「そうなるべきもの」(ゾルレン、sollen)という拘束がある。「あるもの」を「なるべきもの」

終章　アソシエのモラル

にさせる法則がある。その法則とは「道徳」である。道徳に従う人の意志が「なるべきもの」を創り出す。法則を研究するということにおいて、自然の法則を研究する物理学（自然学）と道徳哲学は同じである。

　カントが面白いのは、道徳哲学が「そうあらねばならない」といったことのみを研究するのではなく、必ずしも「そうならない」という事態が発生する理由も研究対象にしなければならないと言い切った点にある（同、7ページ）。

　形のないものを研究するのが「論理学」である。それは、ものの考え方を経験知に拘束されずに「考え方」全体（思惟一般）を整理するものである（同、6ページ）。

　以上の説明によって、カントは、古代ギリシャ哲学が「物理学」、「倫理学」、「論理学」の3つに分かれていた理由を読者に理解させた。

　カントは、古代ギリシャ哲学が3つに分類されることの妥当性を説明した後、「哲学」（フィロソフィ）と「形而上学＝純粋哲学」（メタフィジクス）との区別に進む。

　古代ギリシャの哲学は「フィロソフィ」である。しかし、これからの哲学者は、その「フィロソフィ」を「メタフィジクス」（純粋哲学）にまで高めるべきである。「純粋」という言葉を、カントはあらゆるものに適用できるという意味で使用している。経験的な部分だけに留まるのではなく、経験から超え出た「アプリオリ」によって導かれる普遍妥当性を目指すのが「純粋哲学」＝「形而上学」（メタフィジクス）であるとカントは理解する（同、7-8ページ）。

おわりに

　カントの文章は難しすぎる。1781年の『純粋理性批判』（Kant, Immanuel［1781］）が発表された時にもそうした批判が噴出した。その批判に応えるべく、カントは、自著を易しく解説するつもりで『プロレゴメナ』（Prolegomena）（Kant, Immanuel［1783］を発表した。タイトルを全

訳すれば、『学として現れるであろうあらゆる将来の形而上学のためのプロレゴメナ』ということになる。「プロレゴメナ」という言葉は、ギリシャ語の「序説」という意味である。タイトルを一見しても分かるように、易しく書かれたはずのこの書もやはり難しい。私などは、カントだけでなく、哲学書の邦訳の文章に接する度に読むことを放棄したくなる。しかし、放棄できない。晦渋な文章を理解しないことには、論理思考が身に付かないと信じるからでもあり、内容的には珠玉そのものがそこにあるからである。カント哲学の邦訳書をパソコンの操作入門書（マニュアル）になぞらえるとまことに訳者に失礼ではあるが、私はどうしても、初めてパソコンに取り組んだ時のマニュアルの文章の意味不明さに悲鳴を上げたことを思い出す。それでもマニュアルを手放さなかったのは、ただパソコンを使いこなしたかったからである。

　また、カントの道徳論の余りにも厳格すぎることへの批判もカントの生存中からあった。しかし、この点についても、私はカントを擁護したい。カントは、公の民としての尊厳と、守るべき倫理の重要性を強調して止まなかった。彼は、米国の独立戦争（1775-83年）を支持し、フランス革命（1789-99年）を擁護し、アイルランドの民衆の英国に反抗して蜂起した（1782年頃）ことの合法性を訴えた。同時代の哲学者たちに比べると、カントが、いかに時代の変化を正しく見ていたかがこのことだけからも、理解できるだろう。カントは、「人間としての自由」、「国民としての平等」、「公民としての独立」を自らの学問の基礎に据え、それを実現させるものこそ、個々人の精神の内部からほとばしり出る「倫理観」、「道徳観」を「自然」が付与してくれたものという信念を貫いた人であった。

注
（1）　Piccone, Beniamino, "Onore a Paolo Baffi, Governatore di Banca d'Italia, a 100 anni dalla nascita," Faust e il Governatore, 5 December 2011 (http://www.linkiesta.it/blogs/faust-e-governatore/onore-paolo-baffi-governatore-di-banca-d-italia-100-anni-dalla-nascita).
（2）　この記念講演でセンと同じく講演し、その記念講演（第6回）が邦訳

されたものに、フランスの経済学者、ジャン・ティロール（Jean Tirole）の著作がある（Tirole, Jean [2001]）。これは、金融のファンダメンタルが良い国でも金融危機が生じてきたことの意味を問う、分かり易い本である。

（３）　ソロン（紀元前639？-559？、本名は不詳）は、紀元前594年に、金融への弾圧を断行した。貨幣経済が浸透し、アテネでは社会的不平等が深刻化していた。貧者は富者に隷属し、負債のために所有地さらには身体を抵当に入れて負債を増やし、支払い不能者が増大した。支払い不能者には、奴隷として売られて異郷を流浪する運命が待っていた。このような社会的危機に直面して、ソロンは、「貧困者の借財全額の帳消し」、「抵当に入っている土地の抵当標の撤廃」とともに「人身抵当の禁止」をも命令することによって小土地所有者の没落・奴隷化を阻止することに努めた。しかし、古代ギリシャの権力者の常として、彼も衆愚政治の犠牲になった（http://kobemantoman.jp/sub/206.html）。

（４）　ポロニウスは、シェイクスピア（William Shakespeare）の戯曲『ハムレット』（Hamlet）に登場するハムレットの父でデンマーク王のクラウディウス（Claudius）の右腕である右大臣。彼は、自分の息子のレアティーズ（Laertes）に、「借り手にも貸し手にもなってはならぬ」("Neither a borrower, nor a lender be")と諭した。これは、『ハムレット』の第1幕、第3場（ポロニウスの館、その一室）での台詞である。この場面は、金言の宝庫である。

　　「誰に対しても良く耳を働かせろ。ただし、お前の声は聞かせるな」("Give every man thy ear, but few thy voice")、「服装は往々にしてその男の正体を暴露するものだ」("The apparel oft proclaims the man")（金沢学院大学文学部国際文化学科、リック・ブロードウェイ教授のホームページを参照。http://kg.kanazawa-gu.ac.jp/kokusaibunka/?p=2198）。

　　『ハムレット』は、シェイクスピアの4大悲劇の1つ。5幕から成り、1600年から1602年頃に書かれたと推定される。正式題名は「デンマークの王子ハムレットの悲劇」(The Tragedy of Hamlet, Prince of Denmark)である。シェイクスピアの戯曲の中ではもっとも長編である（http://atlantic.gssc.nihon-u.ac.jp/~ISHCC/bulletin/03/3065.pdf）。

　　「借り手にも貸し手にもなってはならぬ」というポロニウスの言葉を、単純に、シェイクスピアの金融への嫌悪を示唆するものと受け取ってはならないだろう。シェイクスピアの真骨頂は、一面的な哲学に拘泥せず、現実社会の複雑な多様性を直視した点にあるからである。まさに、「こうありたい」という倫理と、あくどい所業が「積極的な大きな功績を残す」ことがよくある現実との相克を描いたのが、シェイクスピアではなかろう

か？

『ハムレット』の第1幕、第5場でハムレットは、親友のホレイショ（Horatio）に次のように語った。この言葉がシェイクスピアの真髄を示している。

「ホレイショ君。天地の間には、君たちの哲学が夢想したもの以上のものがあるのだよ」（There are more things in heaven and earth, Horatio, than are dreamt of in your philosophy）。

この言葉に強く反応したのが、齋藤勇であり、島崎浩である。

「（シェイクスピアは）宇宙の大問題に対する人間の解釈のいかにはかないものであるかを認め、そして組織だった解決や系統的な学説も結局頼むに足りないことを考え」た（齋藤勇［1975］、456-57ページ）。

「シェイクスピアはこの世界を余すところなく忠実に描き、・・・この世界における苦しみからの救済の可能性については、自己の意見を押し付けることを」しない（島崎浩［2004］、64ページ）。

（5）　フランス革命に干渉するために、1792年にプロイセン（Preußen）が、1793年にはスペインが、フランス革命政府に対して宣戦布告をした。しかし、フランス側の軍事的圧勝によって、情勢は両国に不利になった。そして、1795年、プロイセンはフランス側と和約した。和約によって、プロイセンはフランスによるラインラント（Rheinland）併合を認め、それと引き換えにライン川以東のフランス軍占領地域がプロイセンに返還された。同年、スペインもフランス軍に占領されていた自国領土の返還を条件にフランス革命政府を承認し、地中海における自国領土のサント・ドミンゴ（Santo Domingo）をフランスに割譲した（http://global.britannica.com/EBchecked/topic/54819/Peace-of-Basel）。

「バーゼル和約」は、領土割譲の交渉に見られたように、戦争の防止を目的とした和約ではなく、戦争の成果を調整するだけのものでしかなかった。カントが『永遠平和のために』を発表したのは、この和約の刹那性を批判したかったからであろう。

カントがケーニヒスベルクでこの書を発表したことも重要である。この地こそ、戦争によって支配国が頻繁に代わり、運命に翻弄されてきた歴史を持つ。『永遠平和のために』は、このことへのカントの怒りの表現であると断定しても誤りではないだろう。

ケーニヒスベルクは、「王の山」という意味である。第2次世界大戦でドイツが敗戦するまでは、ドイツの東北辺境の軍事的に重要な地であった。現在は、ポーランドとリトアニアに挟まれたロシアの飛び地領で、カリーニングラード（Калининград, Kaliningrad）と呼ばれている。

ケーニヒスベルクは、ドイツ騎士団（Deutscher Orden）によって1255年に建設され、ハンザ同盟（Hanseatic League, the Hansa）に属し、バルト海（Baltic Sea）に面した貿易都市であった。1410年にポーランド王国（Królestwo Polskie, Königreich Pole）に割譲され、1466年から1660年までの期間、ポーランド国王より住民に自治権が与えられていたが、1660年にプロイセン公国（Herzogtum Preußen, Duchy of Prussia）に併合された。1701年にプロイセン王国（Königreich Preußen）になり、ケーニヒスベルク大学などを擁する学術都市となった。この大学はカントをはじめとして多くの学者を輩出している。しかし、この地は支配者が次々と交代し、品物のごとく権力者間でやり取りされた過酷な歴史を経験してきたことには変わりはない（http://www.konigsberg.ru/eng/kaliningrad/history-of-konigsberg）。

　『永遠平和のために』をカントが書いた背景には、上述のような事情があった。その書の第1章は、6つの条項からなる「予備的条項」（Präliminarartikel）で構成されている。それは、「永遠平和」を実現させるための前提条件を意味する。第2章は、3つの条項からなる「確定条項」（Definitivartikel）である。それは、理念としての望ましい政治体制を提唱したものである。

　第1章は、以下の項目からなる。
1. 将来の戦争になる火種を消す努力を表明する平和条約でなく、単なる休戦を意図する平和条約は無意味である。
2. 国家は、大小の如何を問わず、売買や贈与の対象にされてはならない。
3. 常備軍を維持してはならない。それは、全廃されなければならない。常備軍を維持することは、諸国を絶えざる戦争の脅威にさらし、軍事費の重荷の原因となるものである。軍事費の重圧から逃れたい国は、他国の常備軍を叩き潰したい誘惑に駆られる。
4. 国家が戦争に踏み切る土台となっている国債の発行は禁止されるべきである。この種の借款は、戦争遂行の宝庫であり、すぐに返済しなくてもすむ性格から、国の財貨の総量を上回り、際限なく増大する。
5. いかなる国家も、暴力でもって他国に干渉してはならない。そのような国家の行為は自国民にも災害をもたらす。
6. 他国への敵対意識こそが永遠の平和の到来を妨害する。

　以上の予備的条項の後、第2章でカントは3つの確定条項を提唱する。
1. 社会の構成員に自由を保証し、遵法精神に従い、それに基づく市民的体制＝共和制を樹立しなければならない。
2. 自由な諸国家の連合制度に基礎を置く国際法が形成されなければなら

ない。
3. 諸民族が安全かつ自由に他国の領土に足を踏み入れる権利を保証する世界市民法が創り出されなければならない。

　ジェレミー・ベンサムは、カントのこの提言を実現させるべく、軍隊の廃絶、国際紛争の仲裁機関の設置、植民地の解放を目的とした国際法の作成が、「永遠平和」を実現させるために必要であると提唱した（Bentham, Jeremy［1843］, Essay 4）。

（6）　カントは、ルソーによって、自らの知的傲慢さを打ち破られ、人間を尊重することを学んだと率直に心情を吐露している（Kant, Immanuel［1764］）。知識獲得のみが喜びであった自分は、無知な賤民を軽蔑していたが、その誤りをルソーが糺してくれた。すべての人々に価値を認め、人間性の権利を樹立することが重要であることをルソーによって悟らされたと告白している（上記著作の覚書）。

（7）　エミールとは、架空の子供の名前。ルソーが教育の対象者として子供から青年になるまでの人間成長の段階を描くために、設定した人物。もちろん、実在者ではない。

（8）　ルソーは、大人とは異なる子供への独自の教育方法を提唱した。自らの理論の先行者として、英国の哲学者、ジョン・ロック（John Locke, 1631-1704）を挙げている。ロックには、子供の教育に関する著作がある（Locke, John［1693］）。ルソーは、同書の他の個所でフランスのミシェル・エケム・ド・モンテーニュ（Michel Eyquem de Montaigne, 1533-1592）からの影響についても言及している（同書、上巻、486ページ）。ルソーは、自分の著作が、人から幻想家による夢想的教育論として受け取られるであろうと自嘲的に述べている（同書、上巻、23ページ）。

（9）　直感の範囲を超えたところで、推論による判断は控えられるべきであるとか、知識といわれるものの多くは、映像的観念の産物であるというルソーのこの考え方は、カントによって踏襲されたものである。

（10）　社会は、人間を通して見なければならないものであるし、人間も社会を通して見られなければならない。人間を研究するのは倫理学、社会を研究するのは政治学である。この2つは切り離して扱われるべきものではない。本来、人間は平等なものであった。それが自然の理であった。しかし、社会の構造が人間を不平等にしてしまい、権力者が弱者を奴隷にしてしまった。平等であったはずの自然を、人間社会が壊してしまった。しかし、人間の心の中には、他人を平等に扱いたいという自然がまだ保存されているはずだとルソーは主張する（同書、中巻、74-76ページ）。

（11）　「マタイによる福音書」は、『新約聖書』の中の4つの福音書の1つで

ある。「マタイによる福音書」が『新約聖書』の巻頭に収められ、以下「マルコ（Μάρκον, Marcam, Mark）による福音書」、「ルカ（Λουκάν, Lucam, Luke）による福音書」、「ヨハネ（Ιωάννης, Johannes, John）による福音書」の順になっている。ルソーやカントがとくに検討の対象にしたのは、このマタイによる福音書第7章第12節の「人にして貰いたいと思うことは何でも、あなたがたも人にしなさい。これこそ律法と預言者である」（Do unto others as you would have them do unto...）の文言（http://www.bible.or.jp/vers_search/vers_search.cgi?&cmd=search&trans=ni&book=mat.new&chapter=7&vers=12&flag_back=1）であった。

(12) 偏見なく事実を事実として記述した数少ない歴史家として、ルソーはトゥキディデス（Τουκυδίδης, Thucydides、B.C.460頃-B.C.395）を絶賛している。トゥキディデス（『エミール』の翻訳では、トゥキュディデスと表記されている）こそ、真の歴史家である。自分の判断を混じえずに、必要な事実のみを伝えている。彼は自らの「姿を消している」。人は読んでいるのではなく見ているような気持ちにさせられる。ただ、記述が戦争のことばかりであることは困るとこぼしながらも、トゥキディデスの流暢な叙述と素朴さを誉め、「よきヘロドトス[14]」と表現している（同書、中巻、84ページ）。

(13) トゥキディデスは、紀元前5世紀後半のギリシアの歴史家で、「科学的歴史の祖」と呼ばれる。アテネで成長し、当時のアテネで大きな影響力を発揮していたソフィスト（sophist）[15]運動の洗礼を受けたといわれている。『戦史』の文体や挿入された対の演説の様式にそのことが現れている。ヘロドトスにも会っている可能性がある。紀元前424年に10人の将軍の1人としてペロポネソス戦争[16]に参加したが、自らが指揮する隊が戦場で敗れ、その責任を問われてアテネから追放され、トラキア（Thracia）に逼塞して『戦史』を執筆した。トラキアは、バルカン半島の東側に位置し、戦争の相手方、トルコのペロポネソス陣営の情報をも知り得たことが『戦史』の公平性を作りだしたとされている。トゥキディデスは、歴史研究上の客観性の重要性を強調し、碑文などの1次資料を利用するとともに、伝聞資料は可能な限り自分で再調査して確認した。戦場を訪ねて、シチリアやピュロス（Pylos）など各地に調査旅行した。ヘロドトスや先人の「物語的歴史」に対して、彼は「叙述的歴史」を目標としたのである。このように、『戦史』は「聞く」ものではなく「読む」ものであり、最初から「後世の人にとって有用な記録」となるはずのものであった。それゆえ、主題に関連のない逸話などは極力排除されたのである（http://afro.s268.xrea.com/cgi-bin/Person.cgi?mode=text&title/）。

2013年に入って、中国の経済・軍事的台頭が目立つようになると、中国という新興勢力に旧勢力の米国が恐怖を感じ、それが世界戦争の引き金になるのではないかとジャーナリズムが、面白おかしく人々の不安を煽っている。「トゥキディデスの罠」(Thucydides Trap) と名付けられる。つまり、ペロポネソス戦争の裏には、アテネという新興勢力の台頭に恐怖を感じたスパルタがいるという仮説が、「トゥキディデスの罠」である。この危惧からトゥキディデスは、この戦争が大規模になると予想して『戦史』を書いたとされている。

　たとえば、韓国の『中央日報』は、2013年の上海フォーラムに出席した元世界銀行総裁（2007-2013年）のロバート・ゼーリック (Robert Bruce Zoellick, 1953-) と2013年5月26日に上海でインタビューした記事を翌月の6月7日号に掲載した。そこでは、ゼーリックが、「トゥキディデスの罠」を引用しながら、米国は、中国というアテネを嫉妬するスパルタにはならず、対話・協力を希求するとして、中国側の不安感の解消に努めたと報じている (http://japanese.joins.com/article/456/172456.html?servcode=A00&sectcode=A00)。『戦史』の邦訳は複数あり、下記の参考文献で挙げておく。

(14)　ヘロドトス (Hêpódotoς, Herodotus, B.C.485頃-B.C.420頃) は、ドーリア系ギリシア人であり、小アジアのハリカルナッソス (Halicarnassus、現トルコ領のボドルム、Bodrum) に生まれた。この時代はまだ苗字がなく、出生地―名前という方式が採られるため「ハリカルナッソスのヘロドトス」と呼ばれることもある。地中海世界で最初の歴史書を書いたことから「歴史の父」として尊敬されてきた。最初の歴史書と呼ばれる著作は、英語のhistoryの語源になった歴史書、『歴史』(hístoρίai, historiai) である。「ヒストリアイ」は「ヒストリア」の複数形で、「ヒストリア」は「調べたこと」という意味であるとされている。現在に伝わる著作は、全9巻からなっている。紀元前5世紀のアケメネス (Achaemenes) 朝ペルシアと古代ギリシア諸ポリス間の戦争（ペルシア戦争、Greco-Persian Wars）を描いたものである。

　ギリシアとペルシアの諍いの原因として、ヘロドトスは、絶対的権力を持つペルシア王と民主的行政府を持つギリシアのイデオロギーの相違が原因であると言及している。有名なマラトンの戦いは第6巻に含まれている。

(15)　ソフィストとは「知恵」のある者という意味である。裁判に負けない知恵といった類いの、現実世界で実際に役に立つ知恵を市民に教えることで生計を立てていた人たちを指す。そうした「知恵」を彼らは有料でポリスからポリスへと売り歩いた。彼らにとって、「知恵」は、「現実的な効用

をもたらすという有用さ」の限りにおいて尊重されるべきものであって、現実世界でもっとも力を発揮する政治こそが重要となる。しかし、「法」(ノモス、Nomos) は人間たちが制定した人為的規約に過ぎず、「自然」(ピュシス、Physis) こそ不動の基準であるとしたが、自然を客観的に把握することは不可能である。自然を把握できないのなら、主観的な「法」だけが人間にとっての真理となる。つまり、すべての尺度は人間であると彼らは見なした。彼らは神の存在すら疑った。絶対的なものへの疑いが彼らの信条であった (http://www.saiton.net/ethics/ohanasi5.htm)。

(16) ペロポネソス戦争 (Πελοποννησιακός Πόλεμος, Peloponnesian War) は、紀元5世紀にアテネを中心とするデロス同盟 (Delian League) とスパルタを中心とするペロポネソス同盟との間に発生した、古代ギリシア世界全域を巻き込んだ戦争である。ペルシアの援助を受けたスパルタ側の勝利に終わったが、戦争による痛手から、ギリシャ全体が衰退に向かった (http://dictionary.goo.ne.jp/leaf/jn2/200077/m0u/)。

(17) ドーリア人 (Δωριείς, Dories, Dorians)、または、ドーリス人 (ドリス人)。ドーリア人は、アイオリス人 (Aioleis)、イオニア人 (Ionian) と並ぶ古代ギリシアを構成した集団の1つ。紀元前1100年頃ギリシャに侵入し、主にペロポネソス半島に定住した彼らの代表的な都市はスパルタである。

(18) 助任司祭 (curate) とは、カトリック教会で司祭 (priest) を補佐する准司祭のことである。司祭とは、カトリック教会では司教 (bishop) の下位にあり、ミサを執行し、洗礼などの秘跡を与え、説教をするなど教会の儀式・典礼を司る。そして、司教とは、教区を長として統括する聖職者で、使徒 (apostle) の後継者。使徒とは、狭義にはイエス・キリストの12人の高弟を指すが、それに近い弟子 (パウロ、七十門徒[20]など) にもこの語が用いられることがある。広義には、重要な役割を果たしたキリスト教の宣教者で使わされた者という意味である (http://members.jcom.home.ne.jp/izumi-ch/hp/yougosyuu.htm)。

(19) カントには、ルソーによって開眼したと率直に告白した「覚書」がある (Kant, Immanuel [1764])。若きカントの素直さが正直に吐露されたものである。

(20) パウロ (Παῦλος, Pauls, ?-67?) は、キリスト教世界では史上最大の伝道者であると信じられている。もともとユダヤ教徒であったが、イエス・キリストの天の声を聞いて回心し、キリスト教に帰依したとされる。大伝道旅行を行い、ローマでネロ帝の時、殉教した。『新約聖書』にはパウロの書簡が収録されている。「ローマ人への手紙」、「コリント人への手紙 (1、

2）」、「ガラテア人への手紙」、「フィリピ人への手紙」、「テサロニケ人への手紙（1、2）」、「フィレモンへの手紙」等々全部で14通ある（http://homepage3.nifty.com/st_peter/cln/index14.html）。

　七十門徒（しちじゅうもんと、Seventy Disciples）とは、ルカによる福音書第10章1節にある、イエス・キリストによって十二使徒の他に選抜されて2人1組として伝道に遣わされた70人の弟子達のことで、日本正教会での訳語（武岡武尾編 [1987]）。

(21)　哲学の世界では、自らが主張する原則の正しさを証明する際に、数学的な演繹ではなく、比喩（analogy）が多用される。邦訳では「類推」という語句になっているが、カントが多用した'Analogie'も「比喩」と同じ意味である。「アナロジー」とは比例関係を示すもので、「数学的・量的な比例関係ではなく、質的比例関係を意味する。数学の場合、異なった量同士の等しい関係をあらわすのに対して、この場合（カントの『経験の類推』――本山注）、異質なもの同士の等しい関係をあらわす」（石川文康 [2012]、126ページ）。厳密な数理的思考に拘る人は、哲学におけるそうした手法に違和感を覚えるかも知れないが、私も引用した石川文康の見解を是としたい。

(22)　石川文康は、「原罪」という言葉をもじって「源謬（げんびゅう）」という訳語をカントの言葉に当てている（石川文康 [2012]、236ページ）。

(23)　人間社会には、国家の立法による規制がなく、自然状態のままに放置されると、すべての人が戦争状態に陥るとした主張が『リヴァイアサン』（Hobbes, Thomas [1651]）で展開された。「リヴァイアサン」(Leviathan) というのは、旧約聖書の「ヨブ記」に登場する海の怪物レヴィアタンの名前から取られた。正式な題名は "Leviathan or the matter, form and power of a common-wealth ecclesiastical and civil"（『リヴァイアサン、あるいは教会的で市民的なコモンウェルスの素材、形体、および権力』）。

　ホッブズは人間の自然状態を、決定的な能力差のない個人同士が互いに自然権を行使し合った結果としての万人の万人に対する闘争（the war of all against all）であるとし、この混乱状況を避け、共生・平和・正義のための自然法を達成するためには、人間の自然権を国家（コモンウェルス）に対して全部譲渡するという社会契約が必要であると説いた（http://www.klnet.pref.kanagawa.jp/denshi/g_books/hobbes.pdf）。

(24)　「啓示」（Offenbarung）とは「自らを顕わにすること」（sich offenbaren）である。カントは、奇蹟を示すことで神を認識させようとする教会の手法は間違っている。宗教は人間の心にある神的なものを「顕わにさせる」という役割を担うものでなければならない。歴史的・民族的制約下

終章　アソシエのモラル

で雑多な要素を含む宗教を純化して、人間の内なる神（＝道徳）が「自ら」を「顕わにする」ように持っていくことが、宗教に求められる。理性に限界があるとしても、それを追求するのが宗教でなければならないとした（石川文康［2012］、226-27ページ、参照）。

（25）　松岡正剛は、「旧約聖書はどこもおもしろい。いや、考えさせられる。…しかし、文学的にも哲学的にも、また神学的にも心理学的にも共通する深さを持つ問題を鋭く提示しているところというと、何といっても『ヨブ記』なのである。ゲーテはこれをもとに『ファウスト』を発想したし、ドストエフスキーはここから『カラマゾフの兄弟』全巻を構想した」と述べている（http://1000ya.isis.ne.jp/0487.html）。

　『ヨブ記』は42章から構成されている。そのうち、1、2章と42章の一部が、散文形式、他は韻文形式で、散文には敬虔なヨブ、韻文には神に疑問を持つヨブが描かれている。

　もともとヨブは裕福な名士で、家族、土地、家畜に恵まれていた。そのヨブの信仰を神はさまざまな試練によって試したが、ヨブはつねに信仰の堅固さを見せた。

　そこで神は悪魔（サタン）を呼んで、ヨブの財産と体を傷付けて見ろと言った。悪魔から体に腫瘍を植え付けられて体中を掻きむしって苦しむヨブだが、依然として神を恨まない。「神を呪って死ぬほうがましでしょう」と言う妻をヨブは一蹴する。

　ヨブが苦しんでいるという噂が広まり、3人の友がやってくる。ヨブは、次第に神を呪い始める。悪行を働いたことのない自分がなぜ苦しめられるのだと嘆くヨブに対して、友人たちは、ヨブが苦難にあっているのは、ヨブが何らかの罪を犯したに違いないからだと見て、ヨブを罵倒する。しかし神に申し立てたいと激昂するヨブは、自分が間違っているのなら、その報いを受ける覚悟はあると神に向かって激しい言葉で詰問する。しかし、神は沈黙したままであった。神は、ヨブを裁く権利を持っているのかとの大疑問をヨブはここで吐く。「自分は神とともに裁きの場に出たい」と神を非難する。しかし、それでも神は沈黙したままである。

　こうしてヨブは絶望の究極に向かって行く。神に絶望した。もうすべてから自分を離脱させて欲しいと願うようになる。最後に神が登場する。そして神はヨブを一喝する。「私が大地を据えた時、お前はどこにいたのか」（お前は神によって創られたことに思いをいたさぬのか―本山注）？「全能者と言い争う者よ、引き下がるのか」（お前は神と徹底的に争う勇気はないのか―本山注）？そしてヨブは詫びる。「今や私の眼が貴方を見ました。それゆえ私は自分を否定した塵芥の中で悔い改めます」。そして、ヨブは

ふたたび健康を取り戻した。残酷な神、耐えねばならない被創造者としての人間。憎悪の神を信仰する苦しさ。人間は、自由意志では生きて行けないのか？この物語は、確かに、旧約聖書物語の白眉であることには違いない。

(26) この第3段階については、倉本香の説明が分かり易いので以下に転載しておく。「自分が行っている人助けの行為にたいして、その行為は確かに表面的には善き行為であるから、秩序の転倒を忘れて、まるで自分に悪性がないかのように思い込む『自己欺瞞』の状態に陥るのである。そうなると悪は最大になる。また、このような動機の問題に特に煩わされることなく、ただ道徳的な振る舞いが自然に上手にできる人間も悪である。なぜなら、そのような人は道徳的な振る舞いをただその通りにしているだけで、道徳法則による意志規定の意識にしたがって選択意志の自由を充分に行使して行為していないからである。つまり、結局は道徳法則を転倒させているのである」（倉本香［2012］、21ページ）。

(27) 本章は、倉本香［2012］と共に、T. Yoshio「カントの宗教論」(http://homepage2.nifty.com/ytyt/Kant1.html) にも依拠した。

(28) 「（哲学とは）古代ギリシアでは学問一般を意味し、近代における諸科学の分化・独立によって、新カント派・論理実証主義・現象学など諸科学の基礎付けを目ざす学問、生の哲学、実存主義など世界・人生の根本原理を追及する学問となる。認識論・倫理学・存在論などを部門として含む」（『広辞苑』第5版、岩波書店、1998年、「哲学」）。

(29) 西周は、英語からじつに多くの日本語訳を日本社会に定着させた。以下、列挙して見る。学術 (science and arts)、地理学 (geography)、音声学 (phonology)、数学 (mathematics)、天文学 (astronomy)、哲学 (philosophy)、生理学 (physiology)、法学 (science of law)、物理学 (physical science)、幾何学 (geometry)、動物学 (zoology)、技術 (mechanical art)、定義 (definition)、真理 (truth)、帰納 (induction)、演繹 (deduction)、命題 (proposition)、感性 (sensibility)、外延 (extension)、内包 (intention)、定言 (assertion)、意識 (consciousness)、感覚 (sensation)、理性 (reason)、観念 (idea)、総合法 (synthesis)、実体 (substance)、悟性 (understanding)、主観 (subject)、客観 (object)、分数 (fraction)、積分 (integral)、微分 (differential)、子音 (consonant)、母音 (vowel)、博物館 (museum)、社会 (society)、印刷術 (printing)、新聞紙 (newspaper)（小泉仰［2012］、67-70ページ、参照）。多数の新造語が上のリストにはあるが、リストに挙げた訳語のすべてがそれまでの日本にはなかった新造語ではない。しかし、元々日本語にあったものであるとしても、古

くからあった日本語の意味を現代風に改めたという西周の功績は非常に大である。

(30)　西は、ライデン大学への留学動機をこの手紙で書いている。(ライデン大学には、日本に)「必要な、また我が国で知られていない統計学、法学、経済学、政治学等の有用な学科が沢山ございます。・・・更に哲学と呼ばれる学問の領域をも訪れなければなりません」とし、哲学者として、デカルト (Rene Descartes, 1596-1650)、カント、ヘーゲル (Georg Wilhelm Friedlich Hegel, 1770-1831) の名を挙げている (小泉仰 [1989]、43-44ページ)。

(31)　『易経』は、文字通り「占い」の経典であるが、陰陽の対立と統合を基本として森羅万象の変化を説く古代中国の宇宙観を集大成したもの。『周易』(Zhou Yi) とも呼ばれる。『書経』、『詩経』、『礼記』、『春秋』と並ぶ儒家の五経典の1つである。本体部分が「経」であり、その解説部分が「伝」である。「伝」は10の章から成り、「繫辞伝(けいじでん)」はその1つで、易の成り立ち、易の思想、占い方法などが述べられている (『易経』[1969])。

(32)　ちなみに、道元 (1200-1253) の教えの重要な言葉に「道器」がある。「道器」とは、仏の「道」を修行し、仏法を受ける「器」を持つようになった人を指す言葉である (道元『正法眼蔵(しょうほうげんぞう)』75巻本、第16巻「行持(ぎょうじ)」下)。また、蛍山紹瑾(けいざんじょうきん)・禅師 (1268-1325) の『伝光録(でんこうろく)』第十章「脇尊者(きょうそんじゃ)」には、「人々悉く道器なり」という言葉がある。有名な「日々是れ好日なり」という言葉はその後に続いて出てくる (http://teishoin.net/leaf/28.pdf)。

(33)　1891年に「不敬事件」を起こした内村鑑三 (1861-1930) を新進気鋭の東京大学文学部哲学科教授であった井上哲治郎が、国家的道徳を重視する立場から厳しく批判し、キリスト教攻撃をしたことは有名である。「不敬事件」というのは、1890年に発布された「教育勅語」を同年、第一高等中学校の嘱託教員となった内村鑑三が、1891年1月に同校で行われた教育勅語奉読式で、天皇の直筆からなる「勅語」に最敬礼をしなかったために、内村に対して激しい糾弾が投げ付けられた事件。翌2月、内村は同校を辞職している。内村を非難した井上も、じつは、この教育勅語に不満を持っていた。東大退職 (1923年) 後、井上は、大東文化学院総長、貴族院議員などを歴任していたが、『我が国体と国民道徳』で「教育勅語」の不十分さを訴えたことで大騒ぎとなった筆禍事件で1926年9月にすべての公職から退いた (見城悌治 [2008]、151、69ページ)。

(34)　その信憑性については保証できないが、アリストテレスの「アリストス」(aristos) は「最高の」、「テレス」(telês) は「目的」という意味を持つ。つまり、「最高の目的を持つ人」というのが「アリストテレス」とい

う名前の由来であるとする説もある（"Behind the Name: Meaning, Origin and History of the Name Aristotle,"behindthename.com）。「古代ギリシャ語の名前」の一覧表と、それぞれの名前の原義が示されているwebサイトがある（http://kuroudotowershax.web.fc2.com/shiryo/greek.htm）。

（35）　これも信憑性の確保が難しい事柄であるが、アリストテレスのきちんとした底本がない理由として有力な見解なので紹介しておきたい。アリストテレスがアレキサンドロス大王（Alexandros, B.C.356-B.C.323）の家庭教師をしていたことは周知のことであるが、アレキサンドロスの急逝（B.C.323年）によってアリストテレスがアテナイ（Athenai）から逃れ、原稿の刊行もできなかったために、アリストテレスは死後180年間に亘ってアカデミズムの世界から忘れられていた。

アテナイにおけるリュケイオン（Lykeion）というアリストテレスが主宰していた学問塾での穏やかな学究生活は、アレキサンドロスの非業の死によって12年間で中断され、アリストテレスは、マケドニア（Makedonia）側に立つ権力者であるとして、それまでマケドニアに支配されていたアテナイ市民からの厳しい批判の眼にさらされ、アテナイの神々を侮辱したとの言い掛かりを付けられ、アテナイを去らねばならなくなった。アレキサンドロスの逝去の年にアテナイを脱出したことからも、かなり緊迫した雰囲気があったのではないかと想像される。脱出先は、彼の母親の故郷、エウボイア（Eúboia）島のカルキス（Khalkis）である。その時のアリストテレスの年齢は61歳であった。そして翌年（B.C.322年）アリストテレスは62歳の生涯を閉じた（http://www7a.biglobe.ne.jp/~mochi_space/ancient_philosophy/aristotle/aristotle.html）。

病床にあったアリストテレスは、膨大な原稿を小アジアのスケプシス（Skepsis）にいたネレウス（Nereus）という人に託したが、ネレウスの一族は没収を怖れて、原稿を洞窟の中に隠してしまった。そして原稿はそのまま放置され、その存在そのものも忘れられてしまった。

アリストテレスの死後180年ほど経った紀元前70年代になって、ローマ軍とポントス（Pontus）王・ミトリダテス6世（Mithridates VI）が戦った時に、アペリコン（Apelikon）というポントス側の士官により発見されたと伝えられている（Allan, Donald James［1952］の見解）。その後、アリストテレスの膨大な著作は、戦利品としてローマ軍に渡り、結局、ローマでロドス（Rhodes）島のアンドロニコス（Andronikos）という学者の手で整理された（しかも手が入れられて）写本が出回るようになった。「メタ・ピュシス」という用語は、アンドロニコスの造語である。そのせいもあって、アリストテレスの著作は、厳密には信頼できないものとされてい

終章　アソシエのモラル

る。しかも、現存するもっとも古いギリシア語の写本は9世紀のものである。その意味で、アリストテレスの正確な原本は存在していない可能性がある。少なくとも、ヨーロッパ世界では、アリストテレスはルネッサンスまでは完全に忘れられていたのである。

12世紀にイスラム学者のイブン・ルシュド（Ibn Rushd, 1120-1198）が、残されたアリストテレスの著作を評価して研究した。これが、ルネッサンス期のキリスト教世界に流れ、トマス・アクィナス（Thomas Aquinas）をはじめとするスコラ学派（Scholastic）の人々に受け継がれた（http://awareness.secret.jp/indexnews.shtml）。

(36) このような俗っぽい表現をすれば哲学の専門家の眉をひそめさせることになることは重々承知している。私は日本の哲学者たちが日本の近代社会に果たした貢献を心より尊敬している。しかし、私は、松岡正剛の次の言葉に共感を覚える。

「（参考）アリストテレスの全著作については岩波の全17巻の全集がすべてで唯一であるが、その他色々翻訳が単立しているほか、中央公論の『世界の名著』や筑摩の『世界古典文学全集』の類いでも主要なものが読める。解説書も田中美知太郎、出隆、西谷啓治、藤井義夫をはじめ、戦前からけっこうな量が出ているものの、本書の岩波文庫版『形而上学』の出隆の解説がそうであるように、一般読者には何を書いているのかほとんどわからないものが多い。では、何か適当な解説書があるかというと、これが見当たらない。色々遊んでいるうちに何かを発見するしかないはずである」（「松岡正剛の千夜千冊、思構篇、291夜、2001年5月14日、『アリストテレス、形而上学、上・下』岩波文庫、1979年、http://1000ya.isis.ne.jp/0291.html）。

(37) カントの原著は「アカデミー出版、カント全集」（Immanuel Kant's Gesammelten Werken）が標準的に使用されている。これは全22巻からなり、著書が1-9巻、書簡が10-13巻、手記が14-20巻である。ただし、本章では、異なる版も使用している。

参考文献

Allan, Donald James ［1952］, *The Philosophy of Aristotle,* Oxford University Press. 邦訳、アラン、D・J.、山本光雄訳『アリストテレスの哲学』以文社、1979年。

Bentham, Jeremy ［1843］, "A Plan for an Universal and Perpetual Peace,"

  The Principle of International Law, Essay 4.（http://www.laits. utexas.sdu/poltheory/bentham/pil/pil/pil.e04.html）。本書は、1786-89年に書かれたとされているが、1843年になってやっと公刊された。

Herodotus, trans. by Rawlinson, George, ［1942］, *The Persian Wars by Herodotus*, Pars Times.

ヘロドトスの邦訳
青木巌訳［1940-41］、『ヘロドトス・歴史』生活社（上、下）。
同［1968］、『ヘロドトス・歴史』新潮社（改訂版1978年）
同［2004］、『ヘロドトス・「歴史」物語』（現代教養文庫）、新版.文元社。
松平千秋訳『ヘロドトス・歴史』（上、中、（下）岩波文庫、1971-72年、改訂版2006年）

Hobbes, Thomas ［1651］, Leviathan. 邦訳、水田洋訳『リヴァイアサン、1～4』岩波文庫、1982年、改訳版、1992年。永井道雄・上田邦義訳『リヴァイアサンⅠ～Ⅱ』中公クラシックス、中央公論新社、2009年。

Kant, Immanuel ［1764］, *Beobachtungen über das Gefühl des Schönen und Erhabenen.* 邦訳、上野直昭訳『美と崇高との感情性に関する観察』岩波文庫、1982年。

Kant, Immanuel ［1781］, *Kritik der reinen Vernunft.* 邦訳、カント、篠田英雄訳『純粋理性批判』（上、中、下）岩波文庫、1961年第1刷、2013年第65刷。

Kant, Immanuel ［1783］, *Prolegomena zu einer jeden künftigen Metaphysik, die als Wissenschaft wird auftreten können.* 邦訳、カント、篠田英雄訳『プロレゴミナ』』岩波文庫、2003年。

Kant, Immanuel ［1785］, *Grundlegung zur Metaphysik der Sitten*, Immanuel Kant's Gesammelten Werken, Band IV. 邦訳、カント、篠田英雄訳『道徳形而上学原論』岩波文庫、2012年（第70刷）（1960年第1刷、1976年第20刷改訳）。

Kant, Immanuel ［1793］, *Die Religion innerhalb der Grenzen der bloßen Vernunft.* Kant's Gesammelte Werken, Band.Ⅵ. 邦訳、北岡武司訳『たんなる理性の限界内における宗教、カント全集・第10巻』岩波書店、2000年。

Kant, Immanuel ［1795］, *Zum ewigen Frieden, Ein philosophischer Entwurf,* Königsberg. 邦訳、カント、宇都宮芳明訳『永遠平和のために』岩波文庫、1985年第1刷、2013年第44刷。

終章　アソシエのモラル

Klein, Naomi [2007], *The Shock Doctrine: The Rise of Disaster Capitalism*, Metropolitan Books. 邦訳、ナオミ・クライン、幾島幸子・村上由美子訳『ショック・ドクトリン―惨事便乗型資本主義の正体を暴く』（上・下）岩波書店、2011年。
Locke, John [1693], *Some Thoughts concerning Education.* 邦訳、服部知文訳『教育に関する考察』岩波文庫、1967年。
Rousseau, Jean=Jacques [1762], *Émile ou de L'Éducation.* 邦訳、今野一雄訳『エミール』（上、中、下）岩波文庫、2012年（第1刷、1962年、第74刷）。
Sen, Amartya [1991], *Money and Value, on the Ethics and Economics of Finance,* The First Baffi Lecture, Bank of Italy.
Tirole, Jean [2001], *Crisis Finanziarie, Liquidita E Sistema Monetario Internazionale,* The Sixth Baffi Lecture, Bank of Italy. 邦訳、北村行伸・谷本和代訳『国際金融危機の経済学』東洋経済新報社、2007年。
Thucydides, trans. by Smith, Charles Foster [1920], *History of the Peloponnesian War,* W. Heinemann (London), Harvard University Press (New York).

トゥキディデスの邦訳
青木巌訳『トゥーキューディデース・歴史』生活社（上、下）、1942-43年、新版、1946年。
久保正彰訳『トゥーキュディデース・戦史』岩波文庫（上、中、下）、1966-67年。小西晴雄訳『トゥーキュデイデース・歴史』＜世界古典文学全集11＞筑摩書房、1971年。復刊1982年、2005年。
藤縄謙三・城江良和訳『トゥキュディデス・歴史』京都大学学術出版会〈西洋古典叢書〉（1、2）、2000-03年。
小西晴雄訳『トゥキュディデス・歴史』ちくま学芸文庫（上、下）、2013年（改訂版）。
石川文康［2012］、『カント入門』ちくま文庫。第1刷は1995年。
井上哲治郎・有賀長雄［1884］、『改訂増補哲学字彙』東洋館。
于崇道［2008］、于臣訳「東アジアの哲学史上における西周思想の意義」『北東アジア研究』第14・15合併号。
『易経』（上、下）［1969］、高田眞治・後藤基巳訳、岩波文庫。
旧約聖書・「ヨブ記」翻訳［1971］、関根正雄訳『ヨブ記』岩波文庫。
倉本香［2012］、「カント宗教論における根本悪と自由について」『大阪教育大学紀要』第1部門、第61巻、第1号、9月。

小泉仰［1989］、『西周と欧米思想との出会い』三嶺書房。
小泉仰［2012］、「西周の現代的意義」『アジア文化研究』第38巻。
齋藤勇［1975］、『齋藤勇著作集、第3巻「シェイクスピア」』研究社。
薩摩藩学生高橋新吉・前田正穀共編［1869］、『改正増補和訳英辞書』（『英和対訳袖珍辞書』）。
柴田昌吉・子安峻［1882］、『増補改訂英和字彙第2版』日就社。
島崎浩［2004］、「仏教思想に基づく『ハムレット』の解釈に関する試論」『融合文化研究』（日本大学）第3号。
周敦頤［1938］、西晋一郎・小糸夏次郎訳『通書』岩波書店。
武岡武夫編［1987］、『七十使徒小伝』名古屋ハリストス正教会、1987年再刊。
西周［1960］、大久保利謙『西周全集〈第1巻〉哲学篇』宗高書房。
見城悌治［2008］、「井上哲治郎による『国民道徳論』改訂作業とその意味」『千葉大学人文研究』第37号。
本山美彦［2007］、『姿なき占領―アメリカの「対日洗脳工作」が完了する日』ビジネス社。
本山美彦［2008］、『金融権力―グローバル経済とリスク・ビジネス』岩波新書。

日本の強み・弱み（まとめ）—討論から

　「日本の強み・弱み—その仕分け—研究会」における議事録から。
　参加者の発言の一部、ここに掲載しなかった組合幹部は多い。肩書きは当時のもの、敬称略。●イオングループ労働組合連合会・会長・新妻健治●住友化学労働組合・書記長・山崎龍太●国際経済労働研究所・専務理事・統括研究員・八木隆一郎●日本郵政グループ労働組合・JP総合研究所・所長・桐谷光男●パナホーム労働組合・中央執行委員長・原野達也●UAゼンセン・流通部門・事務局長・木暮弘●富士フイルム労働組合・中央執行委員長・浅房勝也
　「米国の経済的パーフォーマンスは異常。それは移民国家からくるのか、宗教的問題もあるのか、米国の突出ぶりの原因を知りたい」（新妻、第4回11年9月29日）。「一般組合員が実際に会社からCSRの一環として支援してもらいながら植樹活動をしているが、地域に入りたい」（山崎、第12回13年8月1日）。「日本の強みを多く発見できた。この強みを個別企業に委ねるのではなく、それぞれの業界の強みを結集しなければならないことを強く意識するようになった」（八木、第12回）。「金融庁の通達で10年以上、郵便局員は同一地域に勤務することが禁じられ、地域との繋がりが薄くなってしまったが、銀行も農協もない地域では郵便局が駆け込める重要拠点にならねばならない」（桐谷、第12回）。「住宅メーカーは、完全に国内産業であるが競争は激烈である。地域文化をしっかりと理解することが競争力に繋がっている」（原野、第4回11年9月29日）。「インドで経験したのだが、日本の製品は高品質でも高価すぎる。ローテクのものでも高品質なものに作られないのだろうか？」（木暮、第5回12年2月8日）。「今後、良いものへのニーズが高まる。その時に備えて日本の技術は維持されている必要」（浅房、第5回12年2月8日）。

あとがき

　米国の衰退とともに、資本主義は大きく変質しようとしている。新自由主義の終わりが見えてきたのである。その行方を探るために、新自由主義が一時的にせよ世界を支配することができていた事情を俯瞰しておこう。

　ロシア革命以前の資本主義は、寡頭支配体制であった。最下層に属する被支配民族の国民共同体形成の可能性は閉ざされていた。これら被支配・被抑圧民族は、専制的植民地支配に苦しみ、基本的な民族自決権すら保証されていなかった。大国同士が軍事的衝突を繰り返し、国力が疲弊する気配を見せるや否や、帝国主義戦争が内乱を生み出すことになった。この閉ざされていた世界で突破口を開いたのは1917年のロシア革命であった。結果的には失敗したものの、初期のロシア革命の指導者たちはプロレタリア国際主義を掲げ、民族自決権の要求という反帝国主義の運動と、労働者の生活権を前面に押し立てて、統治者たちの所有権を否定する抵抗運動を組織した。ロシア革命の衝撃は大きかった。それまでの資本主義的世界編成原理を打ち破る勢いを示したからである。ロシア革命に震撼し、革命を粉砕すべく共同の軍事行動に出る諸国連合が形成される一方で、ドイツのように失地回復の好機としてロシア革命を利用する国も出てきた。

　少なくとも歴史的に見れば、ロシア革命はかつての英国を盟主とする金本位制的世界システムの持続を不可能にさせるという役割を担った。第1次世界大戦、第2次世界大戦を通じて、ロシア革命は世界各地に民族解放運動を生み出し、無産階級の反抗運動を勇気付けた。それとともに、資本主義の世界編成には新しい理念が求められた。これが、西欧だけでなく世界を包含するウィルソン（第28代米国大統領）の「14個条」であった。それは、レーニンの世界革命への呼び掛けに対抗するもので

あった。レーニンもウィルソンも世界の全人民に訴えようとした。労働者階級の連帯運動の高まりがウィルソンをして民族自決のスローガンを出さしめた。米国は、大衆消費の高度化というイデオロギーを有効にした。このイデオロギーは、日本と闘った国家連合軍である国際連合を民族自決のシンボルにした。

ただし、それは、市民的自由の拡大を保証するものではなかった。民族自決のスローガンは、反ソ連というイデオロギー支配によって、社会主義的な思想の持ち主を徹底的に戦後システムから排除したからである。ウィルソンの世界主義は、フランクリン・ローズベルトの「1つの世界主義」論に変質した。

ローズベルトの「1つの世界主義」論は、初期こそ、ソ連も含めた世界システムへの統合論であったが、すぐさまソ連封じ込めを構成原理とする反共同盟＝「自由世界主義」に変質した。鳴り物入りで喧伝されて成立したブレトン・ウッズ機構も、国連も、米国の意思に従わねば機能を果たせないように、人的・資金的な締め付けがなされた。

米国は、反共イデオロギーを振り撒くことを最大の武器として覇権を確立させた。米国は、反共国家になることを条件に脱植民地化、独立化の後押しをした。その関与は、世界史的に見ても史上初の大規模な試みであった。

また、米国型システムの大きな特徴の1つとして多国籍企業による貿易の内部化がある。一見、異なる諸国間の貿易に見えても、多くの場合、一企業の内部取引である。こうした企業内取引の比率は、1990年代には、米国の貿易の50％を超えるようになっていた。それは、多国籍企業による直接投資の結果である。多国籍企業は、他国の基幹部門の経営支配権をも手中に収めていった。

現代の米国の多国籍企業は優に1万社を超えている。子会社に至っては、20万社近くある。多国籍企業は、世界的な規模の生産、交換、蓄積システムを形成し、米国の覇権を最大限活かして、他国から制御されることもなかった。そこに、新自由主義が闊歩できる土壌ができた。

1990年代に入って第二世界を形成していた旧社会主義国家は、旧い

民族国家に逆戻りしてしまった。そうした状態は、米国的秩序を多国籍企業によって普及させたことによって生み出されたものである。多国籍企業が求めたのは、米国以外の国民国家を、多国籍企業に都合よく変質させることであった。ダウ・ケミカル社会長のカール・ガーステーチャーは言った。どの国家にも領有されていない島を購入し、ダウ社の本社をそこに置きたい、現地の人にはカネを払うから他所に移ってもらいたいと。

多国籍企業システムが新自由主義の活躍する大舞台を提供したが、新自由主義は、そもそも下層階級への敵視政策に出自を持つ。ヤン・ネーデルフェーン・ピーテルス（『グローバル化か帝国か』）は、新自由主義的イデオロギーの出自を米国南部に見た。周知のように、ニューディール政策という国家資本主義的大計画は、農業中心の南部と西部で展開されたが、南部を支配していた悪辣な租税構造、労働法などの制度は何ら変化させられなかった。南北戦争後に北部に統合されたままの惨めな制度は残されたのである。これは意図的であった。北部では、民主化とともに、規制と労使関係の健全性、租税構造という安全弁が労働者に対して実施されるようになっていた。これに悲鳴を挙げた北部の資本に南部が逃避地を提供したのである。逃避したいと思っている北部の弱小資本を引き寄せるべく、南部の権力者たちは、悪辣な労働環境を謳い文句にした。

1960年代の公民権法案が全盛時代であったリベラル派が期待したのは、南部（デキシー）の北部・中西部化であった。しかし、実際に進行したのは全米のデキシー化であった。デキシー化こそが、レーガン革命の基本形になったのである。レーガン革命は、労働運動や市民権運動を攻撃し、職場と環境規制を緩和し、公共政策の支出を削減した。反民主主義的反動を伴う構造再編成（リストラクチュアリング）が進められたのである。福祉給付で生活するシングル・マザーや失業者層などの社会的にもっとも弱い人たちが攻撃の対象になった。スケープ・ゴートにされたのは、組織的反抗ができない孤立した弱者たちであった。住民に占める囚人の比率は、南部が北東部の2.2倍あった（1971年）。低賃金、強搾

あとがき

取が米国企業を危機から脱出させる切り札として使われたのである。

　この体制を擁護したのが、シカゴ学派であった。ハイエクは、市場が情報を効率的に流すという理論を提出した。フリードマンは、ケインズ思想とニューディール思想を攻撃した。ラッファーは小さな政府に理論的根拠を与えた。規制緩和と減税が社会に競争力と柔軟性を付ける特効薬と喧伝された。

　加えて、ウォール街も新自由主義的イデオロギーを最大限利用した。過去、ウォール街は、1920年代に破壊的な影響を経済に与え、1929年に大恐慌を到来させてしまった。その再現を阻止すべく設定された金融規制が、1980年代のレーガン改革により破壊され、金融部門はウォール街の人脈に開放され、2000年代に規制緩和がピークに達した。規制緩和は、ウォール街を短期指向にさせた。短期指向というのは、長期的視点で、企業を成長させるために融資するというのではなく、金融商品を売買することで手っ取り早く収益を挙げるという戦略を採用することを意味する。この短期指向が米国企業全体の性格を変化させた。

　企業は四半期ごとに利潤を開示しなければならなくなった。企業内の中心は金融部門へ移り、生産よりも金融業務の地位が高くなった。株価スキャンダル、金融工学の横行が短期で利益を生み出すことに血眼になり、米国のモラルであった生産的な資本主義とは根本的に異なったものになってしまった。短期的利益と株主利益のみを追求する姿勢は、低賃金を波及させた。貧しさによる共稼ぎ家庭が増えたが、家族の賃金合計は増えず、労働時間のみが延びた。

　大規模な脱工業化、R&D（研究・開発）予算の削減、低賃金と失業者数の増大、長時間労働の定着という経済体制に適応するのはサービス部門だけである。サービス部門は、1972年から10年間で1,870万人増加した。雇用はサービス産業しか残されていず、それは低賃金の職場となった。企業による容赦のない雇用労働者の非正規化は、労働者の士気を低下させ、所得の不平等を拡大した。新自由主義は、こと志と異なって、所得格差を拡大するという失敗をしでかしたのではない。所得格差の拡大こそ、新自由主義が目指したものであった。

安価な労働力に依拠する企業は、国際競争力を喪失した。新技術の開発が停滞してしまったからである。貿易赤字は危機的状況になり、家計、企業、都市、州、連邦政府のすべてが大幅な赤字に転落してしまった。ウォール街の指示による他の事業分野への進出は、コングロマリットと同様、事業に失敗することが多い。M&Aも同様。たいていは低生産性の企業同士の組み合わせに終わる。自国金融市場も外国に開放するが、実質的にはウォール街が指揮権を握る。外資の流入が米国経済の生命線だからである。政府は、軍産複合体に巨額の資金を注ぐ。米国民の低下した所得に合わせた生活用品は中国などのアジアから提供される。低賃金労働力はメキシコからの流入民によって維持されている。これで物価を低く維持し続けることができるのである。

　デキシー・ランドは、労働組合の弱い地帯である。かつての悲惨な地帯が脚光を浴びるようになったのは、この地域に進出した軍需工場を連邦政府が支えているからである。デキシー・ランドは、現在ではもっとも軍事契約に依存した地域である。

　1980年代、米国には陸海空軍間の競合関係を抑制すべく、地域司令部が設立された。巨大な存在になった各司令部が、資源、基地交渉、兵力配備、軍事演習の決定権に強大な権力を持つようになった。その力は、米国大使やCIA長官よりも強大になった。総司令官とペンタゴンが最大の力を持った。元国防次官のジョセフ・ナイが慨嘆したように、国家予算の16％の国防費を議会は簡単に認めるようになった。外交関係の予算は、1960年代の4％から1980年代には1％にまで縮小され、それ以降も、つねに減額を強制されるようになった。軍事が外交の16倍も重要なはずはない。1992年、当時の国防長官・ディック・チェイニーと国防次官・ポール・ウォルフォウィッツによって作成された国防政策指針は、グローバルな競争相手を排除するというのが戦略となった。外交の軍事化、貿易の軍事化がそれである。米国は、上位10数か国の軍事予算の合計よりも大きな軍事費を計上している。米国の軍事的地政学は長期の時間軸を持っている。100万人を超える兵士を世界中の350の基地に配置するには、対外関係、諜報活動、さらには議会歳入委員会の

後ろ盾を必要とする。

イマニュエル・ウォーラースティンは言明した。今日の米国は1960年代に金を使い果たした時よりも急速に信頼を失いつつある。米国の軍人階級は、ソ連の脅威を煽って米国の軍事費を増大させたが、今ではテロリズムの脅威を喧伝している。

新自由主義のシナリオでは、エネルギー、軍需産業、ソフトウェア関連を含むサンベルトの企業群が主人公であった。米国の大統領は、国際的聴衆にではなく、国内の聴衆に語り掛けている。それによって、従順な国内のメディアと国内の聴衆は満足してしまうが、それは国際的な流れに同調することを難しくしている。

たとえば、9.11。米国はこの餌に飛び付き戦争を遂行した。しかし、それは世界中の民主主義者たちの反感を招き、結果的に米国は孤立した。その意味において、9.11は、米国の支配者の思惑に反して、米国に仕掛けられた罠でもあった。米国は世界の国々を離反させてまで、戦争を解放行動、正義の闘いとし、占領を民主主義化と豪語してはばからないが、米国は中東を分極化し、不安定にさせて、イスラム世界を敵視しただけの結果に終わってしまった。

チャーマーズ・ジョンソンは言う。軍事で世界を支配している事実を米国民は気付いていない。いや、気付かせたくない政府が、基地の具体的内容を知らせていない（『米の悲劇』、原著、邦訳ともに2004年）。沖縄は特殊な事例ではなく、米軍基地が持つ普遍的な姿である（『米帝国への報復』、原著、邦訳ともに2000年）。

ソ連は軍事費の負担に耐えられず自壊した。米国も、21世紀にはとりわけアジアから経済的・政治的報復を受けて、ソ連と同じ道を歩むだろう。すでに米国は世界に配置している基地とその軍事的費用を賄うことができなくなっており、基地を置いている相手国からの支援を受けている。21世紀の米国の軍部は独走するシステムになってしまい、21世紀後半からブローバック（報復）に米国は見舞われるであろう。誰の目にも明らかになる軍事的没落を導くのが経済崩壊である。

米国の覇権が崩壊しつつある今、大切なことは、良心ある市民が、自

らの足下を固めて、それぞれの地域で生き抜く手法を作り出すことである。その営為が「アソシエ」である。

本書で叙述した内容を獲得できたのには、多くの恩師・先輩・同僚・後輩の研究と励ましのお蔭であると感謝している。とりわけ、4つのグループの諸氏からは大きな恩恵を受けてきた。

その1つは、「中小企業組合総合研究所」から受けた刺激。この研究所は、中小企業経営者と労働組合が共同で調査研究を進め、外来の理論を、日本の歴史風土が生んだ組合思想に昇華発展させ、さらにポスト産業資本主義を展望して「共生思想」理論構築を使命とするシンクタンクである（http://www.kumiaisouken.com/kumiaisouken.html）。

その2つは、「自主・平和・民主のための広範な国民連合」から受けた刺激。この国民連合は、広範な国民各層の人々が政党や団体の違いを超えて、世論と国民運動を盛り上げ、自主的で平和で民主的な日本を実現しようとする組織である（http://www.kokuminrengo.net/old/information/kr-index.htm）。

その3つは、「変革のアソシエ」の組織から受けた刺激。この組織は、資本主義に対抗し、新しい地平を開く批判的・創造的知性の舫（もやい）を目指し、違いを結ぶ批判と創造の新機軸を構築することをスローガンにしている（http://www.nikkanberita.com/read.cgi?id=200906082003331）。ただし、この組織は、2009年に発足したが、2014年に第1期の活動を閉じ、次の活動のあり方を検討中である。

その4つは、「日本の強み、弱み―その仕分け―研究会」である。この研究会は、「国際経済労働研究所」（http://www.iewri.or.jp/）で組織された研究会で、私が主査を務めている。この研究会の前身は、同じく私が主査を務めていた「日本型企業統治研究会」である。「強みと弱み」研究会には、全国の労働組合の幹部の方々が集まった。文字通り、日本の強みと弱みを仕分けして、日本経済の再生方途を見出そうとする研究会である。この研究会も2年間の共同研究を経て、2014年には新しい組織として出発することになっている。また、この研究会の議事録から抜粋したものを本書の各章の末尾に掲載させてもらっている。

以上、4つの研究会が、私の研究に貴重な糧を与えてくれた。研究会に参加する多くの皆様に心より感謝の気持ちを伝えたい。

2014年3月11日　　　　神戸・高倉台の仕事場にて
　　　　　　　　　　　　　　　　　　本山美彦

本山　美彦（もとやま・よしひこ）

　世界経済論専攻。1943年神戸市生まれ。京都大学名誉教授。公益社団法人・国際経済労働研究所理事。元・日本国際経済学会長（1997～99年、現在、顧問）。元・京都大学大学院経済学研究科長兼経済学部長（2000～02年）。元・日本学術会議第18期第3部（経済学）会員（2000～03年）。元・大阪産業大学学長（2010～2013年）。
　金融モラルの確立を研究テーマにしている。
主な著書、『世界経済論』（同文舘、1976年）、『貿易論序説』（有斐閣、1982年）、『貨幣と世界システム』（三嶺書房、1986年）、『国際金融と第三世界』（三嶺書房、1987年）、『国際通貨体制と構造的権力』（三嶺書房、1989年）、『環境破壊と国際経済』（有斐閣、1990年）、『南と北』（筑摩書房、1991年）、『豊かな国・貧しい国』（岩波書店、1991年）、『ノミスマ（貨幣）』（三嶺書房、1993年）、『新・新国際分業と構造的権力』（三嶺書房、1994年）、『倫理なき資本主義の時代』（三嶺書房、1996年）、『売られるアジア』（新書館、2000年）、『ドル化』（シュプリンガー・フェアラーク東京、2001年）、『ESOP・株価資本主義の克服』（シュプリンガー・フェアラーク東京、2003年）、『民営化される戦争』（ナカニシヤ出版、2004年）、『売られ続ける日本、買い漁るアメリカ』（ビジネス社、2006年）、『姿なき占領』（ビジネス社、2007年）、『格付け洗脳とアメリカ支配の終わり』（ビジネス社、2008年）、『金融権力』（岩波書店、2008年）、『金融危機後の世界経済を見通すための経済学』（作品社、2009年）、『オバマ現象を解読する』（ナカニシヤ出版、2010年）、『韓国併合と同祖神話の破綻』（御茶の水書房、2010年）、『韓国併合』（御茶の水書房、2011年）。

アソシエの経済学　共生社会を目指す日本の強みと弱み

2014年4月1日　初版第1刷発行

著　者：本山美彦
装　幀：桑谷速人
発行人：松田健二
発行所：株式会社 社会評論社
　　　　東京都文京区本郷2-3-10　☎ 03(3814)3861　FAX 03(3818)2808
　　　　http://www.shahyo.com/

製版・印刷・製本：株式会社 ミツワ

貨幣理論の現代的課題
国際通貨の現状と展望

奥山忠信［著］

人間が創り出した貨幣を制御できずにいる今日のグローバル金融危機の現状を、貨幣理論の原理的歴史的考察をとおして、ラジカルに解明する。
［主要目次］序章／第1章　貨幣の価値／第1章　貨幣の変容／第3章　貨幣数量説／第4章　貨幣の管理／第5章　外生説と内生説／第6章　世界貨幣と基軸貨幣／第7章　変動為替相場制／第8章　最適通貨圏とユーロ／第9章　アジア通貨危機／第10章　国際通貨の展望／結語
Appendix:The Prospect of Asian Commoon Currency

Ａ５判上製232頁／定価＝本体2,800円＋税

21世紀の企業情報開示
欧米市場におけるIR活動の展開と課題

米山徹幸［著］

［主要目次］序章　進展する「IRの定義」／第1章　米国公平開示規則（Reg. FD）の進展／第2章　ルイス・トンプソンとIR活動の進展／第3章　米証券取引委員会（SEC）委員長のリーダーシップ／第4章　国境を超えて広がるIR活動／第5章　IR支援会社の買収劇／第6章　英米企業IRの現場から／第7章　証券取引所のIR支援強化 〜 IR支援で上場企業の「企業価値」を高める〜

Ａ５判上製272頁　定価＝本体2,800円＋税